Un demi-Siècle

de Souvenirs

DU MÊME AUTEUR :

La Congrégation (1801-1830). Préface du comte *Albert de Mun*, 2ᵉ édition. — 1 vol. in-8º (Librairie Plon).

L'Ambassade Française en Espagne pendant la Révolution. — (1789-1804). — 1 vol. in-8º (Librairie Plon).

Un Curé d'Autrefois. *L'Abbé de Talhouët* (1737-1802). — 1 vol. in-12 (Librairie Poussielgue).

Napoléon et les Cardinaux noirs (1810-1814). — 1 vol. in-16 (Librairie Perrin).

Napoléon et ses récents historiens. — 1 vol in-16 (Librairie Perrin).

EN PRÉPARATION :

L'Espagne et Napoléon (1804-1814).

GEOFFROY DE GRANDMAISON

Un Demi-Siècle
de Souvenirs

BARRAS — NORVINS

TALLEYRAND — PASQUIER — LA MARÉCHALE OUDINOT

LE DERNIER SOLDAT DE LA RESTAURATION

UN CAVALIER DU SECOND EMPIRE

PARIS

LIBRAIRIE ACADÉMIQUE PERRIN ET Cⁱᵉ

35, QUAI DES GRANDS-AUGUSTINS, 35

1898

Tous droits réservés

PRÉFACE

De toutes les « écritures », le genre des *Mémoires* est celui qui correspond le mieux au caractère français. Ils abondent dans notre littérature : plusieurs sont des chefs d'œuvre ; beaucoup sont excellents. Chateaubriand, avant de songer à nous laisser les siens, avait parfaitement démêlé le pourquoi de cette supériorité : « Le Français réfléchit peu sur l'ensemble des objets, mais il observe curieusement les détails, et son coup d'œil est prompt, sûr et délié. Les *Mémoires* lui laissent la liberté de se livrer à son génie. Il aime à dire : *J'étais là... Le roi me dit... J'appris du prince...* Son amour-propre se satisfait ainsi, il étale son esprit devant le lecteur et le désir de se montrer penseur ingénieux le conduit souvent à bien penser. De plus, dans ce genre d'histoire, il n'est pas obligé de renoncer à ses passions. »

Rien de plus véritable. Nous remarquons avec vivacité, nous jugeons avec promptitude, à cette remarque nous mettons du sel, nous donnons du piquant à ce jugement. Attiré, le lecteur est retenu. On demande à ces confessions, seraient-elles un peu fardées, le ressort caché des grandes actions humaines ; le désir de s'instruire ne va pas sans quelque curiosité ; une autobiographie est une leçon tangible ; nulle école plus profitable à qui ouvre un livre.

Pour qui tient la plume, c'est un stimulant précieux à n'accorder, en fin de compte, ses éloges qu'au mérite éprouvé, c'est concourir à la revanche de la vertu, au triomphe posthume de l'honneur. Car, à travers toute modestie, l'écrivain poursuit la gloire dont le sentiment nous est si familier, que nous donnons volontiers le succès du moment pour fixer, dans cette postérité que nous ignorons, des regards que nous ne connaîtrons jamais.

Écrire sa vie, c'est se survivre. D'une journée remplie, le soir est le moment le plus doux : la mémoire découvre des jouissances que n'avait pas laissé soupçonner la rapidité de l'action. Là est le charme des jours passés que Brizeux a chanté en des vers immortels et qui fait, de siècles en siècles, répéter à des héros moins légendaires que le pieux Énée le *meminisse jurabit* de Virgile.

L'émotion du souvenir chez celui qui parle se double de l'intérêt excité chez celui qui écoute ; aussi peut-on prétendre que la Fontaine a donné, des *Mémoires*, la formule la plus exacte :

Je dirai : J'étais là ; telle chose m'advint :
Vous y croirez être vous-même.

Notre temps n'a pas été sevré de l'agrément de pareilles lectures. S'intéresser au mouvement historique, c'est rencontrer à chaque pas ces publications que la mode ne suffirait pas à provoquer, ni l'engouement de la vogue à soutenir. Les esprits chagrins se plaignent, dit-on, d'une abondance qui devient de la profusion. La sélection est aisée néanmoins. Bien vite, on démêle le fort et le faible et l'exagération et le silence et la tromperie. Complaisance ou rancune, l'auteur ne saurait longtemps porter son masque : ses désirs, ses faiblesses, tout parle comme malgré lui ; les réticences ont leur valeur, les omissions leur éloquence.

Si l'on ne s'illusionne pas jusqu'à prétendre arracher des aveux, on n'éprouvera pas de déceptions. Sur leurs contemporains, on possédera l'opinion de gens en position d'être bien informés, assez soucieux de l'impartialité... pour les autres, documentés de traits, de réflexions et d'anecdotes. Une vraie jouissance se dégage de ces pages qui parlent presque aux yeux, pour reproduire les mots, les gestes, la physionomie des personnages.

En se mettant en scène, l'homme de parti ne résistera pas toujours à taire ses qualités et ses mérites ; parfois, il glissera sur la pente de l'inexactitude préméditée et tombera jusqu'au mensonge. Un détail, une date, un nom permettront de tout rectifier. Le lecteur, un instant surpris, se ressaisira bientôt et condamnera justement l'écrivain sur cette passion d'outre tombe. Comparant les témoignages, il mettra les affirmations en parallèle ; et il est bien rare que, dans ces rapprochements, la justice ne garde pas le dernier mot ; de ces cendres diverses, remuées par tant d'hommes mêlés aux mêmes événements jaillira l'étincelle de ce qui fut la vérité.

Voilà comment m'apparaît l'utilité de ces publications. Pour leur charme, le succès qui les salue à leur apparition est une preuve contre laquelle la défiance n'a pas de prise.

Accessible à tous, sous cette forme animée, l'histoire porte des enseignements qu'on n'oublie pas : plus d'être abstrait proposé à nos méditations théoriques, mais nos semblables, encore agités des émotions qui sont les nôtres. Les *Mémoires* intéresseront toujours, parce qu'ils sont de la « nature vivante ». Le mot est de M. de Barante, et il est juste. Ils forcent « le cœur des imposteurs à s'ouvrir aux regards des hommes ». L'aveu est de Rousseau, et il n'est que trop sincère.

Ne pensez-vous pas que Barras, Talleyrand, Pasquier... (je prends les noms qui se trouvent dans les pages qui vont suivre, entre vingt autres que j'eusse pu également choisir) — ne pensez-vous pas que de tels contemporains nous raconteront les choses par eux faites, dites ou vues avec plus d'autorité et d'intérêt qu'un narrateur faisant effort pour s'imaginer seulement les gens dont il parle ?

La confrontation de leurs paroles rendra à chacun ce qui lui est dû, en apportant la clarté souhaitée pour l'histoire générale. La conscience de l'historien pèse, analyse, compare, redresse et censure ; mais à chercher un cadre pour ses tableaux, un canevas pour ses broderies, un vase pour ses bouquets, il ne trouvera rien de mieux que les souvenirs des acteurs eux-mêmes ; il lui faudra reconnaître leur valeur, leur laisser leur mérite et revenir au dire de Montaigne : « C'est tousiours plaisir de veoir les choses escriptes par ceulx qui ont essayé comme il les fault conduire. »

G. DE G.

1er décembre 1897.

UN DEMI-SIÈCLE de SOUVENIRS

LES PAPIERS DE BARRAS

C'est la première fois, j'imagine, qu'un écrivain, publiant des documents inédits, s'adresse au lecteur pour lui dire: « Ne les croyez pas. » Tel est cependant le rôle actuel de M. George Duruy, « l'éditeur » des *Mémoires* de Barras.

En parcourant les manuscrits tombés entre ses mains de la façon que je vais dire, il a été frappé de la haine de Barras contre Bonaparte (elle éclate à chaque occasion), et, admirateur de Napoléon, il a voulu qu'une main amie s'empressât d'effacer le texte sous le contexte, de façon à détruire, à contrebalancer tout au moins l'acrimonie de l'ancien Directeur.

Sa première pensée avait été d'annuler ce témoignage désagréable en supprimant, autant qu'il était en lui, le témoin lui-même. A la réflexion, le procédé lui a cependant paru un peu vif. La vérité, en effet, se démontre avec des documents qui édifient ou des documents qui renversent; et l'auto-dafé n'est pas de mise courante dans nos méthodes historiques; du moins il n'a encore été pratiqué que par les logiciens de la grande Révolution, dont la meilleure argumentation fut de couper la tête de leurs contradicteurs et de brûler leurs titres de propriété. — La confidence que M. George Duruy a bien voulu nous faire de son intention: — « J'ai, je l'avoue, pensé d'abord à détruire ces Mémoires, comme on met le pied sans remords sur quelque bête immonde et venimeuse, » — cette confidence, je l'enregistre comme la démonstration d'un état d'âme, comme la preuve des sentiments de la pléiade littéraire récemment formée par les fanatiques du premier Empire.

Ces messieurs, on le voit, avec beaucoup de talent, ont l'admiration un peu exclusive et le procédé assez prompt; il est malaisé de discuter leur héros; la contradiction les étonne plus qu'elle ne les émeut, et tout de suite ils vous accablent de leur patriotisme, comme si le monopole de ce sentiment devait appartenir aux adulateurs du soldat qui, par deux fois, conduisit dans notre pays l'Europe en armes, après avoir moissonné, pendant quinze années, la fleur de ses printemps.

Grâce au ciel, M. George Duruy a résisté à son

envie ; surmontant son horreur pour Barras, il nous admet à parcourir avec lui les papiers qu'il a laissés, prenant soin, en des Introductions, des Préfaces et des Notes, d'ailleurs fort bien faites, de ne nous servir le poison qu'accompagné d'une dose d'antidote savamment distillée.

S'agit-il des faits? Rien de plus sage, et de plus juste, et de plus légitime; remettre les choses au point est un des premiers devoirs de qui se mêle de critique d'histoire, et Barras n'est rien moins que toujours véridique. Ses *Mémoires* ont un cachet particulier, par la passion sournoise qui y règne ; ajouter que leur auteur estime qu'il a eu, parmi les politiques de son temps, à surmonter les plus grosses difficultés et qu'il s'en est toujours tiré à son honneur, est inutile; par ce côté il garde la physionomie habituelle de ses devanciers.

Mais sont-ce bien vraiment des *Mémoires?* Oui et non. Ce qui nous conduit à dire d'où ils viennent et à raconter pourquoi ils voient le jour.

Barras mourut, le 29 janvier 1829, à Chaillot. Le lendemain, une perquisition de police cherchait chez lui les papiers pouvant intéresser le gouvernement. On ne trouva rien, deux grandes malles qui les contenaient ayant été portées, sur l'ordre de Mme Barras, pendant la nuit, chez M. Rousselin de Saint-Albin, exécuteur testamentaire. Les quelques lettres mises sous scellés devinrent l'objet d'un procès intenté par la femme et les amis de l'ex-Directeur; tous les jurisconsultes du parti libéral furent appelés, rédigèrent des consultations ou plaidèrent; mais ils se virent déboutés et, en 1848, dans les cartons de Louis-Philippe, on retrouvait encore ces papiers que l'on remit, sur leur demande, aux membres de la famille de Saint-Albin.

Toutefois les plus importants n'étaient pas là : ils reposaient dans les deux caisses enlevées le 30 janvier 1829. Barras laissait des fragments de mémoires écrits par lui et une quantité de notes devant servir à une rédaction plus complète; le soin de cette rédaction était confié à M. de Saint-Albin. La besogne n'était pas mince: il y avait environ quinze mille pièces.

Les difficultés entre Mme Barras et les autres héritiers de son mari se terminèrent en 1834, laissant à M. de Saint-Albin le champ libre pour la publication. Il était déjà à l'œuvre, et son travail de collationnement, de mise au net, avançait, quand il parut renoncer à livrer au public ses manuscrits.

On vivait alors dans la réaction bonapartiste qui avait suivi 1830; les anciens partisans de Napoléon jouissaient de la popularité; des enthousiastes nouveaux surgissaient de tous les pavés et vantaient les bienfaits d'un régime dont ils avaient pu apprécier la douceur du temps où ils étaient encore sur les bancs du collège. C'étaient les plus convaincus, de beaucoup les plus bruyants. Les vieux grognards de la garde, n'ayant jamais cru collaborer à une idylle, se contentaient de raconter leurs jours de batailles, en contemplant leur croix d'honneur et en saluant le portrait de « l'ancien ». — M. de Saint-Albin mieux que personne savait que Barras avait écrit « sous l'impression de justes ressentiments »; prudent et avisé, il estimait « qu'il y avait là un nid de procès correctionnels »; et il se souciait fort peu d'avoir sur les bras les survivants de la cour impériale et les derniers sénateurs de Napoléon, gens toujours en place, sous Louis XVIII, Charles X et Louis-Philippe. Il termina son travail personnel et le garda en portefeuille [1].

M. de Saint-Albin mourut en 1847. Son fils aîné, Hortensius, député, conseiller à la cour d'appel, et poète à ses heures, n'osa pas se départir de cette sage réserve; le second Empire, au reste, venait de naître; le moment de publier les attaques de Barras ne pouvait être plus mal choisi; même après 1870, il se borna à communiquer un mince frag-

---

1. Non sans quelque mérite, car il partageait les sentiments de Barras contre Napoléon. — Omer Rousselin Corbeau de Saint-Albin prétendait être resté modéré pendant la Révolution; il écrivit à un biographe inexact cette rectification spirituelle : « Au lieu de *juge*, c'est *jugé* que j'ai été au tribunal révolutionnaire. Vous êtes trop attaché à l'orthographe et à la vérité pour persister à me priver d'un accent si important pour mon histoire. » — Sa gloire (?) fut d'être l'un des fondateurs du *Constitutionnel*.

ment des manuscrits; fragment incomplet, peu exact et qui, publié dans un journal, demeura inaperçu.

Sa sœur, Mme Achille Jubinal, veuve du spirituel député qui s'était occupé avec mérite de travaux artistiques et littéraires, hérita des *Mémoires*. C'est d'elle que les tient fort naturellement son gendre, M. George Duruy. J'ai dit ses scrupules pendant dix années; quand il les eut surmontés, il estima qu'il n'avait pas le droit « d'étouffer la voix d'un témoin qui avait vu tant de choses, qui connaît si bien les événements et les personnages d'une époque où rien ne semble indifférent à notre avide curiosité et qui, sauf les parties où sa déposition, après avoir été un réquisitoire contre Bonaparte, devient un plaidoyer en faveur de Barras lui-même, raconte en somme avec sincérité ce qu'il sait. » Il publia donc deux volumes qui furent suivis de deux autres; ils datent des premiers jours de la carrière de Barras et vont jusqu'à la fin de 1827.

Mais sont-ce bien des *Mémoires?* On est toujours un peu en éveil depuis les controverses sur ceux de Talleyrand.

Nous avons vu que M. de Saint-Albin y a mis la main. Qui nous parle? Un ami zélé et travailleur, ou l'acteur même du drame qui se déroule sous nos yeux? L'un et l'autre : M. de Saint-Albin a *écrit* en suivant scrupuleusement les idées de Barras, dans l'intimité duquel il avait vécu, en corrigeant, en atténuant parfois les expressions de ses notes : c'est le corps même des *Mémoires*. — A côté, dans les papiers de l'ex-Directeur, se trouvent des morceaux détachés, qui corroborent le plus souvent la narration de son exécuteur testamentaire, et offrent le mérite d'être plus vifs, plus naturels, plus spontanés, car ils ont été écrits sur l'heure et dans la chaleur des événements. Ils ont moins d'orthographe, ce qui n'importe guère, beaucoup plus de couleur, ce qui est le point capital. — Pour sa satisfaction personnelle, Barras a tenu le procès-verbal des séances du Directoire exécutif; après chaque réunion des cinq Directeurs, il faisait un résumé analytique de leurs délibérations; il est inutile d'insister sur l'importance de ces notes; elles nous sont données intégralement[1]. — Il avait recueilli, pendant vingt-cinq ans, une série d'anecdotes, de commentaires, de jugements sur les personnages et les faits contemporains; les voici encore.

Ainsi quatre séries distinctes de documents : la rédaction suivie de M. de Saint-Albin, les mor-

1. Toutefois, elles ont été remaniées plus tard par lui, dans les loisirs forcés que lui créait l'Empire; cela est évident, sous peine d'admettre une prescience qui lui aurait fait connaître, en 1797, les particularités de la vie future de conventionnels devenus les courtisans de Napoléon : particularités auxquelles il fait allusion en maints passages.

ceaux détachés de la plume de Barras, son résumé des séances du Directoire, des anecdotes rassemblées par lui.

Je suis de ceux qui pèsent la valeur d'un témoignage à la valeur morale du témoin; je ne puis donc oublier ce qu'était Barras, « le plus effronté des pourris, » comme dit Taine, résumant ainsi les jugements portés par tous. Mais encore était-il bien informé, et, mêlé à beaucoup d'événements considérables, il devait en savoir long. L'époque à laquelle il joua un rôle public est la plus abjecte de l'histoire contemporaine, la Terreur et le Directoire sont le synonyme de la cruauté et de la débauche et terminent dignement le siècle de Voltaire commencé par les orgies de la Régence. Régicide, libertin, athée et talon-rouge, le vicomte de Barras est l'expression complète des vices de son temps, vices qui d'ailleurs s'enchaînent et s'expliquent les uns par les autres.

Soyons donc en défiance, méprisons le personnage, mais demandons-lui ce qu'il a vu, — il a longtemps vu — et sachons, un peu sur lui, beaucoup sur les autres, ce qu'il a retenu. Il est impossible, il est même inutile de résumer tous les événements dont il fait mention; voici ceux auxquels, mêlé lui-même, il apporte des éclaircissements à noter.

A la prise de la Bastille, dont l'exposé confirme les cruautés populaires et l'effroi causé chez tous les honnêtes gens par ce soulèvement démagogique, Barras était présent. Rentrant chez lui, il a jeté sur le papier ses impressions toutes fraîches, et son récit, donné en appendice par M. George Duruy, fait pâlir la narration académique, beaucoup plus édulcorée, que M. de Saint-Albin a cru devoir écrire sur le 14 juillet. Ce rapprochement et cette dissemblance méritent d'être signalés, car ils caractérisent la valeur matérielle et morale des *Mémoires*, en nous faisant toucher du doigt les procédés de leur rédaction.

De la sinistre journée du 6 octobre, Barras donne des détails absolument mensongers, qui, à n'en pas douter, font croire qu'il n'était pas à Versailles. En le prenant ainsi en flagrant délit d'invention, nous constatons son arrière-pensée d'accommoder les grands événements révolutionnaires à sa taille. Quoiqu'il veuille visiblement s'esquiver, il lui faut bien parler du 21 janvier; le régicide croit se dégager en incriminant les « restrictions jésuitiques » de Louis XVI; il est plus que gêné au souvenir de ce qu'il nomme, par un euphémisme délicat : « l'une des scènes les plus frappantes de l'histoire moderne, qui sera un sujet éternel d'entretien pour les peuples et pour les rois ». En effet! — Nous estimons précieux aussi son témoignage sur le régime de la Terreur, la captivité de Louis XVII, la journée du 9 thermidor, le Comité de salut public, le 13 vendémiaire, les discussions des cinq Directeurs et leur mutuelle impuissance.

Robespierre est étudié tout particulièrement, et il ne sort pas blanc comme neige de l'examen terrible que lui fait subir son ancien collègue. A ce propos, M. George Duruy publie un document du plus saisissant intérêt : l'appel aux armes de la Commune de Paris contre la Convention. Il y a dans ce *fac-simile* maculé du sang de Robespierre, dans cette signature commencée et brusquement arrêtée à la seconde lettre (*Ro..*) par le coup de pistolet qui lui fracassa la mâchoire, la reconstitution vivante du drame et l'explication du problème qui couvrait d'une ombre la mort de ce scélérat.

De Talleyrand et de ses débuts diplomatiques, de Bonaparte et de ses débuts militaires, de Joséphine et de ses débuts « politiques », il faudrait parler longuement ; les pages qui leur sont consacrées forment le côté à la fois important et piquant de ces *Mémoires*; je les mentionne au courant de la plume avec le regret de ne pouvoir m'y arrêter d'avantage.

Carnot est remis dans la posture d'où l'on s'efforce vainement depuis quelque huit ou dix ans de le dégager : un régicide qui a signé toutes les mesures sanglantes de la Terreur, par apathie, prétendent ses admirateurs, par lâcheté, répondent les autres.

Écoutez cet édifiant dialogue, c'est Barras qui parle :

« J'ai dit à Carnot : « Tu n'es qu'un vil scélérat; tu as vendu la République et tu veux égorger ceux qui la défendent. Infâme brigand ! » Alors je me suis levé : « Il n'y a pas un pou de ton corps qui ne soit en droit de te cracher au visage ! » — Carnot me répondit d'un air embarrassé : « Je méprise vos provocations, mais un jour j'y répondrai[1]. »

Pour être juste, il faut se souvenir ici de l'opinion que Carnot portait sur Barras : « Pervers, dissolu, cachant sous l'écorce d'une feinte étourderie la férocité d'un Caligula. » — On aime entendre se juger les uns les autres ces honnêtes gens qui s'appréciaient mutuellement pour s'être longtemps fréquentés.

Les rapports de Barras et de Talleyrand, sous les auspices empressées de Mme de Staël, ont aussi le cachet caractéristique des ambitions agitées en ces jours, où, tout étant permis, les survivants du naufrage révolutionnaire croyaient pouvoir tout oser. Les *Mémoires* des deux personnages ne sont

---

1. *Mémoires de Barras*, II, p. 512. — Le mot était connu; M. de Beauchamp l'avait imprimé, en 1834, dans son article sur Barras. (*Biographie universelle*, tome LVII.) Lavalette écrivait la scène à Bonaparte trois jours après le 29 thermidor.

pas du tout conformes sur ce point et permettent d'incriminer réciproquement leur sincérité.

Bien qu'il répète à satiété que Barras, comme les autres pamphlétaires, en s'attaquant à Napoléon, « mord sur du granit » (il place en épigraphe à chacun de ces volumes cette affirmation flatteuse mais sans grande valeur, si l'on songe qu'elle est portée par l'Empereur sur lui-même) ; bien qu'il ne cesse de souligner les « calomnies », au point d'en découvrir partout, M. George Duruy, cependant, est mal à son aise dans son rôle d'éditeur : il me fait assez l'effet, révérence gardée, du poltron de Töpffer qui siffle la nuit pour se persuader à lui-même qu'il n'a pas peur. Il y a un peu du pavé de l'ours dans son affaire ; et Napoléon, Joséphine, tous les Bonapartes auraient sans doute souhaité « un admirateur » aussi passionné, mais plus discret.

Faisons la juste part des exagérations, des haines, des rancunes de Barras ; il reste encore, dans ces pages, de terribles choses sur le futur Empereur, sa famille, son entourage. Barras fut le plus ignoblement du monde mêlé à ces vilenies (ce sur quoi il insiste assez peu, comme l'on devine), mais un certain nombre de ces vilenies ont eu lieu. La mémoire flétrie de l'ex-Directeur n'avait plus rien à perdre ; qui oserait prétendre que la mémoire de l'ex-Empereur gagnera à ces révélations? L'impression du lecteur en fermant ces volumes sera très mauvaise pour Bonaparte, cela est indéniable. Si une impression n'est pas suffisante pour asseoir un jugement historique, du moins elle contribue à le fixer et il n'y a pas que des impressions à ressentir, il y a des faits à prendre dans les *Mémoires* de Barras.

Ah! l'on comprend l'hésitation de M. G. Duruy à les livrer à la publicité. Des documents inédits de cette importance, on est justement porté à les imprimer; mais le culte impérial ?

> Mon Dieu ! quelle guerre cruelle :
> Je trouve deux hommes en moi.

En fouilleur d'archives, M. George Duruy a cédé à la tentation, et sur l'autel de son esprit il a sacrifié à la déesse de la vérité et à la muse de l'histoire. Mais son cœur « bonapartiste » a dû saigner et saignera encore! Car on s'armera de ces pages pour frapper la statue du grand homme. Flèches émoussées, dira-t-on; moins qu'on ne le croit : elles n'atteindront point la tête, mais elles piqueront aux pieds et c'est par la base que s'écroulent le plus souvent les colosses.

A avoir manqué d'adresse, M. George Duruy remportera une victoire meilleure : il aura rendu service à l'histoire générale, au détriment sans doute d'un parti qui est le sien; mais, sans avoir l'honneur de le connaître, j'estime que le courageux et spirituel auteur de *Ni Dieu ni Maître* préférera ce succès à l'autre. Les scrupules qu'il avait à vaincre étaient honorables, beaucoup de petits ressentiments lui feront connaître l'étendue de son mérite, il continuera peut-être à croire qu'il a mis sur « le fiel de Barras l'étiquette qui convient »; nous nous obstinerons à penser que l'étiquette est savante, mais qu'il suffira désormais au premier venu, qui ne saura ou ne voudra pas lire, de prendre, pour en faire bon ou mauvais usage, le poison. Il eût été plus prudent de garder cette fiole sous triple clef, dans sa pharmacie personnelle.

Ayant dit l'impression générale qui se dégage des *Mémoires* de Barras, je voudrais citer quelques passages sur Robespierre, indiquer ceux qui concernent Bonaparte et Joséphine; et avant de faire passer ces tableaux sous les yeux de mon lecteur, examiner avec lui l'opinion de M. George Duruy touchant les faits qu'il nous soumet en y joignant son commentaire.

Ses jugements sur la Révolution sont doux; pour les révolutionnaires il est d'une extrême tendresse. Sous peine de passer pour un esprit bien sévère, j'ose dire que cette tendresse m'effraie, que cette douceur me choque. Alceste, tant qu'il vous plaira, les coquins sont faits pour être méprisés, les crimes pour être flétris; et la force des scélérats politiques vient de l'indolence des honnêtes gens.

Est-ce parce que Barras compare méchamment Bonaparte à Marat et à Robespierre? mais M. Duruy ne veut voir ce dernier qu'avec des yeux indulgents et il accorde aux membres de la Convention toutes les circonstances atténuantes. Ils *exagérèrent*, mais leur système était bon, leurs intentions pures, et va-t-on chicaner ces hommes héroïques pour quelques têtes coupées? Il faut admirer le *bloc*; je laisse M. George Duruy exprimer sa pensée :

« Si l'on me demande pourquoi j'aime, pourquoi j'admire la Révolution et Napoléon, — j'espère qu'aucun esprit assez court ne se rencontrera pour être surpris de me voir associer dans un même culte cette grande chose et ce grand homme, — je répondrai simplement qu'entre autres raisons que j'ai de les admirer et de les aimer, il y a celle-ci : que la Révolution et Napoléon ont rendu, à une doctrine philosophique qui m'est chère, le service de prouver par d'immortels exemples la toute puissance, aujourd'hui méconnue, de l'idée [1]. »

M. George Duruy prend ses précautions et il a soin de cingler à l'avance d'un bon coup de cra-

---

1. Introduction générale, p. 81.

vache les « esprits assez courts » qui ne partageraient pas sa manière de voir. Ce procédé oratoire n'arrêtera pas tout le monde, et au lieu d'une période sonore, j'aurais aimé qu'il se fût senti le triste courage d'établir la nomenclature des exploits qui corroborèrent l'*idée*. Nous ne l'aurons pas, car il faudrait alors dresser la liste des victimes de la guillotine. Besogne toujours désagréable.

Cette liste même arrêterait-elle le panégyriste ?

« Pardon et oubli aux échafauds de l'une et aux tueries de l'autre ! Il n'y a pas de sang versé qui puisse prévaloir contre un semblable bienfait. » (?) — « Le crime n'est pas de faire tuer des hommes. La plante humaine n'a droit qu'à peu de jours. La trancher avant l'heure n'est pas troubler l'ordre éternel des choses, mais le devancer seulement. Fauchée ainsi, elle repousse aussi dru, c'est l'affaire de quelques printemps ! » !!

Il semble qu'on pourrait au moins se permettre un léger frémissement dans cette embrassade des bourreaux et se refuser au couronnement des assassins ; mais on passe sur tout, et voici l'air de bravoure :

« Appliqués à un pareil temps, les arguments de la sensiblerie courante me semblent tout à fait hors de saison, un peu niais même, s'il faut tout dire.

---

1. Introduction générale, p. 26.

L'humanité peut et doit être le luxe charmant des époques paisibles. Elle n'avait que faire dans une telle crise... La « terreur du Comité de Salut public », mot précieux qui met en une vive lumière la vertu de l'échafaud... Que l'humanité se voile la face, s'il lui plaît, devant ces actes. Le patriotisme n'a pas le droit de les désavouer, sous peine de se désavouer lui-même, car ils n'ont été, le plus souvent, dans leur sublime horreur, que l'expression forcenée du plus pur amour de la patrie. Et c'est, en mon âme et conscience, un problème insoluble pour moi que celui de savoir si j'eusse été, en ce temps-là, du côté des « victimes » ou du côté des « bourreaux »[1].

Si M. Duruy craint d'égarer son mépris entre les Brissotins, les Girondins, les Jacobins, s'il s'ingénie à découvrir qui demeure le plus misérable de Danton qui fit couper le cou à Vergniaud, de Robespierre qui guillotina Danton, et de Barras qui envoya à la mort Robespierre, je conçois son hésitation pour décider qui pratiqua le mieux *la vertu de l'échafaud ;* ce sont alors querelles de forbans. Mais telle n'est pas la question qu'il se pose ; et qui pourrait croire qu'un parallèle est possible entre Mme Élisabeth et Fouquier-Tinville ?

Il y a un sentiment pénible à entendre une voix

---

1. Introduction générale, p. 50.

honnête avancer de pareils sophismes, de la tristesse à écouter la glorification des crimes les moins excusables.

On aimerait à croire que Victor Hugo, arrivé au terme de la vanité sénile, était, parmi les « penseurs », le seul à oser proclamer de semblables théories : « Il y a l'Himalaya et il y a la Convention. Jamais rien de plus haut n'est apparu sur l'horizon des hommes... La Convention fut toisée par les myopes; elle est faite pour être contemplée par les aigles [1]. » — Hélas! que de têtes de linotte ont été troublées par ces orgueilleuses fanfares! Avec son « histoire naturelle » incomplète, le vieil Hugo les a déçues : ce ne sont pas les aigles qui se posent sur les charniers.

Barras avait du sang sur les mains, et aussi de la boue, en revenant de Toulon où il avait été mitrailleur et concussionnaire. — Cette dernière qualité manquait à Robespierre, et le gentilhomme régicide tremblait en se présentant devant l'ancien petit avocat d'Arras. Dans un cadre médiocre, la scène est saisissante de vérité; c'est peut-être la plus complète des *Mémoires* :

« Nous arrivâmes à la demeure de Robespierre. C'était une petite maison située rue Saint-Honoré, presque vis-à-vis la rue Saint-Florentin ; elle était

---

1. *Quatre-vingt treize.*

occupée par un menuisier appelé Duplay. Ce menuisier, membre de la société des Jacobins, y avait rencontré Robespierre ; il s'était, ainsi que toute sa famille, enthousiasmé de l'orateur populaire et avait obtenu l'honneur de le loger et de l'héberger à sa table. Dans ses moments de loisirs, Robespierre commentait l'*Émile* de Jean-Jacques Rousseau et l'expliquait aux enfants du menuisier, comme un bon curé de village explique l'Évangile à ses paroissiens. Touchés de ces soins évangéliques, les enfants et les garçons d'atelier de l'honnête artisan ne laissaient pas sortir l'hôte, objet de leur culte, sans l'accompagner dans les rues jusqu'à la Convention, pour défendre ses précieux jours que sa poltronnerie ordinaire commençait à lui faire voir menacés de toutes les attaques de l'aristocratie contre l'incorruptible tribun du peuple.

« Pour arriver à l'hôte si éminent qui daignait habiter dans la modeste bicoque, il fallait traverser une longue allée garnie de planches, un petit escalier de bois menait à une chambre au premier. Nous aperçûmes dans la cour la fille du menuisier. Elle paraissait achever d'étendre du linge dans la cour : elle tenait à la main une paire de bas de coton rayé qui étaient très certainement de ceux que nous voyions tous les jours aux jambes de Robespierre lorsqu'il paraissait à la Convention. De l'autre côté la mère Duplay, assise entre un baquet et un sala-

d'er, épluchait des herbes. Deux hommes vêtus en militaires, et dans l'attitude du respect, paraissaient s'unir au travail du ménage et complaisamment éplucher aussi des herbes, afin de causer plus librement à la faveur de cette familiarité. Ces deux militaires, depuis célèbres dans des positions différentes, étaient : l'un le général Danican; l'autre le général, depuis maréchal Brune.

« ... Robespierre était debout, enveloppé d'une espèce de chemise peignoir; il sortait des mains de son coiffeur, sa coiffure achevée et poudrée à blanc. Les besicles qu'il portait ordinairement n'étaient point sur son visage, et à travers la poudre qui couvrait cette figure déjà si blanche à force d'être blême, nous apercevions deux yeux troubles que nous n'avions jamais vus, sous le voile des verres. Ses yeux se portèrent vers nous d'un air fixe et tout étonné de notre apparition. Nous le saluâmes à notre manière, sans aucune gêne, et avec la simplicité du temps. Il ne nous rendit nullement notre salut, se tourna vers son miroir de toilette suspendu à sa croisée donnant sur la cour, puis alternativement vers une petite glace destinée sans doute à orner sa cheminée, mais qui ne la garnissait nullement ; il prit son couteau de toilette, râcla la poudre qui cachait son visage, en respectant soigneusement les angles de son visage, il ôta ensuite son peignoir, qu'il plaça sur une chaise tout près de nous, de façon à salir nos habits sans nous demander aucune excuse et sans même avoir l'air de faire attention à notre présence. Il se lava dans une espèce de cuvette, qu'il tenait à la main, se nettoya les dents, cracha à plusieurs reprises à terre sur nos pieds, sans nous donner aucune marque d'attention, et presque aussi directement que Potemkin, qui, comme l'on sait, ne se donnait point la peine de détourner la tête, et, sans avertissement ni précaution, crachait à la face de ceux qui se trouvaient devant lui. Cette cérémonie achevée, Robespierre ne nous adressa pas la parole davantage. »

Fréron, qui est un vieil ami de Robespierre, présente Barras et essaie d'arracher un mot au terrible membre du Comité de Salut public, trouvant moyen d'employer le « vous » pour se concilier le susceptible et hautain personnage.

« Robespierre ne laissa apercevoir aucune expression de contentement à cette déférence : il était et restait debout sans nous offrir de nous asseoir; je lui dis avec politesse que notre démarche auprès de lui était celle de l'estime sentie pour ses principes politiques; il ne me répondit pas un mot, ni me laissa démêler aucun signe d'aucun sentiment quelconque dans sa physionomie.

« Voilà quelle fut notre entrevue avec Robespierre. Je ne puis l'appeler un entretien, puisqu'il n'ouvrit pas la bouche ; il se pinça seulement les lèvres déjà fort pincées, sur lesquelles j'aperçus une espèce de mousse bilieuse, qui n'était nullement rassurante. J'en avais bien assez ; j'avais vu ce que depuis, avec beaucoup de justesse, on a appelé le *Chat-Tigre* [1]. »

M. George Duruy ne se laisse-t-il pas aller à défendre cet horrible personnage !

« La chute de Robespierre nous apparaît telle qu'elle fut, en effet, le résultat d'un guet-apens, savamment ourdi par tous les corrompus contre l'Incorruptible, par tous les hommes de proie qui vivaient de la Terreur, contre le terroriste désabusé qui cherchait à suspendre le cours terrible de la Révolution... Robespierre mort, *l'âge héroïque est clos* [2]. »

En vérité, on croirait à une gageure !

Faut-il découvrir le secret de cette apologie imprévue dans le rapprochement suivant ? « Bonaparte, *à qui je ne crois pas faire injure*, en rappelant ici qu'il fut *l'ami, le partisan de l'intègre tribun*, balayera toute cette ordure directoriale. » — Très bien, mais après y avoir mis le pied. — Barras peut venir, limer ses phrases, aiguiser ses méchancetés, lancer ses calomnies, il n'écrira jamais

---

1. *Mémoires de Barras*, I, pages 147-151.
2. Préfaces des *Mémoires*, I, page 47.

rien de plus écrasant sur Napoléon que son « admirateur passionné ».

Et pourtant, il ne s'y épargne guère.

Son premier soin est de s'attribuer à lui-même tout le mérite militaire du siège de Toulon et du 13 vendémiaire, pour ne laisser à Bonaparte que le rôle le plus effacé d'un sous-ordre obéissant. M. Duruy s'attache, avec un grand luxe d'érudition technique, à rendre à César ce qui lui appartient; il est dans son droit, mais je n'y vois point d'avantages : Napoléon possède assez de gloire guerrière pour n'avoir pas besoin de succès partagés; à Toulon, même à lui reconnaître du génie, il ne pouvait, par son grade, qu'exercer une action secondaire, et je ne plaindrais pas sa mémoire si elle était soulagée du poids du canon de vendémiaire. Ce n'est pas sur les marches de l'église Saint-Roch, en fusillant ce qu'il y avait alors de moins mauvais dans Paris, qu'il a assis sa renommée.

Les jugements de Barras importent peu; le lecteur au courant des choses ne s'y arrête pas plus qu'il ne convient. A mon avis, ce sont les inexactitudes de l'auteur qui infirment son récit. Je ne suis donc pas très impressionné quand je vois l'ex-Directeur s'attribuer des mérites qu'il a pu ou posséder ou ne pas avoir; lorsque je constate qu'il avance une date impossible, ou un fait matériellement faux, il perd tout crédit à mes yeux. S'il prétend, par exemple (tome I*er*, p. 114), avoir nommé capitaine Bonaparte, au mois de novembre 1793, en rapportant un petit dialogue à l'appui de son affirmation, je n'ai plus confiance dans ses autres souvenirs, car il se trompe radicalement : Bonaparte avait été créé capitaine au 4*e* régiment d'artillerie par Louis XVI, sous le ministère de Servan, le 30 août 1792[1]. — *Ab uno disce omnes.*

Ceci constaté, je suis en garde contre le récit de Barras déclarant légendaire la visite célèbre du jeune Eugène de Beauharnais à Bonaparte, le premier demandant l'épée de son père, le second l'accordant, et Joséphine venant remercier le bienveillant général, d'où la première entrevue des futurs époux. Sans le récuser complètement, j'attends, pour changer mon opinion, d'autres témoignages que celui de Barras, qui accuse Bonaparte d'avoir inventé « cette historiette touchante[2]. »

A partir de cette époque, ses souvenirs n'omettent aucune occasion pour ravaler le futur Empereur et chaque membre de sa famille. Lucien est particulièrement maltraité, ses antécédents démagogiques sont rappelés avec la plus malveillante insistance, et l'auteur se plaît à mettre sans cesse en parallèle la misère et la bassesse des Bonapartes

1. M. Frédéric Masson a donné le *fac-simile* de son brevet. *Napoléon inconnu*, II, p. 400.
2. *Mémoires*, I, p. 274.

en 1795 avec leur opulence impériale et leur fortune inouïe.

Joséphine est aussi durement traitée; admettre tout le mal qu'il en dit serait excessif, n'en rien croire serait de la naïveté. Mêlée à la société la plus légère, de l'intimité de Barras, portant dans toutes ses actions cette double insouciance de la coquette et de la créole, dépensière sans argent, femme de qualité sans dignité, veuve sans regrets, mère sans soucis de ses enfants, gracieuse, souple, incapable de réflexion sauf pour paraître, briller et s'habiller, telle est, en 1796, la ci-devant « vicomtesse de Beauharnais » et l'on peut sans doute lui prêter beaucoup avant de la calomnier véritablement. Un simple coup d'œil sur le joli dessin d'Isabey crayonné en 1798, et que M. Duruy nous donne dans le second volume, fait parfaitement comprendre cette « poupée jolie, à la tête d'oiseau ébouriffée ».

Que Barras vienne étaler cyniquement ses bonnes fortunes, qu'il prodigue les détails de ses complaisances, en invoquant ses qualités de « chevalier français », cela est odieux et digne de mépris; qu'il n'en faille rien retenir, le lecteur impartial ne le peut guère croire.

Toute cette société du Directoire était pourrie, ceux qui la composaient participaient à ses vices, et au lendemain des tueries de la Révolution, ses grossiers plaisirs insultaient, dans un contraste plus aigu, à l'état languissant de la France. Peut-on vivre impunément dans un monde d'agioteurs, de filous, de banqueroutiers, de femmes perdues et de régicides? Son génie et ses qualités militaires ont permis à Napoléon de sortir de ce cloaque, de s'élever au-dessus de ce bourbier où l'avait conduit son protecteur Barras, où il devait rencontrer sa femme Joséphine; mais, pas plus que Musset, il n'aurait pu dire en conscience :

> Et par quelque sentier qu'ait passé ma jeunesse
> Aucun gravier fangeux ne lui traîne au talon.

Prétendre le contraire, c'est fausser l'histoire, et voilà bien où conduit la théorie du bloc. Cette adulation pour l'Empereur fait dévotement fermer les yeux devant ses fautes, ses passions et ses crimes, efface tout ce qui ternit l'auréole. C'est de la partialité au premier chef. La courtisanerie posthume devient dangereuse pour ceux qui s'y laissent aller, et je ne vois que ce phénomène psychologique capable d'expliquer comment un esprit sincère, tel que celui de M. George Duruy, en est arrivé, le plus naturellement du monde, à être tenté de détruire des documents historiques qui dérangent son fétichisme, — glorifiant des scélérats parce qu'ils ont eu des points de contact ou de ressemblanc avec son héros, — désirant enfouir pour jamais dans les ténèbres des archives les pièces vengeresses qu'elles renferment, si elles élèvent contre l'iniquité un monument réparateur, ainsi qu'il reproche amèrement de ne l'avoir pas fait à Taine, coupable, selon lui, d'avoir écrit contre la Révolution et l'Empire, un « sacrilège chef-d'œuvre ».

Défauts que sa probité historique condamnerait chez tout autre et qu'il permettra bien qu'on n'approuve pas chez lui.

Son rôle d'éditeur, du moins, est rempli avec conscience, soin et exactitude. On sent qu'il y a mis beaucoup d'activité et de précision. Des préfaces très étudiées, des tables très complètes donnent à sa publication un caractère de gravité, une apparence scientifique que personne ne lui contestera. Pour que le compliment fût sans restriction, il eût fallu qu'il rectifiât quelques erreurs qu'il a laissé passer sans crier gare et qu'il s'abstînt de certains enthousiasmes mal justifiés. Je puis lui assurer notamment que l'amiral Truguet ne « réussit pas à merveille » dans son ambassade à Madrid, en 1798; il s'y montra, bien au contraire, brouillon, vaniteux et parfaitement ignorant du pays où il arrivait; les fautes qu'il accumula en dix mois, ses maladresses à la cour et à la ville valurent à son rappel un applaudissement général [1]. Ajoutons, mince détail, que le chargé d'affaires qui lui succéda se nommait Henri de Perrochel, et non Perrochelle, comme l'imprime plusieurs fois M. Duruy.

Des éclaircissements n'eussent pas été superflus sur ce chambellan de l'empereur : Amédée de Turenne, à qui Barras donne comme nom de famille : Giblotte. Un éditeur plus exact aurait noté que c'est une grande erreur de faire de l'abbé Maury le rédacteur de la déclaration de Pilnitz. Mais laissons ces menus faits bien qu'on puisse multiplier les regrets qu'en les constatant ils inspirent et venons au texte même des *Mémoires*.

Plus on avance dans leur lecture, plus il semble démontré que le secrétaire à qui ils furent dictés y a mis beaucoup du sien. Le fait même de les avoir rédigés leur enlève ce caractère de personnalité qu'on aime à trouver dans un ouvrage de ce genre, et Barras, restant encore l'inspirateur, n'en demeure plus l'auteur, certainement. J'ajoute qu'ils ont été travaillés, émondés, arrangés après coup par M. Rousseau de Saint-Albin, tant est flagrante l'intention de présenter Barras comme le prototype du « républicain ».

Barras fut très mêlé à la Révolution ; ce rôle, auréolé avec soin, ne gênait pas ses amis posthumes ; — Barras, en disgrâce pendant l'Empire,

[1]. Voir *l'Ambassade Française en Espagne pendant la Révolution*, chap. v.

manifestait contre Napoléon une rage dont les expressions multipliées et excessives étaient recueillies avec satisfaction par ces mêmes amis; — mais Barras, en 1799, sondé par les agents royalistes, avait été loin de fermer l'oreille à leurs propositions alléchantes; on avait mutuellement traité des conditions pécuniaires d'une restauration; Louis XVIII avait alors envoyé des lettres patentes à « son amé et féal, le vicomte de Barras », — en 1814, ledit vicomte, très heureux de la chute de Bonaparte, se montra tout disposé à se rapprocher des Bourbons; très peu avant les Cent jours, il révélait à la police du roi tout ce qu'il avait pu apprendre des projets de retour de l'exilé de l'île d'Elbe. Enfin, pendant la Restauration, il reçut, sans aucune indignation, des visites très significatives de personnages royalistes.

C'est ce rôle, caractéristique du « héros », que M. Rousseau de Saint-Albin cherche à atténuer, à dénaturer, et tous ses efforts tendent à nous montrer, dans un nuage discret, un Barras constamment identique à lui-même. N'est-ce pas la chimère de tous les auteurs de *Mémoires* que cette prétention à une unité de vie sans hésitation ni faux pas? *Qualis ab incepto;* devise qui leur tourne la tête, jugement qu'ils voudraient surtout mettre de force sur les lèvres de la postérité.

Ah! qu'ils sont plus intéressants, plus vrais,

plus croyables quand ils osent nous redire — je parle des hommes politiques — leurs doutes, leurs craintes, leurs défaillances, leurs combats. Mais les malheureux ne trompent personne, sauf, peut-être, eux-mêmes. Talleyrand a beau s'efforcer, il ne deviendra pas le champion de la « légitimité » avant 1814, et ses finesses, ses réticences n'expliquant rien, il est vrai, ne nous feront non plus rien oublier. Barras a-t-il donc cru nous faire prendre le change, pour s'être affublé du masque du jacobin intransigeant, et la carmagnole que lui ont jetée sur les épaules les derniers faméliques qui vivaient à ses crochets en guettant sa fortune, ce manteau de tragi-comédie, bien qu'on y distingue de vraies taches de sang, cache-t-il autre chose qu'un sceptique sans scrupules et qu'un jouisseur sans opinion ?

Il ne faut lever le voile des secrets domestiques, même en histoire, que le moins possible ; mais parfois convient-il de porter le flambeau au visage qui aime l'ombre, surtout quand la main, mêlée aux choses publiques, a accompli de mauvaises besognes.

Or donc, ce secrétaire, ce confident de Barras, cet exécuteur testamentaire, ce rédacteur de *Mémoires* qui, à mon sens, sans altérer la pensée de son maître, l'a cependant colorée à sa façon, — M. Rousselin Corbeau de Saint-Albin était une personnalité assez louche et une âme fort médiocre.

Toute sa vie, il a soigneusement caché son rôle pendant la Révolution, plus soigneusement encore éludé les questions sur sa naissance et sa « noblesse ». Il avait ses raisons pour envelopper d'un nuage sa très plébéienne origine et ses relations plus que fâcheuses. Elles éclairent son personnage non moins que ses opinions; à ce titre, il faut percer le mystère.

Il s'appelait tout bonnement Rousselin. Son père était teinturier. Son acte de naissance (11 mars 1772) l'établit sans conteste. Sa mère était du dernier bien avec M. Corbeau de Saint-Albin, capitaine d'artillerie; elle quitta le toit conjugal, et c'est l'officier qui payait le collège du jeune Rousselin. Elle profita de la Révolution pour divorcer, en 1794, et épouser M. de Saint-Albin; elle mourait deux ans après et son premier mari, peu avant elle, à l'Hôtel-Dieu.

Rousselin se jetait à corps perdu dans le mouvement révolutionnaire; ami de Danton et de Legendre, il était envoyé, malgré son jeune âge, par le Comité de Salut public, en mission à Provins et à Troyes. Il s'y conduisit en énergumène, rançonnant les habitants.

Une femme aimable, trop indulgente pour quelques débris de la Révolution, avoue qu'il fut « égaré à l'âge de dix-huit ans par un représentant en mission et associé à tous ses méfaits¹ ».

Plus ou moins secrétaire de Hoche, de Marceau et de Bernadotte, à qui il apportait une plume déliée, il se trouva en relations, en 1804, avec Mme de Montpezat, cousine de Barras. Il eut une intrigue avec sa fille, un enfant naquit, et, deux ans après, un mariage régularisait les choses. Tout ce monde assez interlope vivait aux dépens de Barras.

C'est sur ces entrefaites que le vieux M. Corbeau de Saint-Albin, qui n'était absolument rien à Alexandre Rousselin, l'adopta, lui permit de porter son nom. L'ancien Jacobin, devenu « M. le comte », put mépriser avec « M. le vicomte », ancien conventionnel, les récents parvenus de la noblesse impériale, ces messieurs étaient de trop bonne maison pour frayer avec de petites gens.

Veuf en 1816, Rousselin Corbeau de Saint-Albin se remaria en 1821 ; il eut alors des enfants dont la descendance n'est pas éteinte et qui ont du moins l'honneur de ne tenir en rien à Barras ni à ses parents.

Ces détails biographiques expliquent la situation équivoque, font comprendre les opinions sans pudeur, mettent au point la valeur morale de ces « témoins » pleins de partialité et dépourvus de

---

1. *Mémoires de Mme de Chastenay*, tome II.

vergogne. Une remarque complétera le tableau : de chapitre en chapitre, on lit une appréciation élogieuse, une note enthousiaste, un trait de vertu ou d'honneur sur Rousselin de Saint-Albin. Qui en effet pouvait mieux connaître ses mérites ? C'est lui qui tenait la plume.

N'ayant rien osé sous l'Empire, ne pouvant rien sous la Restauration, ce petit groupe de mécontents, vivant au moins dans l'abondance matérielle, se réfugiait dans un républicanisme discret dont il fit parade, après 1830; et on rencontre dans la « Chaumière de Chaillot » un heureux mélange de pique-assiettes et de libéraux.

Tout cet entourage veillait soigneusement sur l'ancien Directeur, et avait capté sa volonté. A l'époque où les titres nobiliaires reprenaient toute leur force, ce n'était que le *général*, que le *citoyen* Barras. On connaît l'anecdote : son ancienne maîtresse, alors princesse de Chimay, venant voir ce débris de leur passé coupable, ne put être introduite que sous le nom de la « citoyenne Tallien ». Les domestiques de la maison avaient le mot et battirent, en hommes libres, le valet de pied de ladite princesse pour avoir prononcé ce nom trop « aristocrate ». C'est de la comédie, mais caractéristique.

Je reconnais que Barras s'y prêtait, dans l'intimité tout au moins ; et qu'il se raccrochait à ces souvenirs de la Révolution, comme à un temps où il avait été sinon quelqu'un, du moins quelque chose. Il le dit lui-même : « J'avais été un *révolutionnaire* d'assez bonne force. Le souvenir du siège de Toulon, du 9 Thermidor, du 13 Vendémiaire me composait une auréole assez imposante[1]. » Cela est vrai. Ce que je veux remarquer, c'est qu'il n'étalait ces souvenirs qu'autant qu'ils ne pouvaient lui être dangereux et il oublie là, avec à-propos, on en conviendra, le 21 janvier !

Non seulement je lui concède d'avoir été un révolutionnaire, mais encore je trouve qu'il ne dépare pas la Révolution. Quand M. George Duruy affecte de l'opposer au vertueux Danton et à Robespierre le croyant (sic), il joue un jeu trop facile. Il est bien inutile d'évoquer le souvenir des roués de la Régence et des convives de Mme du Barry ; nommons simplement l'époque du Directoire, et ce mot résume parfaitement les turpitudes accumulées de l'Ancien Régime. Barras en est resté l'expression ignoble et déshonorée. Il avait raison quand il rappelle qu'on les appelait « hommes corrompus », « pourris », mais que les Talleyrand, les Rœderer, les Sieyès, les Regnaud de Saint-Jean-d'Angély les valaient en morale. Tout ce monde

---

[1]. *Mémoires*, IV, p. 403.

est au même niveau et l'histoire ici n'a rien à détacher du *bloc*.

Que les *Mémoires* soient ou non de la plume de Barras (et ils n'en sont pas), le rédacteur ne risquait rien à affecter son antiroyalisme; ils ne devaient paraître qu'en un temps où le danger à proclamer ces sentiments aurait disparu.

Le texte qui nous est donné aujourd'hui a été limé, à tête reposée, par Rousseau de Saint-Albin. J'en veux comme seule preuve l'Appendice qui termine le dernier volume. C'est un morceau de la main même de Barras que fort consciencieusement imprime M. Duruy : il diffère absolument, dans la forme, du récit beaucoup plus châtié que l'on trouve dans le corps des *Mémoires*.

Cette constatation met mal à l'aise pour apprécier le style de l'ouvrage puisqu'il paraît être le produit d'une collaboration. Et c'est fâcheux, car s'il sent souvent l'emphase, s'il verse dans la rhétorique, il a aussitôt des traits piquants, des tours originaux, parfois de la verve, quelquefois de l'ardeur. L'embarras est grand pour faire le départ et attribuer à chacun ce qui lui revient.

Le fond des anecdotes est vrai, généralement, mais combien embelli ! Jamais personne n'eut plus l'esprit de l'escalier ; et quand Barras a rappelé un événement où il fut mêlé, le dévoué Saint-Albin habille prestement la réponse de son patron avec un brillant oripeau. Je n'hésite pas à penser que si Barras s'était permis la moitié des réparties dont il émaille son récit, ses interlocuteurs l'auraient fustigé sur place autant qu'il le mérite, et sa carrière aurait été arrêtée de bonne heure sous de triomphantes bastonnades.

Chaque fois, surtout, qu'il parle de Bonaparte, ou à un Bonaparte, c'est un feu roulant de sarcasmes, d'injurieuses allusions et de hauteurs absolument invraisemblables. Les mots heureux que l'on pourrait conserver deviennent dès lors moins intéressants : appeler les frères de l'empereur des « rois météoriques » est piquant et même juste; mais il n'y a ni à-propos ni courage à l'écrire, sous la Restauration, dans le silence du cabinet. Rapporter une conversation avec Jérôme, roi de Westphalie, et dire : « J'interrompis le roitelet, » est une insolence gratuite et... mensongère; car Barras n'a interrompu personne. On multiplierait les exemples.

Ce qu'il aime, c'est jouer à l'ancien souverain, car ce fantoche, hélas! a été pendant plusieurs années à la tête de la France! Et toutes les allusions lui sont bonnes pour étaler son pouvoir d'emprunt. Il est impossible d'être plus maladroit, pour un personnage qui se prétend de la finesse, plus niais pour un homme qui se pique d'esprit.

Dès qu'il lui vient sous la plume le nom d'un

homme de guerre de l'Empire, de Napoléon lui-même, il s'attribue ses mérites militaires et en fait son « élève », parce qu'il a signé, matériellement, son brevet de colonel ou de général, au temps du Directoire. On ne pourrait croire une telle outrecuidance si on n'avait sous les yeux des phrases comme celle-ci : « J'avais été le créateur de tant de généraux qui si longtemps m'appelèrent leur père et ne me parlaient jamais que comme les fils les plus respectueux [1] ».

Et parce que l'histoire n'a retenu dans le nom de Barras que le conventionnel régicide, le ministre concussionnaire et le fonctionnaire dilapidateur, il veut donner le change en secouant les panaches militaires de son uniforme de contrebande. C'est partout et toujours le *général* Barras. Un soldat ? Le mitrailleur de Toulon, le stratégiste de Vendémiaire, le vainqueur de Fructidor ? Un soldat ? Allons donc !

Avec non moins de désinvolture, il parle sans cesse de son désintéressement. Il cite bien les gredins qu'il a mis en place, il énumère, sans broncher, les turpitudes qu'il a laissé commettre, mais c'était toujours, paraît-il, pour faire plaisir à quelqu'un ou rendre service à autrui. Son aplomb à vanter ses mérites ne l'abandonne jamais et les comparaisons les plus inattendues lui semblent très

1. *Mémoires*, IV, p. 429.

naturelles. Ne s'en va-t-il pas se mettre lui-même dans les jambes Plutarque et ses *Grands Hommes*, baissant modestement les yeux pour reconnaître qu'il y a « des taches dans les plus beaux caractères, des lacunes dans les vies les plus complètes » ? Le tour est heureux, l'allusion ingénieuse et bien caractéristique d'une existence si pure.

Vaniteux à l'excès, il est rancunier à plaisir ; toujours d'une façon cavalièrement mordante il parle de ses ennemis; mais si c'est un homme nouveau, un *parvenu*, alors sa verve s'aiguise, la morgue de l'ancien grand seigneur reparaît, et le républicain s'efface pour permettre au « vicomte » d'étaler sa très hautaine raillerie.

Après les ministres, les maréchaux et les ducs, personne n'exerce plus son rire que le prince Bernadotte; ce Gascon matois lui apparaît comme « le funambule qui a le mieux dansé sur la corde » ; et il est difficile de ne pas reconnaître que Barras a quelque raison. Ses jugements au reste sont moins extraordinaires par eux-mêmes que parce que l'on ne peut oublier qui les porte.

Le régicide méprise très haut ses anciens complices. On donnerait à deviner en mille comment il parle de Rœderer, qui paralysa Louis XVI dans la journée du 10 août [1] : « Ceux qui, comme moi,

---

1. Rœderer, le 10 août 1792, aux Tuileries, joua auprès de

ont cru remplir un devoir et un mandat en condamnant Louis XVI, ne sont pas obligés d'estimer celui qui s'est donné la mission de le mettre dans la main de ses juges 1. » On n'est pas plus talon-rouge.

Il excelle dans les épigrammes à double tranchant, surtout par sa manière de rendre grotesques les gens qu'il attaque. Joséphine et Mme de Staël sont particulièrement maltraitées ; et quand on songe à la nature des relations de ces deux femmes célèbres avec l'ex-Directeur, on garde une piètre estime pour ce bellâtre qui étale ses bonnes fortunes en piétinant les beautés oubliées. Son procédé habituel est de se montrer sec et froid en présence des déclarations les plus brûlantes et les moins équivoques. Pour qui connaît son histoire, le rôle semble approprié.

Souvent aussi, il affecte une raillerie mitigée, une bonhomie sournoise, dans le genre de Talleyrand, et les deux transfuges de l'aristocratie peuvent ici se donner la main, leurs griffes exercées écorchent jusqu'au sang ; leur intention visible est de se moquer du lecteur, et ils s'en cachent à peine.

Dans ce genre, voici une page qui est un chef-d'œuvre de cynisme :

Louis XVI, le même rôle que le maréchal Maison devait jouer le 3 août 1830, auprès de Charles X, à Rambouillet.
1. *Mémoires*, IV, p. 294.

« Ma chaumière de Chaillot, veuve de l'intéressante amie que je viens de perdre (Mme de Montpezat), se trouve heureusement occupée par la meilleure de toutes, ma femme, que j'ai épousée en Provence, depuis près de quarante ans. Elle n'avait presque jamais habité avec moi, surtout depuis la Révolution. Elle était restée dans notre province tenant à la royauté par son cœur, comme son mari tenait à la République. Ce n'était point cependant la raison politique qui nous avait tenus si longtemps séparés l'un de l'autre. Ma femme m'a su malade; elle est accourue près de celui qui l'estime et l'aima toujours, lors même que les passions et les affaires nous ont laissés à une si grande distance. Beaucoup de mes amis ne me croyaient même pas marié. Ma femme, arrivée de Provence et logée avec moi, a été une apparition et comme un événement. Je la présente à mes amis comme une mariée d'hier, et tous ceux qui font la connaissance de cette femme distinguée par son cœur et par son caractère regrettent de ne l'avoir pas plus tôt commencée [1]. »

Avec ses souvenirs, ses notes personnelles, Barras possédait un grand nombre de papiers importants. Ils donnent à certaines parties de ses *Mémoires* une valeur historique réelle; comment ils

---

1. *Mémoires*, IV, p. 400.

se les était procurés est encore une scène excellente que l'on ne doit pas oublier :

C'était en 1815, peu après Waterloo. Fouché était alors l'homme de France qui se remuait le plus et Barras s'agitait de son côté avec la joie d'assister à la seconde et irréparable chute de l'Empire. Ces bons apôtres étaient faits pour s'entendre; ils se recherchèrent, chacun espérant tirer quelque profit de l'autre; Barras visa le plus rapidement au but et, saisissant une circonstance si propice, demanda à Fouché, ministre de la police, à voir son dossier.

« Il n'y a rien de plus facile, répondit le duc d'Otrante, venez demain déjeuner avec moi. »

Mais il faut laisser parler le héros de l'aventure ; je m'en voudrais de rien changer à son récit :

« En me montrant les dosiers et me les livrant comme d'un air abandonné, Fouché me laissa bien voir d'abord qu'il n'abandonnait rien et qu'ensuite les cartons tout nouvellement ouverts, bouleversés, offraient à la première vue la certitude d'un triage qui venait d'y être fait.

« Fouché, fort de cette opération, me dit avec familiarité de m'asseoir à sa table et d'examiner tout ce qui pouvait réellement m'intéresser; il ne fallut pas une longue vérification pour reconnaître que tout ce qu'il me livrait était du ministre Rovigo, et que tout ce qui était du ministre Fouché avait disparu. Je ne pus dissimuler l'impression que je ressentais de cette fâcheuse lacune préméditée. Mais je me dis : « J'accepterai tout ce qu'il voudra bien me remettre. »

« Fouché me donna effectivement beaucoup de pièces qui compromettaient toutes les autres personnes des autres polices que la sienne et c'est à cette entrevue et à son engagement tenu de cette manière, que je dois la remise de pièces importantes, auxquelles je me suis référé dans le cours de ces *Mémoires*. — « Je vous remets tout cela avec plaisir, me dit Fouché, pour en faire cependant des papillotes après qu'elles vous auront servi, suivant votre vœu, car il faut à la fin que les coquins qui avec les moyens de la police et sous son nom ont tourmenté si longtemps les honnêtes gens, soient mis à leur place. »

Le dernier mot couronne dignement la scène ; Scapin en eût envié l'effronterie.

Tout ceci permet de se faire une idée générale de la valeur et de l'importance des *Mémoires* de Barras; une dernière étude de quelques morceaux particuliers nous fera toucher du doigt la véracité de l'auteur.

Barras a été mêlé à tous les complots de la Révolution, et toujours d'une façon louche et mal-

1. *Mémoires*, IV, p. 347.

séante. Au 18 fructidor, il prépare le coup par des intrigues; il facilite le 18 brumaire en se dérobant. On conçoit comment ces nobles amants de la liberté l'entendaient pour les autres, et quel respect pour la « constitution », quel sentiment de la justice ils professaient quand leur intérêt, leur profit étaient en cause.

La prétention de ces divers coups de force étant de sauver la France, avec tout le courage et tout le désintéressement imaginables, Barras ne se tait pas d'y avoir mis la main, et ce cynisme nous vaut de singuliers aveux.

Pour le 18 fructidor, il revendique la gloire d'en avoir eu l'idée, d'en avoir commencé l'exécution. C'est lui qui a choisi Augereau, qui a donné les ordres, qui a empêché son confrère Rewbell de fuir. Par des moyens excellents d'ailleurs : il fait garder Rewbell à vue et grise Augereau avec du champagne[1].

La conclusion pratique, si burlesque qu'elle puisse paraître, c'est de faire de Barras, un roi de France ; un peu par sincérité, beaucoup par vanité, il confesse la chose : « Quoique le mot *Roi* fût alors aussi impossible à entendre qu'à prononcer, les républicains, tels qu'Augereau et même Réal, ne craignaient point de l'exprimer parlant à ma personne. »

1. *Mémoires*, III, p. 19.

Au 18 brumaire, autre rôle, même égoïsme. Il paraît là plus vil encore, car sans rien risquer, sans brusquer les événements, il en attend le bénéfice en exploitant à l'avance sa propre défection.

Il n'eut jamais plus tard de termes assez outrageants pour parler de Napoléon et de l'Empire. Or, c'est de son aveu que Bonaparte s'est emparé du pouvoir, c'est avec sa complicité payée que le Consulat, par suite l'Empire se sont établis. Tous ses gémissements littéraires sur le coup d'État : « Triomphe de la force aveugle, mort de la représentation nationale, agonie de la liberté de la presse », sont des redondances posthumes. Il savait le projet de Bonaparte. Qu'il pût ou non en empêcher le succès (ce qui n'est pas la question), il reste qu'il n'a rien tenté pour l'arrêter, et ses propres *Mémoires*, dans leur platitude embarrassée, démontrent qu'il s'est laissé forcer la main, après qu'on la lui eût remplie.

Ses grandes protestations consistent à s'écrier qu'on le calomnie en prétendant que, le matin du 18 brumaire, il occupa ses loisirs à prendre un bain ; erreur grave : il se faisait simplement la barbe ! Cet intéressant épisode éclairci, il ne peut nier que sachant tout (et dix pages de sa propre prose l'avouent) il n'a rien osé contre. Non seulement il n'a rien osé, mais il a tout facilité, en donnant sa démission dans des termes d'une ridicule platitude.

Puis sur l'heure, après avoir regardé par la fenêtre et vu que les troupes étaient en marche, sans chercher pourquoi, sans s'inquiéter par qui, sans demander contre qui, ce chef de gouvernement fait atteler ses chevaux et va se reposer dans sa maison de campagne. Il a été payé, il a été acheté, probablement en espèces sonnantes, très certainement au prix de la possession paisible de la fortune mal acquise dont il étalait le luxe.

Et en veut-on une preuve nouvelle? C'est encore un aveu de cet habile homme. Il raconte que Bonaparte lui offrit successivement le titre de connétable, le commandement de l'armée de Saint-Domingue, une ambassade à Madrid, à Dresde ou aux États-Unis. La première supposition s'écarte d'elle-même, par le ridicule; mais les autres (et je ne crois pas qu'elles aient été formulées non plus), les autres indiqueraient que le Premier Consul avait à payer à Barras une dette de reconnaissance. A-t-on proposé une ambassade à Pichegru après le 18 fructidor, un commandement à Moreau après le 18 brumaire? Napoléon, aux Cent Jours, a-t-il songé à offrir l'épée de connétable à Marmont? Le lendemain d'un changement de gouvernement par un coup d'État, les amis seuls sont appelés au partage des dépouilles, et n'en avoir pas été écarté est la meilleure preuve de complicité.

Il est vrai que Barras, s'il avoue sa faveur d'un

jour, se prétend une victime de l'Empire; ici encore il exagère.

Surveillé par la police de son ex-ami Fouché, il reçut un beau matin l'ordre de quitter son plantureux château de Grosbois et de se rendre à Bruxelles. Il en revint en 1804, pour se fixer en Provence. Il y demeura paisible, riche, méprisé, oublié. Une nouvelle fantaisie impériale le jeta à Rome moitié en exilé, moitié en touriste. Il y vécut en indifférent et en flâneur, au milieu de relations extraordinaires, s'il faut en croire ses confidences où les francs-maçons qu'il fréquente se réunissent chez un prélat chanoine de Saint-Pierre!

« Je fus bientôt appelé et admis aux séances du comité des *carbonari*. J'ai retrouvé là des hommes d'un rare mérite. Je crus voir des anciens Romains, à la hauteur des principes de leurs ancêtres. Ces peuples belliqueux n'avaient pas perdu sous le joug humiliant des prêtres tout espoir de recouvrer leur indépendance [1] ». Il est impossible d'avoir mieux compris les sentiments des Romains et pénétré leurs mœurs! Si toutes les autres remarques de cet intelligent voyageur sont de cette force, elles offrent un grand caractère d'intérêt et de perspicacité !

Mais ces études historico-philosophiques n'empêchaient pas Barras de s'intéresser encore aux

---

1. *Mémoires*, IV, p. 209.

choses d'une politique plus moderne. Par habitude il conspirait ; et, dès cette année 1813, où les conquêtes impériales se détachaient une à une du tronc, comme les feuilles d'automne, roussies par la gelée, tombent en tourbillon, au premier vent de novembre, l'ancien Directeur écoutait volontiers les émissaires du nouveau roi de Naples. Toute l'Italie était frémissante sous le joug relâché de Napoléon et l'heure de la débâcle sonnait pour ces royaumes d'aventure.

Barras eut avec Murat des entrevues significatives. Il le pressa aussi fortement qu'il put d'abandonner la cause de son beau-frère, de son bienfaiteur ; son cynisme avait compris tout le prix que donneraient les alliés à une telle défection et qu'arriver trop tard serait une sottise. Murat n'avait pas besoin de ce conseiller pour commettre sa mauvaise action ; mais il était à noter que Barras ne perdit pas l'occasion d'en proposer la félonie, et que le rôle ne semble, de sa part, ni extraordinaire ni douteux.

Voici les Bourbons remontés sur le trône de France. Barras ne tarda guère à se rendre à Paris, devenu la grande officine des espérances nouvelles. Talleyrand, rapportent les *Mémoires*, « lui sauta au cou, avec une ardeur extraordinaire ». Mais digne, calme, grave, austère, — ce sont toujours les *Mémoires* qui parlent, — Barras morigéna cruellement Talleyrand, qui baissa la tête « avec une sorte d'acquiescement ou de tolérance ».

Il ne faut pas une grande connaissance des événements pour dire que ce récit est de pure fantaisie, tout aussi bien que la phraséologie que Barras prétend avoir employée vis-à-vis du prince de Bénévent : « Citoyen ministre. » — S'il est vrai que l'ancien Directeur ait quitté avec violence le salon de l'ancien évêque d'Autun, soyez assuré que c'est pour avoir échoué dans la protection qu'il venait quémander bien plus que pour avoir été « excédé de l'hypocrisie de ce visage blafard ».

Quelle situation était, pouvait être celle de Barras vis-à-vis de Louis XVIII, en 1814? Il n'y avait pas à redouter l'imprévu, car, dès 1799, le farouche révolutionnaire avait été en relations avec les agents royalistes pour vendre la place qu'il occupait dans le gouvernement républicain. On sait même le prix : 12 millions de livres; et on connaît le texte exact de la convention : les lettres patentes du roi. Dans ses *Mémoires*, Barras, ou pour dire plus vrai Rousselin de Saint-Albin, proteste très fort contre ce trafic et joue l'indignation. C'était quand les témoins vivaient encore qu'il fallait protester et cet honnête homme calomnié s'est tu héroïquement. On imprime bien aujourd'hui que Fauche-Borel, l'intermédiaire très documenté de l'affaire, est un menteur et un fourbe; mais on oublie deux choses de la plus haute importance dans la question : Fauche-Borel publia ses révélations, avec tous les documents à l'appui, en 1816, et Barras se garda de le démentir; il y a plus et mieux : cet écrivain qui *calomniait* Barras était et restait, à la même heure, son commensal habituel, et, loin de le mettre à la porte de la « chaumière de Chaillot », le *citoyen général* lui faisait tout le bon accueil qu'un homme embarrassé réserve à qui connaît ses secrets. Et cette intimité ne fut pas d'un jour; elle durait encore treize ans plus tard, quand Barras mourut.

Bien que son commerce avec le parti royaliste soit indéniable, ce n'est pas par fidélité monarchique que l'ancien Directeur se rapprochait des Bourbons, mais par rancœur contre les bonapartistes et haine de Bonaparte. Il n'eut rien de Louis XVIII, mais il en espérait quelque chose et en supposant exagérées les relations qu'il atteste avoir alors entretenues avec des personnages de la Cour, il reste que des gens considérables l'allèrent visiter, très probablement dans l'espoir de lui tirer quelques renseignements nouveaux ou de lui faire livrer quelques vieux papiers.

Je ne crois pas, comme il le prétend, que le comte d'Artois ait été caché derrière une cloison pour entendre sa conversation avec les ducs d'Havré et de Blacas; cela est trop loin des habitudes chevaleresques du futur Charles X, mais ces deux fidèles de Louis XVIII eurent des entrevues avec l'ancien régicide, cela est indubitable.

Et Barras s'y prêtait à merveille. On le voit, à la veille des Cent Jours, averti par ses amis de la police, où il eut toujours de l'intimité, faire part des mouvements bonapartistes aux royalistes de Paris. Éternellement hâbleur, il ajoute que Louis XVIII le regardait comme étant seul capable de sauver la monarchie. Prétention puérile, pour ne rien dire de plus, mais preuve nouvelle de son « état d'âme » en cette crise redoutable.

Après Waterloo, il reprit, pour quelques jours, ses intrigues, à l'heure où le bouleversement social faisait monter à la surface l'écume du monde politique. Ce ne fut qu'un éclair. Il rentra, toujours riche, dans sa maison de Chaillot pour mener une vie essentiellement égoïste, où la table semble avoir été le seul plaisir recherché.

Au reste, l'élégant Barras n'existait plus. Pendant qu'un poète famélique rimait de méchants vers en son honneur, protestant que « dans ses yeux toujours, on voyait sa belle âme », cet adulateur démentait son quatrain en l'inscrivant naïvement au bas d'un portrait où l'ex-Directeur, coiffé d'une casquette ridicule, apparaît bouffi, les traits alourdis, le visage couperosé et la bouche pendante.

Un homme fort au courant des choses de cette époque, Alexandre de Beauchamp, qui l'allait voir quelquefois, nous a laissé un croquis peu connu et très caractéristique, qu'il conviendrait d'ajouter au texte des *Mémoires* :

« Les ennuis de sa position actuelle semblaient l'avoir vieilli plus que les ans, l'abus des plaisirs et les infirmités. C'était toujours le même homme froid, taciturne, embarrassé, hésitant sur la bannière qu'il avait à suivre. De plus, il était catarrheux, cacochyme, morose, rapetissé tant au moral qu'au physique, et semblait encore flotter entre la république et la monarchie. Sa conversation n'offrait rien de positif ni d'intéressant, il se plaignait vaguement de tout le monde. »

C'est bien ainsi qu'il nous apparaît, au travers même de l'embellissement dont son secrétaire a voulu auréoler cette figure de vieillard épuisé. Il nous cite quelques noms des habitués de cette demeure à la fois pleine et vide, où l'on offrait, chaque soir, un dîner « quelquefois passable ». C'est l'anglais Sydney Smith ; c'est le général Guilleminot qui pouvait bien figurer dans cette *chaumière* de la palinodie, lui que l'on que trouve successivement dans l'état-major de Dumouriez, de Moreau, de Berthier, de Ney, de Davout et du duc d'Angoulême ; c'est l'abbé de Pradt, fort digne aussi d'être l'aumônier de cette chapelle.

Il y a de l'étonnement à rencontrer là, même par hasard, cinq ducs, fort authentiques, dont la présence est mal éclaircie. L'empressement que met à les citer Rousselin de Saint-Albin fait penser qu'il veut les compromettre ; il y a des gens qui estiment une déchéance le fait de les avoir fréquentés.

Nous avons déjà vu les ducs d'Havré et de Blacas ; voici encore le duc de Choiseul (celui-là me surprend moins) ; puis le duc de Richelieu, à qui les *Mémoires* prêtent un mot délicieux sur la maison de Barras : « C'est le séjour de la paix, l'Élysée même!! » Enfin le duc de Rivière, pleurant d'attendrissement « devant un homme aussi honnête ».

En vérité, ne vous semble-t-il pas, comme à moi, que la note est maladroitement forcée ?

De toutes ces causeries, exagérées, ou atténuées, ou gazées, ou falsifiées, il ne reste rien de saillant, si ce n'est cette fantaisie macabre de Barras prétendant que les ossements transportés avec pompe par Louis XVIII dans la Chapelle expiatoire, comme ceux de Louis XVI et de Marie-Antoinette, n'étaient autres que les ossements de Robespierre, que lui, Barras, avait, par dérision, ordonné au bourreau de jeter dans le trou où reposait le cadavre du feu roi [1] !

Ce rictus haineux et cynique donne assez justement la note de ce vieux libertin, révolutionnaire

---

1. *Mémoires*, IV, p. 419.

par circonstance, entouré à la fin d'un petit groupe
de gens cupides qui le tiennent en charte privée,
pour en faire le prototype de leur « républicanisme » de contrebande, d'autant plus facilement
qu'il est physiquement incapable de résister à leur
obsession. Les dernières pages de ses *Mémoires*
sont une injure aux émigrés, un cri contre Bonaparte, une accusation contre Fauche-Borel — en
un mot un suprême mais vain défi aux souvenirs
encore cuisants de ses trahisons et de ses lâchetés.

LE MÉMORIAL DE M. DE NORVINS

Je n'ai jamais vu M. de Norvins, mort bien avant ma naissance ; mais j'ai eu avec lui le plaisir de plusieurs « rencontres ».

La première, il m'en souvient comme d'hier, eut lieu sur le quai, dans la boîte du bouquiniste. La mode, en ce temps-là, n'était pas encore à l'Empire, et l'on trouvait à bon compte les quatre volumes de l'*Histoire de Napoléon*, sous une belle reliure verte, avec les fers de l'époque où l'aigle doré ornait le dos du livre. Quand l'édition renfermait les illustrations de Charlet ou de Raffet, l'acheteur n'était pas volé ; dans le cas contraire, son emplète demeurait plus médiocre. J'ai fait, jadis, cette acquisition ; et le texte m'en parut naïvement partial ; il me semblait bien que cette apologie à outrance allait contre le but poursuivi et qu'elle passait sous silence trop de choses importantes. — Mais M. de Norvins n'était plus pour moi un inconnu.

La seconde rencontre, je la dois à Mme de Rémusat ; elle persiflait agréablement ce fonctionnaire impérial, sans s'y arrêter d'avantage. Il m'avait paru agité.

Aux archives des Affaires Étrangères, dans les papiers de *Rome*, j'avais eu occasion de relever le nom de M. de Norvins, lorsqu'en 1810, au lendemain de l'emprisonnement de Pie VII, il fut envoyé, comme directeur général de la police, dans les États Pontificaux. Et l'acceptation de pareilles fonctions en de semblables circonstances ne m'avait pas amené à lui garder un œil favorable.

Les *Mémoires* du général Thiébault, son beau-père, ne le mentionnent qu'une fois, mais c'est pour le représenter comme un poltron assez brutal [1]. Cette quatrième « entrevue » n'augmentait pas ma sympathie.

Et voici qu'une dernière occasion m'est offerte de connaître le personnage ; celle-ci, il faut l'avouer, plus importante, plus complète, plus décisive, ce sont ses *Mémoires* que publie M. de Laborie à qui un heureux hasard et une légitime confiance ont apporté le manuscrit, jusqu'ici inconnu, de cet homme honoré d'une demi-célébrité.

L'impression change, et elle est favorable. Est-ce parce que je ne m'y attendais guère, et l'imprévu de la satisfaction m'en a-t-il fait goûter un agrément plus délicat ? J'ai été intéressé par ces sou-

1. GÉNÉRAL BARON THIÉBAULT, *Mémoires*, IV, p. 46.

venirs, instruit par leurs détails, charmé de certaines pages où l'émotion est communicative, et très agréablement bercé par leur forme littéraire sans pédanterie ni gloriole.

J'aurais presque soupçonné M. de Laborie d'y avoir mis quelque peu la main en des corrections élégantes; mais il se défend, dans une intéressante et très complète préface, d'être sorti de son rôle d'éditeur scrupuleux, et quelques légères retouches ne lui enlèvent pas, en effet, ce mérite. Il s'est contenté d'annotations sobres, exactes, retranchant çà et là des répétitions, et quelques « morceaux en hors-d'œuvre », rétablissant plusieurs passages que Norvins, les ayant écrits, avait depuis songé à supprimer.

Une lacune regrettable dans le manuscrit, dont la vulgarité d'un vol nous a privés, porte sur le séjour de M. de Norvins à Rome. L'auteur lui-même n'avait pas poussé plus loin que cette époque la rédaction de ses mémoires, qu'il intitulait *Mémorial*, sans doute en souvenir de celui de Sainte-Hélène, mais sans qu'on s'explique bien le rapprochement. En sorte que c'est de 1769 à 1809 que court le récit.

Je dis bien : il court, alerte et pimpant, et si l'on songe que l'écrivain avait plus de soixante-dix ans quand il prit la plume, on admire avec la sûreté de sa mémoire, la richesse de son esprit et la constance de sa verdeur.

Il pouvait beaucoup raconter, ayant beaucoup vu; il avait beaucoup retenu aussi et l'agitation de son existence lui permettait une variété infinie de tableaux. Il n'en a point abusé, la succession seule de ses multiples avatars assurait au lecteur qu'il ne s'endormirait point.

Que de choses dans cette longue vie !

D'une de ces opulentes familles pourvues au siècle dernier de charges de finances, apparentées à l'aristocratie et dans une intimité étroite avec ce que Versailles et Paris renfermaient de plus élégant, M. de Norvins fut destiné au Parlement. A vingt ans, il était conseiller au Châtelet, c'était en 1789. Sa jeune honnêteté, révoltée de la lâcheté des juges, ses collègues, dans le procès de Favras, donna avec éclat sa démission; et, sans transition, il passa d'une vie de plaisirs mondains dans l'agitation politique qui secouait son époque. Sans plus d'hésitation que d'enthousiasme, il émigra ; c'était de bon ton, et, pour un nom d'aristocratie financière, reculer heureusement ses quartiers de noblesse; sa famille l'y engagea; lui, la bourse largement garnie, muni de lettres de change sur les banquiers d'Hambourg, il partit beaucoup plus pour un voyage d'agrément qui plaisait à ses vingt-deux ans que pour une croisade politique.

Les récits de cette période de sa vie compteront certainement parmi ses meilleurs; ils peignent avec tact, avec talent, sans amertume ni acrimonie, les phases mouvementées de ces expéditions, où tout se coudoie : l'honneur, le dévouement, l'exaltation, l'imprévoyance et la folie. Et la note émue qui accentue telle ou telle aventure fait parfois poindre à la paupière une larme discrète qui ne tombe pas.

En 1797, il rentra en France, mais au 18 fructidor, il fut arrêté; c'était la mort devant le tribunal révolutionnaire; l'intervention courageuse et énergique de M%%me%% de Staël le sauva sans pouvoir l'arracher à la prison, où il demeura deux ans.

Après le 18 brumaire, il devint secrétaire du préfet de la Seine; mais son amour du changement ne lui permit pas de s'éterniser dans un bureau; le général Leclerc partait pour Saint-Domingue; Norvins voulut l'y suivre, sans titre officiel, rêvant fortune, imprévu, aventures. Elles ne lui manquèrent pas : on batailla, on prit Toussaint Louverture, on occupa en vainqueur cette immense colonie; la fièvre jaune apparut, le soulèvement des nègres y répondit; nos soldats mouraient par centaines, le général Leclerc succomba, Norvins fut atteint; à peine rétabli, il voulut regagner la vieille Europe, guéri de ses espérances d'outre mer, et il repassa l'Atlantique à travers les croisières anglaises, ayant perdu protection, argent et santé.

Ancien magistrat, ancien soldat, ancien colon, il végétait à Paris, sans bien savoir quelle voie suivre, hésitant au milieu des nouveautés créées par le récent Empire. L'ardeur de son imagination le porta à s'engager comme simple cavalier dans les « gendarmes d'ordonnance » que Napoléon formait à Mayence. Joséphine le fit nommer lieutenant; pendant la campagne de 1805, il reçut la croix de la Légion d'honneur, mais le licenciement de sa compagnie lui fit jeter les hauts cris, il bouda, donna sa démission, voulut rentrer en France. Sur le chemin, il rencontra le royaume de Westphalie, et n'alla pas plus loin. Au service du roi Jérôme il fut secrétaire du Conseil d'État, chambellan de la reine, introducteur des ambassadeurs.

Ces agitations multiples, diverses sinon contradictoires, lui créaient des espoirs et des regrets périodiques. Il vint à Paris demander un emploi. Il était intelligent, de bonne compagnie, actif et désireux de plaire au maître. Napoléon le nomma directeur général de la police dans les États romains avec 50 000 fr. d'appointements par an. Il garda cette position lucrative et importante jusqu'en 1814.

Au retour des Bourbons, il devait passer pour un transfuge aux yeux de ses anciens amis; il ne leur laissa pas le rôle de la récrimination, il se jeta dans les cercles bonapartistes, collabora au *Nain Jaune*, acclama le retour de l'île d'Elbe, écrivit avec passion pendant les Cent jours, et se trouva en excellente position, après le retour de Louis XVIII, pour être exilé à Strasbourg.

C'est alors que commença sa vie d'écrivain, qui ne devait pas être son incarnation dernière. Avec Arnault, Jay et Jouy, il dirigea la *Biographie des Contemporains*, qui, prudente, adroite et partiale, ne manque certainement pas de mérites. Elle ne manque pas non plus d'une certaine faiblesse pour ses collaborateurs : la Notice qu'elle consacre à son fondateur (je veux croire qu'elle n'est pas de lui) compare bravement « son style heureux et sa pensée profonde » au style de Tacite et à la pensée de Montesquieu. On n'est bien loué que par les siens. Devenu M. Norvins tout court, il publia son *Histoire de Napoléon*, et une grande vogue de parti accueillit son ouvrage. Entre temps, il épousait, malgré une différence de trente et un printemps, la fille du général Thiébault.

La révolution de 1830 (il avait 62 ans) ouvrit à son esprit toujours jeune des perspectives nouvelles : il entra dans l'administration et fut préfet à Périgueux, à Montbrison. Il s'y ennuya, demanda un siège au Conseil d'État, le ministre répondit par sa révocation. Il fallut revenir à Paris ; des spéculations malheureuses l'en éloignèrent. Encore actif, il se fixa à Pau, et là rédigea ses souvenirs. Tenant son esprit au courant des événements nouveaux : en 1847, il écrit un poème sur *Napoléon et Pie IX* ; en 1852, il attend un siège au Sénat. Il fallut la main de la mort, venue en 1854, pour arrêter l'élan de l'imagination bouillante et inquiète de ce vieillard de 85 ans!

Dans les salons, il avait eu des succès nombreux ; sa conversation, son esprit, ses manières, sa grâce avaient gardé ce cachet de politesse raffinée que l'éducation de l'ancien régime donnait à ceux qui eurent la bonne fortune de s'y former. Poëte à ses heures, causeur aimable, d'une galanterie constante, d'une activité d'esprit imperturbable, il brillait par ses qualités d'homme du monde, bien plus que par ses mérites d'homme politique. Ses *Mémoires*, portant l'empreinte de ces agréments, sont agréables sans effort et distingués sans affectation. Qui les ouvre y rencontre des tableaux charmants.

Je vais le faire presque au hasard, car M. de Norvins, vivant à une époque de légèreté, de plaisirs faciles, souvent de scandales, ayant brûlé parfois ses ailes au flambeau de celui que Sedaine appelait le « petit Dieu badin », n'a cependant jamais cessé d'être parfaitement retenu dans ses expressions, discret dans ses souvenirs, et l'ennemi d'une grossièreté qui, choquante à tout âge, est répugnante chez un vieillard. Son beau-père, le général Thiébault, aurait pu lui emprunter cette méthode de bon ton.

II

Il faut faire un choix dans ces pages où fleurit l'anecdote et, sous peine de transcrire le livre, les donner sans commentaires, sans introduction. Je choisirai quelques passages sur la société française avant la Révolution même.

Deux des meilleurs chapitres sont consacrés à la peinture des châteaux du Marais et de Brienne, où M. de Norvins passa les jours les plus gais de sa pétulante jeunesse, chez de Mme de la Briche et au foyer des Loménie. Ces maisons hospitalières, accueillantes, riches, légères et futiles, trop futiles à la veille des catastrophes que le scepticisme et l'épicuréisme de leurs habitants préparèrent en chantant, ces maisons renfermaient tous les contrastes et permettaient tous les plaisirs, les bons comme les mauvais. On ne saurait méconnaître le scandale qu'y donnaient des hôtes comme Saint-Lambert, ni oublier l'outrecuidante vanité des gens de lettres comme le triste abbé Morellet; mais il y régnait aussi un esprit de bienveillance, un sentiment de bonté, un souci des devoirs sociaux qui, partant de plus haut, ne pouvait que porter plus loin.

« Au milieu de ce grand mouvement matériel et intellectuel de la vie de Brienne, une œuvre sans repos aussi, mais sans bruit et sans éclat, occupait constamment la pensée du maître. C'était le soulagement des malheureux et l'entretien de la paix parmi les paysans. Les curés avaient ordre de s'informer de la véritable position de ceux qui sollicitaient une aumône particulière. Il résultait de cette enquête paternelle que l'attente des pauvres était toujours dépassée. *Bien donné, bien reçu,* me disait le comte de Brienne [1]. Cette disposition de son âme, la plus sincèrement pitoyable que j'aie jamais connue, le portait constamment à sortir des limites de ses domaines, comme si tout ce qui souffrait au delà lui eût appartenu, et à étendre au loin ce que je nommerai les usurpations de la philanthropie dont il était réellement possédé.

« Ainsi des secours à domicile de toute nature étaient distribués dans les villages; chaque année, il y dotait plusieurs rosières; si une grêle, une inondation affligeaient le pays, il organisait des moyens de subsistance; si ces fléaux regardaient ses fermiers, il leur remettait le prix de leurs fermages. Toutes les misères de cette vaste partie de la

---

1. Athanase Louis Marie de *Loménie*, comte de *Brienne* (1730-1794), lieutenant général; ministre de la guerre (1787-1788), frère cadet du premier Ministre, cardinal Archevêque de Toulouse et de Sens. Fut guillotiné avec ses deux fils, sa cousine et un de ses parents, le même jour que madame Élisabeth.

Champagne venaient s'adresser au *château*, on n'avait pas besoin de le nommer, c'était le château par excellence, le château d'asile pour toutes les infortunes et toutes n'étaient pas de l'ordre des paysans. Mais celles-ci n'étaient connues que de M. de Brienne et de son frère l'archevêque, à qui la même générosité était naturelle.

« Il fallait voir avec quel amour il était accueilli par ces malheureux paysans, qui l'avaient adopté et choisi pour leur protecteur. Et lui, il était là, comme au milieu des siens, les traitant, les regardant comme tels. Il leur disait que son devoir était de les secourir.

« Non content de cette active bienfaisance matérielle, il en avait accepté une autre, d'une nature bien plus réservée et dont la confiance du pays l'avait investi spontanément et de tout temps, en souvenir peut-être de cette justice féodale que ses pères avaient rendue le dimanche, après l'office, devant le porche et sous les grands arbres de l'église.

« Chaque dimanche, on voyait arriver le long de la rampe du château des paysans de tout âge et de tout sexe : « Ah, voilà mes plaideurs, me disait-il. viens avec moi, tu apprendras à être propriétaire ». M. de Brienne s'installait dans un fauteuil; point de papier, ni plume, ni d'encre, c'était une justice tout orale et sans procès-verbaux. — Je remarquais avec quel art et quelle naïveté, à la fois, il développait à ces paysans si irrités les uns contre les autres, les vrais principes de l'ordre social, du respect du rang, celui de l'âge, celui de la propriété, le bienfait, la nécessité de l'union dans les classes laborieuses, où chaque jour on a besoin de son voisin; et avec cela une simplicité et une autorité tout évangéliques. Si jamais un homme fut l'élu consciencieux d'une population, ce fut le comte de Brienne... [1].

«... Et ici, je ne puis m'empêcher de demander grâce pour l'ancien régime, au nom de quelques grandes familles, telles que les La Rochefoucauld, les Montmorency, les d'Argenson, les La Tour du Pin qui, à l'instar de celle de Loménie de Brienne, ne se souvenaient de leur élévation et de leur fortune, soit dans leurs hôtels de Paris, soit dans leurs châteaux héréditaires, que pour être les aumôniers des pauvres et les patrons nourriciers des paysans, poussant souvent jusqu'à l'excès, par un noble orgueil, l'aristocratie du bienfait, et improvisant dans leurs vastes domaines des travaux d'un luxe inutile et dispendieux, afin d'en alimenter les populations par des salaires réguliers : rois véritables, et reconnus comme tels, même dans leurs plaisirs, rois toujours présents et imprimant par leurs bienfaits le respect du Roi dont on les croyait les images [2]. »

1-2. *Mémorial*, tome I, chap. x.

Hélas! il ne faut que laisser passer quelques mois, il ne faut que tourner quelques feuillets du livre de M. de Norvins, pour voir s'envoler en fumée cette reconnaissance. Les châteaux sont brûlés, ou démolis, ou pillés, les propriétaires sont en prison, les plus heureux en fuite, et le Roi de France vient d'être reconduit, en captif, de Varennes à Paris.

C'est l'heure où Norvins va rejoindre l'armée des princes. En arrivant à l'endroit où le misérable Drouet a commis son forfait et arrêté Louis XVI, son émotion est profonde, les circonstances le mettent en présence d'un maître de poste[1] dont la fidélité royaliste fait contraste avec le fanatisme du jacobin. La scène est touchante et appartient, par les événements tragiques auxquels elle se rapporte, à l'histoire.

« Monsieur, me dit le maître de poste, je n'ai pas sans doute le droit de vous demander où va un jeune homme de votre tournure qui court la poste à franc étrier et qui paye si bien les guides; mais pour vous prouver que je vous ai bien deviné, voici

---

1. C'était, au dire de M. de Norvins, le maître de poste de Clermont, et il semble bien que ce ne puisse être que lui, cette petite ville étant le relai entre Sainte-Menehould et Varennes. Le Roi, arrivé entre 9 h. 1/2 et 10 h. du soir, n'y séjourna que dix minutes. Bouillé, dans ses *Mémoires*, Beaulieu, dans son *Essai Historique* parlent d'un homme qui reconnut Louis XVI et garda le silence, ils placent la scène à Châlons. Dans son livre si documenté sur l'*Événement de Varennes*, M. Victor Fournel n'éclaircit pas le point.

mes deux fils qui partent demain pour aller entrer à Coblentz dans les gardes du corps. »

« Moi et mes deux fils en postillons, nous suffisions pour sauver le Roi. Voici une grande porte qui s'ouvre sur les premiers bois de la forêt des Ardennes [1]; si la voiture de Leurs Majestés était entrée dans ma cour, elle aurait à l'instant traversé mon jardin, et, sans que personne pût se douter de son départ, je l'aurais conduite à la volonté du Roi, soit à Montmédy, soit même à Luxembourg.— Ah! Monsieur, j'ai reconnu le Roi tout de suite, et Sa Majesté aurait pu se dispenser de donner un louis à ma servante, pour un verre d'eau! J'en avais les larmes aux yeux d'inquiétude... Mais je n'osai parler au Roi, au lieu que si ce monstre de Drouet n'eût pas pris la traverse pour aller courir donner l'alarme à Varennes, et eût passé devant ma porte, alors, j'aurais, avec mes fils, conduit sûrement le Roi à Montmédy. Je ne m'en consolerai jamais. C'eût été si beau pour moi, vieux serviteur de père en fils, de sauver le Roi de France! Au surplus, Monsieur, vous sentez que je ne puis rester ici, et à la fin du mois, j'irai rejoindre mes enfants. » — Le brave homme versait un torrent de larmes; j'étais aussi profondément ému, et je montai à cheval sans avoir la force de lui dire adieu. »

1. M. de Norvins aura mal retenu : c'est forêt d'Argonne qu'exige la vérité géographique.

Une fois de l'autre côté de la frontière, la gaieté reparaît; à Coblentz, où il trouve la petite armée royaliste; à Gœttingue, où il se mêle aux étudiants de l'Université; à Hambourg, où il passe tout un hiver dans la riche société de cette ville paisible et commerçante; à Francfort, où il rencontre Calonne; à Thionville où il se bat; à Aix-la-Chapelle, où il marche en retraite; à Cologne, où il reçoit un asile; partout il « fait un peu le Français », ce qui est le synonyme de belle humeur, satisfaction de soi-même et raillerie des autres.

Vingt épisodes prouvent qu'il savait déployer en maître ce dernier talent; il faudrait cent pages pour énumérer ses aventures; et en dépit des tristesses, des dangers, des alarmes, on sent qu'à travers les soucis plus pénibles encore d'une longue existence, le vieillard aime à retrouver ces jours de vie expansive et que sa consolation est de les évoquer.

Hoc est
Vivere bis, vitâ posse priore frui,

a dit Martial; Norvins le croyait aussi, et au souvenir de sa jeunesse, il a retrouvé des accents gracieux, émus, vibrants qui font le charme de cette partie de son livre, d'où est absente une sorte d'afféterie et de marivaudage philosophique que je lui reprocherais en plusieurs autres endroits. Il est éloquent et il est simple, parce qu'il est sincère. C'est un bel éloge pour un auteur de *Mémoires*, ou de *Mémorial*, comme on voudra.

III

L'auteur, jadis célèbre, aujourd'hui bien oublié, de l'*Histoire de Napoléon* ne perdra pas à cette exhumation posthume : il n'a jamais rien écrit de plus agréable, de plus courant, de plus alerte. Sans doute, les hâbleries ne sont point tout à fait absentes, et sa famille étant originaire de Gascogne, Norvins n'a pas échappé à cette influence de l'atavisme; cependant on se méprendrait à regarder ses anecdotes comme apocryphes; elles sont vraies en soi, et si quelques détails les viennent embellir, l'auteur est assurément convaincu : à les avoir souvent racontées de bonne grâce, il les écrit en dernier lieu de bonne foi.

M. de Laborie a été un « éditeur » modèle et prudent en n'atténuant pas les affirmations de Norvins, en ne s'en faisant pas non plus le garant. Il s'est borné à accompagner le texte de notes correctes, concises et exactes. Ce mérite au premier abord peut paraître mince; il est très grand, car il révèle une science historique sans passion, sans faiblesse et sans obscurité. La *sûreté* des « notes » est un des charmes de la lecture d'un livre d'histoire et aussi une des forces les plus puissantes pour apporter à la vérité la contribution nouvelle qu'il lui doit fournir.

La forme donc du *Mémorial* serait ici seule en cause, car le fond en est bien croyable; le style de Norvins a, çà et là, accommodé les récits, en ce qui le concerne; il n'a pas changé les faits. Légèrement ampoulé, avec un peu d'afféterie comme lorsqu'il parle d'un « vaisseau ignivome » (néologisme hardi) pour dire que le bâtiment fait feu de tous ses canons), parfois sentant l'huile et entrant dans le nuage, avec des retours superflus sur ses vertus et qualités. Nous sommes plus en présence de l'homme de plume que de l'homme d'action, et il y a de « l'auteur » dans son affaire. Quand il consacre d'assez longues pages à célébrer les mérites de Jean de Muller, écrivain passable, d'une moralité équivoque, il faut se souvenir qu'un jour l'historiographe allemand lui a fait de grands compliments pour d'assez pauvres vers et que Louis XIV fut aux yeux de la marquise le premier roi du monde, le soir où il pria Mme de Sévigné à danser.

J'ajoute aussitôt que s'il se met assez, c'est-à-dire trop, en scène, il ne viole point les droits de la véracité et que ses allégations sont confirmées par l'histoire. Son témoignage est bon; à être piquant il n'en est pas moins recevable. Ces remarques deviendront plus explicites par l'exposé même de ses souvenirs, et surtout pour qui les lira.

S'il n'avait pas toujours et constamment visé à remplir des rôles importants, et s'il ne s'était par là même condamné à des déceptions qui empoisonnent la vie, Norvins eût coulé des jours particulièrement heureux, car il semble que la fortune se soit plu à lui adoucir les heurts de l'existence.

Reprenons plus à loisir quelques traits de sa longue vie.

Le voici exilé, et l'émigration n'a jamais passé pour un moment de tranquillité ni de confort. Tout au contraire, pour lui, accueilli et recueilli en Suisse, il trouve aux environs de Berne, ou dans la société de Lausanne et de Genève, une hospitalité paisible, agrémentée de distractions raffinées, dans des relations sociales charmantes, menant cette vie de château dont nous parlons encore, mais que nous ne connaissons plus, car elle nécessite cette sécurité ambiante un peu égoïste qui fuit notre époque démocratique.

On causait donc comme si les catastrophes ne se multipliaient pas en France et l'on poussait jusqu'à l'extrême cet esprit cosmopolite qui porte partout la patrie avec soi, et cet abandon qui frise l'indifférence. Nous retrouvons au château de Lowenberg toute cette « société » où nous avait introduits la marquise de Montagu : ce groupe du comte et de la comtesse de Tessé, du vicomte d'Agout, de la belle comtesse de Tott, et de leurs intimes : Alexandre de Mun et son fils Adrien. Tous aimables, faciles à vivre, trop faciles même, grandes dames et hommes de cour, sceptiques par éducation, laisser-aller et amour de leurs aises.

Norvins, qui se plaisait en leur compagnie, ne se déplut pas davantage à pousser ses promenades vers Coppet pour aller brûler de l'encens sur l'autel de M. Necker. Mme de Staël, prêtresse de ce pauvre dieu, en fut touchée, et sa reconnaissance se traduisit bientôt d'une façon effective en sauvant la vie, quand il fut traîné devant le tribunal révolutionnaire, à ce dévot du culte paternel.

Dans ce séjour de Coppet, Norvins conquit donc l'affection d'une femme qui en était d'ailleurs plus digne qu'avare, et nous, nous y avons gagné une anecdote pittoresque sur Benjamin Constant. Ridicule et menteur, comédien et cynique, cachant ses vices lorsqu'il lui faut conquérir les cœurs, mais les étalant quand ils peuvent servir sa passion, telle est la posture où nous est montré ce coureur de romans vulgaires. J'en suis bien aise, car ma faiblesse c'est de découvrir, à la fois grossiers et grotesques dans la vie privée, ces paladins intransigeants du modérantisme, qui se sont donné pour mission, dans la vie publique, de décrier les sévérités de l'Église ou les complaisances des rois.

C'est à ce moment que Norvins revint en France : arrêté presque aussitôt, sauvé devant la commission militaire, il attendit pendant deux ans, dans la prison de la Force, le 18 brumaire.

Dès lors sa sympathie, puis son admiration sont acquises à Bonaparte et l'homme, en effet extraordinaire, qui venait de s'imposer au monde prit sur sa vie une influence prépondérante. Il n'eut pas toujours à s'en louer effectivement, de nombreuses et cuisantes déceptions l'attendaient dans sa carrière de solliciteur, mais les bourrades elles-mêmes paraissent douces, quand elles viennent de « l'objet aimé » ; il joua sincèrement pour son compte le « Dépit amoureux » et après la chute de Napoléon il ne voulut se souvenir que des bienfaits. Il est des entêtements moins honorables.

Au reste, l'esprit vagabond de Norvins était fait pour décourager les protecteurs. Nous savons quels avatars successifs, maladroits, contradictoires, il lui plut d'incarner. Le premier fut de partir pour Saint-Domingue avec le général Leclerc. J'imagine, bien qu'il le cache soigneusement, que le goût des spéculations plus que l'amour des armes le portait ver cette île planturcuse. Il y fut brave, agité et y ruina sa santé tout comme sa bourse. S'il fallait l'en croire, il aurait eu là-bas à jouer un rôle considérable. Le fait semble assez peu croyable, du moins fort exagéré. Mais ses souvenirs sont précieux et les tableaux qu'il nous a laissés de cette expédition malchanceuse forment une galerie très typique de bons dessins. Son crayon est cependant trop poussé au noir quand il estompe la figure du général de Rochambeau.

IV

Revenu en France, mourant des suites de la fièvre jaune, il attendit vainement un emploi. Pourquoi ses multiples démarches et ses très hautes relations lui servirent-elles si peu? Il ne le dit pas, mais on le devine. Napoléon n'aimait pas les gens qui n'avaient pas de chance, et Norvins semblait voué à manquer ce qu'il entreprenait; il s'y prenait même mal pour solliciter; je n'en veux d'autre preuve que son récit :

« Je me rendis à Saint-Cloud, dont l'immense galerie avait peine à contenir la foule qui y affluait. Le grand homme étant arrivé près de moi, je m'avançai et lui dis : « Mme la princesse Borghèse m'a autorisé à venir remercier le premier Consul de ma nomination de maître des requêtes. — Est-ce que la fonction de maître des requêtes est un premier degré en administration? me répondit brusquement le premier Consul. — Je croyais, répliquai-je hautement, avoir fait ce premier degré à la préfecture de la Seine, à celle de Saint-Domingue, au milieu des coups de fusil et de la fièvre jaune et dans le cabinet du général Leclerc. — C'est bon, dit-il en s'éloignant, je me ferai rendre compte de cela. » Ces derniers mots étaient une formule de son invention qui voulait dire : « Je ne veux rien faire pour vous. » Et il tenait parole...

«... Quant à moi, depuis mon étrange disgrâce, jamais aucune réception n'avait eu lieu sans qu'il ne m'eût dit : « Bonjour, citoyen Norvins. » Une autre fois c'était : « Comment cela va-t-il, citoyen Norvins? » — Et moi, je répondais : « Cela ira mieux quand le premier Consul voudra. » Alors, il se pinçait singulièrement les lèvres pour étouffer un léger sourire plein de malice, et il passait outre. Une fois, étant à côté de mon frère aîné, attaché depuis à la princesse Borghèse [1], il me dit : « C'est vous qui êtes l'aîné? — C'est la seule chose, répondis-je, que le premier Consul ne puisse pas faire. » Et il passa en riant. De tout cela, il résultait pour moi que rien n'était fixe de sa part à mon égard » [2].

On se persuade enfin que les amitiés de Norvins n'étaient pas toutes du goût de l'ombrageux Bonaparte : la police ne pouvait ignorer sa reconnaissance envers Mme de Staël, ses fréquentations chez Lucien et sa grande intimité avec les Rémusat,

1. Louis *Marquet de Montbreton* (1764-1843,) occupa un emploi dans l'Administration des Postes. Ecuyer de la princesse Pauline, duchesse de Guastalla. Baron de l'Empire (14 février 1810).
2. *Mémorial*, tome III, pp. 86 et 96.

pourvus de postes de cour sans doute, mais vivant dans l'esprit frondeur d'une société qui conspirait sous le manteau, et inspirait une confiance limitée à Napoléon.

De trop justes barrières avaient séparé pour un temps et éloigné les partisans du prochain empereur. Ces raisons, à l'honneur de Norvins, sont relatives au meurtre du duc d'Enghien. Son témoignage est précis et mérite d'être conservé :

« Paris, sauf le Paris révolutionnaire, fut en deuil. Le refrain de toutes les conversations, dont cette horrible exécution devenait le sujet, était invariable de la part des nombreux amis du premier Consul; chacun disait : « Bonaparte a flétri sa vie ! » Le jugement du dernier des Condés passera à la postérité la plus reculée avec le nom du plus grand homme des temps modernes; ils sont désormais inséparables... A la première réception qui suivit la catastrophe de Vincennes, le climat de la cour sembla tout à fait changé, tant l'empressement fut morne, presque austère autour du premier Consul. Il n'y parut de dégagés que ceux qui avaient déjà tué des rois[1]. »

Très vive, l'impression fut assez fugitive, et les dignités du nouvel empire ne trouvèrent pas, comme on sait, de « cruels ». Et l'on vit, de même, Norvins s'offrir pour tous les emplois, sans

---

[1]. *Mémorial*, tome III, pp. 109 et 112.

se fixer, ni pouvoir le faire, à aucun. Secrétaire général du ministère de la marine, attaché aux bureaux du camp de Boulogne, conseiller d'État, ou maître des requêtes, ou même auditeur, chambellan ou maréchal des logis du quartier impérial, il est prêt à tout accepter, il croit un instant tout recevoir ; mais la mauvaise fée, d'un coup d'aile, renverse successivement ses châteaux de cartes, et après avoir un instant songé à suivre à Naples le roi Joseph, Norvins, qui vient encore d'adresser un poëme « dithyrambique » à Napoléon — sans le toucher, on peut le croire, — Norvins, par dépit, s'engage, à 37 ans, comme simple cavalier aux gendarmes d'ordonnance!

Du moins, lui donna-t-on la première lieutenance vacante et il gagna la croix de la Légion d'honneur sur le champ de bataille. Il a raconté, avec esprit et bonheur, cette partie de la campagne de Prusse et de Pologne à laquelle il prit part, en 1807. On ne le récusera pas quand il dépeint ces prouesses qui coûtaient une effroyable consommation d'hommes. C'est au combat d'Heilsberg, le 12 juin :

« A cette heure la bataille était arrivée à ce point où les soldats, énivrés par cette sorte de rage que donne le péril, se battent pour leur propre compte, en désespérés. J'entends l'Empereur, toujours armé de sa lorgnette, crier : « Faites couvrir ces

hauteurs par l'artillerie de la garde et foudroyez! »
Le général Lariboisière partit à l'instant même;
dix minutes après, ces beaux attelages s'ébranlèrent au grand galop avec leur matériel colossal et couronnèrent de cent bouches à feu les hauteurs que l'Empereur avait indiquées. Jamais voix plus formidable ne porta l'arrêt de mort. L'ennemi ne s'y trompait jamais : le canon de la garde était reconnu tout d'abord. Mais tandis qu'il faisait taire en les brisant les batteries des Russes et détruisait leurs rangs, l'Empereur, afin de terminer par un effort suprême la résistance qui prolongeait l'occupation des redoutes, les fit tout à coup attaquer et escalader par les cuirassiers de la ligne. Rien ne résista à cet assaut gigantesque, inouï jusqu'alors dans les traditions de la guerre. Cette lourde cavalerie emporta, aux applaudissements de l'armée, les ouvrages escarpés, contre la mitraille et la mousqueterie qui les défendaient[1]. »

Ces récits de champs de bataille sont toujours vivants sous la plume de ceux qui les ont vécus; c'était le dernier tableau d'épopée que Norvins devait contempler, car, après la paix de Tilsitt, un dépit lui fit quitter l'armée où l'avait fait entrer un coup de tête.

Mécontent et boudeur, il rentrait en France, quand Beugnot, qu'il croisa à Cassel, l'engagea

[1]. *Mémorial*, tome III, p. 196.

d'un mot à s'arrêter là pour prendre place dans les fonctionnaires qu'il recrutait pour le royaume de Westphalie.

Il passa ainsi, « pour se venger de l'Empereur, » au service de son frère Jérôme. Il a raison d'ajouter : « Dieu sait lequel fut puni, de Napoléon ou de moi. »

Là encore, il endossa successivement des costumes variés : directeur du *Moniteur*, secrétaire général du ministère de la guerre, envoyé à Bade, chambellan de la reine, introducteur des ambassadeurs, il porta le frac, la redingote, la tunique et l'habit brodé. Et un beau jour que le mariage de Napoléon et de Marie-Louise l'amena à Paris, il envoya la démission de tous ses emplois.

Pour la princesse Catherine, il garda une respectueuse estime et il a mis en parallèle ses qualités avec les défauts de Marie-Louise, regrettant que l'Empereur ait épousé la seconde et non la première. Pour tout le reste de la cour de Westphalie, le tableau qu'il en retrace rappelle assez bien le grand duché de Gérolstein.

Détachons ce portrait d'un favori de Jérôme : le sieur Le Camus, un créole ignorant et lourdaud, bombardé ministre des affaires étrangères, et à qui le roi donne le titre et les domaines d'un ancien comte de Fürstenstein, nom que le nouveau titulaire ne sut jamais prononcer. Il disait : *Furche-*

tintin! Aussi la plaisanterie habituelle était de lui demander comment il s'appelait et il reçut un jour une lettre qui portait pour suscription : « A S. Exc. M. le comte de Fürstenstein, né Camus, ministre des affaires étrangères. » — Hélas! que c'était drôle, ces rois!

Le vif intérêt des souvenirs de Norvins eût été de le voir agir à Rome. On sait que cette partie de son *Mémorial* nous manque. Je crois bien que nous eussions eu de fortes, très fortes réserves à faire sur la conduite de ce directeur de la police impériale dans la ville du Pape dépossédé. Pour la sincérité de nos compliments, cette lacune est heureuse, mais elle est fort regrettable pour l'histoire elle-même; il y a toujours avantage à éclairer le puits de la Vérité avec la lanterne d'un homme observateur et de bonne compagnie comme était Norvins, qui ne manquait ni d'audace, ni d'idées, ni de promptitude d'esprit, et qui n'est peut-être arrivé à rien de bien que parce qu'il en pensait trop de lui-même.

C'est donc cette fatuité presque enfantine que je lui reprocherai dans ses récits, quand, sous le moindre sourire d'un prince ou d'une princesse, il devine des secrets d'État dont on lui fait la confidence... discrète. Tout lui est bon pour satisfaire, à peu de frais, sa manie de gloriole; ne s'en vient-il pas, à propos de sa croix, honorablement gagnée, nous faire remarquer que son brevet est signé de Berthier et de Lacépède? Et sans doute, puisque l'un était major général et l'autre grand chancelier! Il partageait donc cette spéciale faveur avec tout le monde. Ce détail est caractéristique; il fait involontairement songer au jeune fils de l'épicier qui encadre et accroche au mur, en bonne place, son « certificat de grammaire ».

Ces remarques faites, et il me paraît bon qu'elles le soient, je n'y attacherai pas une importance excessive. Que le personnage même de M. de Norvins n'en sorte pas plus grand et que ces mesquineries de détail l'enveloppent d'un nuage léger de ridicule, rien n'est plus vrai, mais rien n'est moins grave. Ce qui demeure de son *Mémorial*, c'est l'agrément du récit et le témoignage précieux pour l'histoire. Que vouloir de plus?

LES MÉMOIRES DE TALLEYRAND

I

Dire que notre époque est le siècle de la réclame, est-ce la calomnier? Je ne le crois pas. Nous avons porté la science de l'annonce à un degré qui touche au génie. Barnum, ce metteur en scène célèbre, a pu disparaître sans regret : il a amassé une fortune, créé une école et il laisse un nom.

Savez-vous rien de mieux « machiné » que ces *Mémoires* promis à la postérité par M. de Talleyrand? C'est un grand mur devant lequel la troupe des curieux s'arrête et stationne avec la patience qui caractérise les badauds; « il doit se passer quelque chose derrière, » dit-elle, et elle attend. Elle a attendu cinquante-trois ans! C'est tout un roman que l'histoire de cette publication ; à l'heure actuelle, elle nous apporte encore surprise sur surprise et nous promène à travers l'imprévu ; on croirait lire un feuilleton de Ponson du Terrail, soutenu de l'inévitable « suite à demain » ; on nous a même raconté des aventures de voleurs, avec caisses à triples serrures et voitures à double fond.

L'intérêt soulevé pendant un demi-siècle autour du prince de Bénévent se continue après sa mort; quelques phrases négligemment prononcées, des indiscrétions savamment entretenues, des retards soigneusement ménagés, et voilà que la foule des lecteurs se passionne par avance ; la curiosité était piquée à un tel point que la déception devait suivre cette belle ardeur. Ainsi en a-t-il été.

Par une habileté un peu matoise, dont il aimait à berner les autres, Talleyrand esquive, de son vivant, les explications délicates qui peuvent assombrir la fin de sa carrière, et s'estime indemne, par la simple promesse de justifications posthumes, « pour sa conduite pendant la tourmente révolutionnaire ». Il meurt. On ouvre son testament, on est avide de parcourir ces « Mémoires » révélateurs; mais un voile les couvre : dans trente ans vous les lirez, a-t-il dit. Premier déboire; en bon prince, le public attend. Le terme fixé expire, les exécuteurs de ses volontés, mis à couvert par une clause restrictive, jugent pouvoir différer encore.

Le public ne perd pas patience. De mains en mains, avec des choix bizarres, ces précieux papiers suivent une étrange destinée; les événements semblent retarder à plaisir le moment fatidique, la mort fauche les détenteurs; ils arrivent enfin à un homme de haute valeur, de grande situation, d'un réel mérite, d'un talent historique de premier ordre : il se recueille, il se met à l'œuvre, il prend le temps nécessaire, et les voici !

Les voici, mais tout n'est pas terminé. Leur apparition n'a pas dissipé les ténèbres; ce ne sont que questions, hésitations, réserves et démentis. L'authenticité même en est contestée, un terrible point d'interrogation est posé à l'éditeur.

Ces aventures ne sont pas banales, le texte seul l'est un peu, et comme c'est le texte qui nous intéresse, nous laisserons, si vous le voulez, la polémique et les lettres de Mme de Mirabeau, et les épîtres de Mme de Martel, et les précautions de M. de Bacourt, et l'inertie de M. Andral, et l'insuffisance de M. Chatelain et l'éternelle histoire du secrétaire Perrey [1].

Je ne m'arrêterai pas longtemps au reproche de falsification porté par quelques esprits chagrins

---

1. On me permettra de ne pas entrer dans le débat suscité par cette publication; il peut être utile; il aurait gagné à ne pas être éternisé: la question ne semble point avoir fait un pas depuis le mois de mai 1891. Voici ce qu'il faut sans doute retenir :
1° En 1838, M. de Talleyrand a laissé à Mme de Dino et à M. de Bacourt des *Mémoires* rédigés, et des *Papiers*;
2° M. de Bacourt a fait une copie des *Mémoires*. — A sa mort il a laissé cette copie et *tous* les Papiers (comprenant par conséquent, entre autres, le *texte* de Talleyrand) à MM. Andral et Chatelain;
3° M. Andral a laissé la copie et *des* papiers (correspondance originale de 1789 à 1838) à M. le duc de Broglie.
4° M. de Broglie a publié la copie et possède la correspondance.
Conclusion : M. de Broglie a publié la *copie* de M. de Bacourt, il ne pouvait faire plus n'ayant pas reçu davantage. Le texte original a disparu (caché, ou volé, ou détruit) à l'époque où M. Chatelain en était possesseur.

dont M. Aulard s'est fait imprudemment l'écho. C'est une querelle d'Allemand. Malgré sa probité scientifique, le professeur d'histoire révolutionnaire, sur certaines questions, voit rouge. Vivre dans l'intimité exclusive des hommes de la Révolution fait croire à la violence et habitue aux procédés sommaires; on accuse facilement autrui de ce que ses personnages de prédilection sont accoutumés de faire, et quand on a vu de si près les iconoclastes du temps de la Convention piller les dépôts publics, brûler les archives et mutiler les monuments, on croit que leurs adversaires usent, proportion gardée, de moyens aussi radicaux pour modifier l'histoire. Les coutumes de ses héros prédisposaient M. Aulard à la défiance; c'est aussi dans ses traditions de famille comme dans ses habitudes personnelles que M. le duc de Broglie puisait tout justement des mœurs contraires. L'*éditeur* actuel demeure très au-dessus des soupçons; savoir si l'*auteur* a dit tout ce qu'il pouvait dire est une question fort différente, à laquelle je ne croirais pouvoir répondre aussi affirmativement. Si c'est là une déception, elle n'a pu atteindre que des lecteurs disposés à tomber dans un piège ou pourvus d'une forte dose de crédulité. M. de Broglie nous donne très certainement tout ce qu'il possède, mais possède-t-il tout? Je le crois volontiers. Cet *autre chose* qu'on cherche n'existe pas.

Sainte-Beuve disait très justement, il y a trente-cinq ans : « Écrire la vie de M. de Talleyrand n'est guère facile, et je ne crois pas que la publication de ses *Mémoires* tant désirée et tant ajournée, si elle se fait jamais, y aide beaucoup. Acteur consommé, M. de Talleyrand, plus encore qu'aucun autre auteur de Mémoires, aura écrit pour conter sa vie, non pour la révéler; s'il avait l'à-propos en tout et savait ce qu'il faut dire, il savait mieux encore ce qu'il faut taire...

« Aura-t-il menti tout à fait? Non pas, il aura dit une partie de la vérité, comme le meilleur des panégyristes et le plus habile, sans avoir l'air d'y toucher, il aura montré de tout, le côté décent, présentable, acceptable, il aura fait là ce qu'il faisait quand il se racontait lui-même, ne disant que la moitié des choses [1]. »

Qui pouvait croire qu'il en serait autrement ?

Pensait-on qu'il allait couper des verges contre lui-même, ce grand fourbe qui, pendant près d'un siècle, avait déguisé sa pensée sous l'impassibilité de son visage, et qu'il viendrait étaler les misères d'une longue existence déchirant, dans un remords soudain, les voiles qui en avaient si longtemps couvert les vilenies ? Il a pris le seul moyen qui lui pût convenir : il a biaisé, et ces *Mémoires* sont surtout

---

1. *Nouveaux Lundis*; tome XII.

remarquables par les omissions. Arrivé à ce point, le silence devient un aveu.

En se taisant sur lui-même [1], il est assez peu prolixe sur les autres, et l'étonnement ici est mieux justifié. Faut-il témoigner tant de surprise? C'est une habileté de plus : il donne çà et là un joli coup de griffe, mais, le plus souvent, il égratigne en faisant patte de velours. Il procède par réticences, par insinuations; il a trop le sentiment des convenances pour se débattre, trop l'habitude du monde pour hausser le ton; il parle doucement, sans colère apparente, sans animosité :

<blockquote>Et jusqu'à : je vous hais, tout s'y dit tendrement.</blockquote>

Sur toutes choses, il étend avec grâce le manteau transparent des sous-entendus; il y trouve un double avantage : une porte de sortie et la possibilité de dérouter les soupçons. Nier serait excessif, insinuer est préférable, faire naître le doute est pleinement dans son caractère. C'est la politique de l'*alibi*.

On voudrait cependant des jugements plus fermes sur les événements de son temps, et son expérience eût été fort à l'aise pour en émettre; mais il a voulu donner à l'ensemble une teinte grise, pour ne pas attirer trop de lumières sur des points dé-

---

[1] « Ma vie et mes relations s'y aperçoivent le moins que je peux, » dit-il en tête de son manuscrit.

licats. Les appréciations qu'il porte sont le plus souvent justes mais banales; elles n'ont surtout aucun rapport avec les sentiments qu'il professait au moment où il a pu connaître les personnages dont il parle. Il faudrait retrouver son opinion sur ses comparses à l'heure où il les a pratiqués ; mais il s'en garde, et c'est en contemporain de la Restauration qu'il juge la Révolution et l'Empire, non en acteur des événements.

S'il faut dire vrai, ces *Mémoires* ne sont pas des mémoires, mais de simples épisodes, quelques-uns charmants, d'autres ennuyeux; le plus grand nombre d'un relatif intérêt ; aucun lien ne les unit, ils ressemblent assez à des articles de revue, pierres d'attente d'un volume.

Talleyrand a pris le bon moyen d'éviter les explications importunes, les justifications impossibles : il passe purement et simplement sous silence les côtés épineux. Cette habileté est si tangible qu'elle n'en est plus une; qui veut trop prouver ne prouve rien. Ce parti pris très visible justifie les « éditeurs », car on tronque un portrait, on élimine une médisance, on coupe un passage, on n'arrache pas des chapitres, et ce sont des chapitres entiers qui font défaut.

A prendre parti dans la querelle, je serais fort disposé à croire que nous avons bien la composition de M. de Talleyrand. Cette composition remonte au règne de Louis XVIII, dix phrases l'indiquent, et le baron de Vitrolles a témoigné en avoir entendu à cette époque des fragments déjà rédigés. Après 1830, au retour de son ambassade à Londres, l'auteur a revu son manuscrit : autre temps, autre opinion; il n'a pas osé conserver ses premiers jugements et il a commencé une révision, peut-être une refonte totale; il prétendait sans doute couper certains passages qui n'étaient plus de mise avec la monarchie nouvelle; il n'avait pas prévu assez tôt sa dernière évolution.

L'âge ne lui aura pas accordé le loisir de mener l'entreprise à terme; ses corrections, arrêtées en chemin, ont laissé çà et là des contradictions encore flagrantes, et, se voyant acculé, il aura tout simplement supprimé ce qu'il ne pouvait refaire; de là ces lacunes énormes qui nous choquent comme un défaut de proportion. La broderie du canevas n'a pu être détruite seule, et, désespérant de recouvrir les trous dans la trame, l'artiste a laissé son dessin discontinu. M. de Bacourt, — que son culte pour le prince de Bénévent ne permet pas de soupçonner d'avoir porté une main qu'il aurait crue profane sur le texte confié à sa garde, — M. de Bacourt a copié ces cahiers à qui la cohésion du premier jet fait défaut.

Mais on n'écrit pas un aussi long ouvrage sans avoir en portefeuille des matériaux en grand nombre : la sûreté des anecdotes, la précision des dates, indiquent qu'en général Talleyrand n'avait pas négligé ces précautions. Des documents ont pu être partiellement ou soustraits ou détruits, des mains infidèles auront trafiqué de leur rareté, spéculé sur leur provenance. Talleyrand en avait le pressentiment, il craignait la production de ces pièces trop « justificatives », et cette préoccupation se révèle dans ses incessantes recommandations à ses légataires pour désavouer tout ce qui ne serait pas son travail personnel. Ce soin rempli, les lacunes elles-mêmes ne déplaisaient pas à son esprit, elles rentraient assez dans son système de prétérition.

On savait déjà de lui à peu près tout ce qu'on en pourra savoir, et cette publication, si elle est intéressante, n'est pas révélatrice. Ce n'est pas à elle qu'il convient de demander le mot de sa vie, elle ne le dira point ; il faut aller le chercher soi-même aux archives ; du moins dans les pièces qu'il n'a pas eu le loisir de leur arracher.

Les esprits curieux connaissent bien cette écriture menue et fine, sans pleins ni déliés, dont aucun trait ne relie les lettres aux jambages allongés qui hachent les mots et semblent couper le texte de parenthèses. Les graphologues expliquent une à une ces particularités diverses : l'écriture presque droite indique l'absence de sensibilité, sa forme serpentine, ondulée : l'habileté et

7

la ruse; la petitesse des caractères révèle la pénétration, la finesse; aux mots serrés, on reconnaît l'avarice, aux lettres rapprochées, la sécheresse du cœur. Que veulent dire ces tirets qui séparent habituellement les phrases? Sinon la méfiance. Les barres des *t* placées en avant, les points et les accents jetés plus loin que la lettre à laquelle ils correspondent sont une marque de vivacité d'esprit. Les *a* et les *o* très fermés signifient la réserve. — Eh bien, ne voilà-t-il pas un portrait achevé de M. de Talleyrand?

Les archives des Affaires étrangères et quelques cartons des Archives Nationales nous apportent les témoignages les plus précieux sur le personnage; en publiant sa correspondance diplomatique, — besogne un peu longue, mais par ailleurs facile, — M. Pallain prépare aux historiens un excellent instrument de travail. L'hécatombe que Talleyrand, à l'heure du gouvernement provisoire, fit pratiquer dans le dépôt du ministère, n'est un secret pour personne. De fait, beaucoup de choses ont ainsi disparu, mais la trace des lacunes est visible, parfois elle est éloquente.

Je me souviens de mon regret en dépouillant, au quai d'Orsay, la correspondance du *Fonds* d'Espagne, quand, parvenu au mois de mars 1804, je cherchais vainement la moindre dépêche de Talleyrand annonçant à notre ambassadeur à Madrid la mort du duc d'Enghien. J'attendais avec impatience les phrases de chancellerie qui gazeraient l'attentat; les explications qui « justifieraient » le crime. Un mot échappé me dirait-il enfin la part de responsabilité de chacun? Une confidence serait-elle un aveu? Rien, pas une pièce! Et cependant je ne fus pas déçu : une lettre du général Beurnonville accusait réception à Talleyrand de ses *Instructions* et lui disait avoir agi conformément à leur esprit; j'étais donc en présence d'une réponse; qu'était-il advenu de la copie de la lettre envoyée en Espagne? Je n'avais plus que faire maintenant de la connaître, je pouvais affirmer son existence, et sa disparition m'était une preuve bien caractéristique de sa teneur compromettante.

Ces témoignages à rebours sont des démonstrations péremptoires, et aux sceptiques, je répondrais avec Sainte-Beuve l'accusant de vénalité : « Pensez-vous que je vais vous montrer des reçus? »

Il nous faut bien prendre les *Mémoires* tels qu'ils nous sont présentés, en ne leur demandant pas plus qu'ils ne pouvaient nous apprendre; nous trouverons encore bien des passages à marquer d'un coup de crayon.

La préface dont M. le duc de Broglie a fait précéder le texte est achevée, comme tout ce qui sort de sa plume. Elle donne les grandes lignes des péripéties de ce « manuscrit », qui, en fin de compte, demeure une copie; elle insiste sur les côtés glorieux de la conduite de Talleyrand au congrès de Vienne; le rôle du publicateur conduisait à cette apologie; on est toujours indulgent pour son héros, il lui eût été pénible d'examiner les côtés discutables et il s'en tait; pour n'être pas indispensable, cette réserve s'explique. Des notes biographiques accompagnent les noms cités : elles ont toutes de l'exactitude, de la concision, de la netteté. On relèverait çà et là au courant de la plume quelques inadvertences; la chicane serait bien mesquine d'y insister.

On lit à la page 285 du second volume que la France, en 1803, *rendit* la Louisiane aux États-Unis. Est-ce une simple erreur d'impression? Talleyrand le savait mieux que personne, cette colonie française, devenue espagnole depuis le traité de Versailles, n'avait jamais appartenu à l'Union. C'est *vendit* qu'il faudrait mettre; cette coquille aurait un à-propos bien extraordinaire et le texte du prince de Bénévent eût été rectifié avec profit, car il a été mêlé, — beaucoup trop, — aux affaires de finances des Américains, et dans ce marché, qui honore peu le premier Consul, il y eut des trafics sans nombre qui n'ont laissé arriver dans les caisses du Trésor que 54 des 80 millions stipulés !

M. de Vitrolles caractérisait bien ces pages légères, souples, agréables, toujours faciles, jamais familières :

« Son style est celui qu'on est convenu d'appeler le style de la conversation, et qui n'y ressemble pas du tout. La conversation ne saurait s'écrire, mais on retrouverait dans ses écrits le genre d'esprit qui brillait dans sa manière de dire. Cet esprit, le plus souvent, se cachait, sous le piquant des anecdotes. Il portait dans le monde une grande réserve ne se pressant jamais de parler et ne parlant que pour dire quelque chose. Il évitait avec soin les phrases toutes faites, les comparaisons vulgaires, les locutions triviales et, jusqu'à ses derniers jours, il a détesté le *comment vous portez-vous?* »

II

Les souvenirs de son enfance, il les retrace avec une amertume orgueilleuse, « qui lui fait trouver du plaisir à reporter ses pensées vers ces premiers temps de sa vie ». La peinture des mœurs de la noblesse du vieil Angoumois est typique, et l'on relira les jolies choses qu'il dit sur l'existence, en ses terres, de la princesse de Chalais, assise, pour distribuer argent et remèdes aux pauvres gens, près d'une table de vieux laque, avec une robe de soie garnie de dentelles, une échelle de rubans et des nœuds de manches analogues à la saison. C'est ce que Sainte-Beuve appelait de « charmantes amorces » et qui prennent en France tout lecteur par son faible.

Le portrait du comte de Choiseul-Gouffier est une merveille de finesse, un chef-d'œuvre d'ironie :

« M. de Choiseul est né avec de l'imagination, avec du talent; si, dans sa jeunesse, il avait moins admiré les belles phrases de M. de Buffon, il aurait pu être un écrivain distingué.

« On trouve qu'il fait trop de gestes; je suis de cet avis; quand il parle, cela l'aide; et, comme tous les gens qui font beaucoup de gestes, il s'amuse de ce qu'il dit et se répète un peu. Sa vieillesse sera pénible pour les personnes qui le soigneront, parce que la vieillesse d'un talent ordinaire ne conserve que des formes. Il est aimant, facile et oublieux. Aussi est-il très bon père et très bon mari, quoiqu'il n'aille guère chez sa femme ni chez ses enfants. Il a des amis, il les aime, il leur souhaite du bonheur, il leur ferait du bien, mais il se passe à merveille de les voir. Les affaires n'ont rempli qu'une petite partie de sa vie : il s'est créé des occupations qui lui suffisent. Le goût exquis et l'érudition qu'il a portés dans les arts le placent parmi les amateurs les plus utiles et les plus distingués. »

Chaque trait porte et entre ses barbes acérées toutes chargées d'un venin subtil; si l'on songe que Talleyrand ajoute immédiatement : « M. de

Choiseul est l'homme que j'ai le plus aimé, » on aura la notion exacte de son cœur et la mesure de ses affections. L'égoïsme dominait ses actes et avait atrophié sa sensibilité; ses familiers n'ont jamais été témoins d'un élan : Montrond rapporte qu'il le vit pleurer pour la première fois, en 1833 (il avait 79 ans), à la nouvelle de la mort de sa vieille amie, la princesse de Vaudémont. La pensée des femmes de sa jeunesse paraît exciter seule son émotion, et dans ses *Mémoires*[1] il parle aussi de ses larmes en se jetant aux pieds de Mme de Brionne, qu'il n'avait pas revue depuis 25 ans. Cependant il règne dans son récit un ton forcé qui porte peu à la confiance.

Il a des vues fort justes sur le fol engouement de la noblesse pour une égalité chimérique, à la veille de la Révolution; sur la résistance qu'aurait dû faire le Roi aux premières exigences du tiers; sur l'émigration, son principe honorable et ses combinaisons fausses. Mais ce sont là des conseils après coup, l'esprit de l'escalier; en réalité, il a mis la main, et des plus avant, dans tout ce qu'il condamne quarante ans après, et avec une désinvolture d'autant plus légère qu'il doit sa fortune aux bouleversements qu'il flétrit et dont les excès mêmes sont son œuvre. Il pense sans doute donner le change en criblant de ses flèches ses anciens com-

---

[1]. Tome II, p. 289.

plices : Sieyès et Philippe-Égalité; ils sont drapés en peu de mots, mais de manière à ne s'en relever jamais.

« Sieyès peut être inhumain, parce que l'orgueil l'empêchera de reculer et que la peur le retiendra dans le crime. Ce n'est pas par philanthropie qu'il protège l'égalité, mais par une haine violente contre le pouvoir des autres.

« Le seul sentiment qui exerce une influence véritable sur lui, c'est la peur. A la Convention il craignait la mort; depuis cette époque, c'est la crainte des vengeances de la maison de Bourbon qui le domine. Il est régulier dans ses mœurs, méthodique dans sa conduite, ténébreux dans sa manière d'être. Sa vie privée n'a rien de philosophiquement remarquable. Dans ses goûts, il a quelques recherches, il est difficile à servir, à loger, à meubler. Il n'est pas cupide, mais il n'a pas le cœur assez haut pour mépriser la fortune; son orgueil même n'a pas été assez fort pour l'empêcher de laisser entamer sous ce rapport sa considération publique. Il n'a point d'habileté d'esprit; il ne discute pas, parce qu'il ne sait que prescrire; il n'a point le désir de convaincre, il veut subjuguer. Son humeur est atrabilaire... Orgueilleux et pusillanime, il est nécessairement envieux et défiant; aussi il n'a point d'amis, mais il a des entours soumis et fidèles... »

Joseph de Maistre l'avait peint avec des couleurs semblables d'un seul coup de pinceau : « sa fierté est vile, sa poltronnerie est féroce. »

Un chapitre tout entier est consacré au duc d'Orléans; je n'y insisterai pas : il ne dit rien de plus que ce qu'on pouvait soupçonner du personnage et l'imagination avait libre carrière sur les vices de ce malheureux; une demi-ligne suffit pour raconter sa vie pendant la Révolution : « il fut nul, avili et tué. » Ce sont de ces coups de plume que j'appellerai des coups de maître, et ces traits, un peu épars, relèvent les *Mémoires* de leur teinte de monotonie. Mais, en parlant de Philippe-Égalité, ne rien dire de la franc-maçonnerie, passer sous silence les menées du Grand-Orient, le convent de Willhemsbad, les conciliabules tenus à Paris en février 1785, c'est trahir le public tout autant que la vérité; voilà où Talleyrand est pris en flagrant délit d'escroquerie historique, et il ne fera croire à personne qu'il ignorait ces trames, lui qui, avec Mirabeau, était l'âme du comité directeur de la loge des Amis Réunis.

Après avoir donné à Napoléon l'appui de ses conseils, de son expérience et de sa complicité, Talleyrand fut de ceux — c'est son mot, et il est spirituel — qui « aperçurent dès l'origine le commencement de la fin de Bonaparte ». Le vice-grand Électeur nous donne un tableau original et vivant des créations politiques de l'Empereur, il en analyse les faiblesses, pèse les germes de mort déposés dans le creuset de ses combinaisons d'alchimie politique, arrache leur costume de parade à ces chefs sans valeur de royaumes éphémères, et rien n'est mieux dit ni plus justement pensé.

Une raison discrète et un peu mélancolique ne lui interdit pas de parler des choses religieuses avec un respect désabusé.

Il nomme les gens d'Église comme s'il n'était pas un transfuge de leurs rangs, sans gêne, sans scrupule, sans parti pris, en homme qui a vaguement entretenu des relations avec ces respectables personnages, et parlé leur langue. J'ai noté cette page relative à la convocation du concile « national » de 1811 :

« Le lendemain même de l'ouverture, Napoléon manda quelques-uns des évêques à Saint-Cloud, à une de ces réunions du soir que l'on nomme les entrées. L'Empereur, prenant du café que lui versait l'Impératrice, fit introduire le cardinal Fesch et les évêques. Au moment où ils entrèrent, il saisit vivement et de manière à ce qu'on le vît, le *Moniteur*, placé probablement par ordre sur une table. Ce papier à la main, il aborda ces messieurs. L'air troublé qu'il prit, la violence et le désordre de ses expressions et l'attitude de ceux à qui il s'adressait font de cette singulière conférence une scène comme il aimait à en jouer et où il déployait sa brutale grossièreté.

« ... Il attaqua d'abord le cardinal Fesch et se jeta d'emblée, avec une volubilité singulière, dans une discussion de principes et d'usages ecclésiastiques, sans la moindre notion préalable, soit historique, soit théologique : « De quel droit, Monsieur, prenez-vous le titre de primat des Gaules ? Quelle prétention ridicule ! Et encore sans m'en avoir demandé l'autorisation ! Je vois votre finesse, elle est facile à démêler... Profitant de la parenté que vous avez avec ma mère, vous cherchez à faire croire que je veux un jour faire de vous le chef de l'Église. Beau Pape, en vérité ! »

Le cardinal montra avec fermeté que l'Empereur ne savait pas un mot de ce qu'il disait, qu'il confondait, dans sa colère, les termes d'*obédience* et d'*obéissance*, et que depuis des siècles il y avait des primats des Gaules, d'Aquitaine et de Neustrie [1]. L'évêque de Nantes était triste, ceux de Tours et de Trèves fort abattus. Après un premier étonnement, Napoléon « continua à parler pendant une heure, avec une incohérence qui n'aurait laissé dans le souvenir que l'étonnement de son ignorance et de sa loquacité, si la phrase qu'il répétait toutes

[1]. Le titre de Primat des Gaules (*Lyon*) paraît le mieux établi ; c'est de Grégoire VII que datent les Primats d'Aquitaine (*Bourges*) et de Neustrie ou Normandie (*Rouen*). Plusieurs autres archevêchés portaient ce titre, par courtoisie.

les trois ou quatre minutes n'avait pas révélé le fond de sa pensée. « Messieurs, leur criait-il, vous voulez me traiter comme si j'étais Louis le Débonnaire! Ne confondez pas le fils avec le père. Vous voyez en moi Charlemagne... Je suis Charlemagne; oui moi... je suis Charlemagne! » Les évêques attendirent dans le plus profond silence que la fatigue mît fin à ce flux déréglé de paroles. L'évêque de Nantes, profitant alors d'un moment de lassitude, demanda à l'Empereur à lui parler en particulier. Napoléon sortit et il le suivit dans son cabinet. Il était près de minuit, et chacun se retira de son côté, emportant de Saint-Cloud d'étranges impressions[1]. »

Quelle note sur la politique religieuse du premier Empire!

Ces passages intéressants ne sont pas, malheureusement, les seuls, et l'on a le droit de se plaindre de trop de longueurs; elles viennent parfois si à propos que l'on peut croire qu'elles ont la mission de donner le change. A l'époque du soulèvement d'Amérique, au lieu de nous retracer les figures des héros de la guerre de l'indépendance qu'il a bien connus, il consacre trente mortelles pages à des lieux communs sur le commerce, l'agriculture et les monnaies! Mêmes fadaises lors de son propre séjour aux États-Unis. A l'heure de la Constituante

---

1. *Mémoires*, II, 99-101.

et quand ses intrigues bouleversent le royaume, ruinent son ordre et scandalisent la religion, il apparaît comme absorbé dans la question des poids et mesures. Au moment de la querelle de Pie VII et de Napoléon, l'opinion de l'ancien évêque d'Autun était particulièrement intéressante à recueillir : il se perd dans les détails du fonctionnement des commissions ecclésiastiques et, page à page, on arrive, tout déçu, à la fin du sujet, qu'il a fait traîner en longueur sans l'aborder.

Il était trop orgueilleux pour avoir de la vanité, mais le souvenir de ses ancêtres, s'il ne l'avait pas assez soutenu dans ses faiblesses, ne le quittait pas dans ses prospérités ; c'est par là qu'on le pouvait prendre ; la gloire des Périgord chatouillait doucement son cœur, et la finesse de Louis XVIII découvrit le défaut de la cuirasse quand il le reçut pour la première fois, en 1814 : « Je suis bien aise de vous voir, lui dit-il ; nos maisons datent de la même époque. Mes ancêtres ont été les plus habiles ; si les vôtres l'avaient été plus que les miens, vous me diriez aujourd'hui : Prenez une chaise, approchez-vous de moi, parlons de nos affaires ; aujourd'hui, c'est moi qui vous dis : Asseyez-vous et causons. »

Talleyrand, en rapportant soigneusement ce mot, montre bien qu'il avait porté ; le roi « Nichard » était malin et pour gagner le vieux politique il l'avait touché à l'endroit sensible.

N'étant pas un parvenu, il ne se montrait pas pressé et sa force s'en augmentait d'autant : il évitait ainsi les coups de tête et les pas de clerc. En entrant dans la vie publique il adopta une maxime et la conserva toujours : « se tenir en situation de ne pas élever d'obstacles entre l'occasion et moi ». On peut dire, terme vulgaire, mais ici bien exact, que ce grand joueur se garda constamment à carreau ; les précautions qu'il avait prises dans sa longue carrière, il les a maintenues dans ses *Mémoires;* aussi bien les événements prêtant à l'équivoque s'y trouvent-ils soigneusement gazés.

Comment accommodera-t-il ses *convictions* de « légitimiste » avec sa participation aux pires mesures de la Révolution ? Oh! grand Dieu, il ne fait pas d'éclat, il est trop désintéressé ; regardez seulement le pauvre homme, entendez le bon apôtre ; écoutez l'air de bravoure discrète suivi d'une très douce symphonie :

« A la vue des vingt dernières années de la monarchie, il n'y a pas un homme ayant quelque élévation et quelque bonne foi, qui, en se rappelant ou ce qu'il a fait, ou ce qu'il a écrit, ou ce qu'il a blâmé, ou ce qu'il a approuvé, ne se trouve quelque tort s'il a eu une influence quelconque : je dirais presque que personne ne sait tous les exemples qu'il a donnés. Aussi je refuse à tous les hommes que j'ai connus, princes ou particuliers, le pouvoir de dégager entièrement leur responsabilité. Je ne veux pas dire que l'imprévoyance de chacun ait été également nuisible, mais il n'est donné à personne de pouvoir, avec certitude, déterminer les reproches que chacun mérite... J'insiste sur cet appel à la conscience de tous les Français, pour tâcher de détruire tout sentiment de haine et d'intolérance, et rappeler les penchants doux, bannis depuis si longtemps de notre belle patrie [1]. »

Et ce ton dédaigneux :

« J'ai su que quelques personnes, non à cette époque, mais depuis la Restauration, trouvèrent que c'est un tort d'accepter des emplois dans un temps de crise et de révolution, où le bien absolu est impossible à faire. Il m'a toujours paru qu'il y avait quelque chose de très superficiel dans cette manière de juger. Dans les affaires de ce monde, il ne faut pas s'arrêter seulement au moment présent. *Ce qui est*, presque toujours est fort peu de chose, toutes les fois que l'on ne pense pas que *ce qui est* produit *ce qui sera*; en vérité, pour arriver, faut-il bien se mettre en route [2]. » Comme les termes sont mesurés ! quelle apparence de modération ! Encore un peu, et ce sera le devoir, par ses côtés les

---

[1]. *Mémoires*, I, p. 228.
[2]. *Mémoires*, I, p. 253.

plus austères, qui aura séduit Talleyrand pour lui faire suivre la voie tortueuse.

Son procédé habituel, c'est de passer sur les choses les plus graves comme sur un détail insignifiant : les injures, qu'en des circonstances fameuses, Napoléon lui jeta à la face, y mêlant d'accablantes vérités qui révélaient sa complicité, furent connues de la France entière; quelle trace en gardent les *Mémoires*, quelles explications vont-ils fournir? Ils ne se donnent même pas la peine d'en chercher : « Il me fit plusieurs fois publiquement des scènes violentes, » disent-ils, et plus un mot, pas un détail!

En 1814, la formation du gouvernement provisoire est un événement capital pour lui ; il l'obtint par ses intrigues, sa dextérité, sa souplesse; son audace imposa le choix des membres tout à sa discrétion; ainsi remparé, il attendit les événements; c'était, ce devait être la garantie de l'absolution du passé, sa sauvegarde et sa force présente, ce fut le tremplin de sa fortune à venir. Il était descendu aux plus basses ruses pour obtenir ce résultat. Par son ordre, M. de Villèle le rapporte [1], « on fit des recherches pour se procurer les costumes des sénateurs absents, et on les fit endosser à des affidés pour rendre la réunion du Sénat plus nombreuse et plus imposante aux yeux de l'Empereur

---

[1]. Comte de Villèle, *Mémoires*, tome I, p. 228.

Alexandre. » En racontant ces jours laborieux, terminés par des nuits pénibles, il est prolixe sur le bonheur d'une restauration monarchique, puis tout à coup, presque en note, il ajoute, avec une désinvolture bon enfant : « J'ai omis de dire que le Sénat avait, sur ma proposition, décrété la formation d'un gouvernement provisoire [1]. »

Voilà le plus souvent sa manière d'écrire; d'autres fois il paie d'audace.

Avec quelle indignation, quel mépris il se vante d'avoir repoussé les propositions des ambassadeurs alliés : « Vous me parlez d'un marché, au sujet des Deux-Siciles et de la Saxe, je ne peux pas en faire ! Les principes ne transigent pas [2] ! » C'est le feu de l'honnête homme, et voilà la postérité fort édifiée sur son impeccable rigidité au congrès de Vienne. Par malheur, au même instant, dans ce même congrès, auprès des mêmes diplomates, à propos de cette même couronne, il se faisait payer 6 millions par les Bourbons de Naples pour appuyer leurs droits. Le fameux secrétaire Perrey les allait chercher en Italie et rapportait à son maître, à Mons, les traites sur la maison Baring, de Londres [3]. Voilà qui s'appelle être pris la main dans le

---

1. *Mémoires*, II, p. 165.
2. *Mémoires*, II, p. 288.
3. CHATEAUBRIAND, *Mémoires d'outre-Tombe*, tome VI. — SAINTE-BEUVE, *Nouveaux Lundis*, tome XII.

sac; de tels rapprochements sont instructifs et enlèvent beaucoup d'autorité à ces belles paroles, qui chantent les bienfaits de la légitimité :

« Ce principe n'est pas, comme les hommes irréfléchis le supposent et comme les fauteurs des révolutions le voudraient faire croire, uniquement un moyen de conservation pour la puissance des rois et la sûreté de leur personne; il est surtout un élément nécessaire du repos et du bonheur des peuples, la garantie la plus solide ou plutôt la seule de leur force et de leur durée. La légitimité des rois, pour mieux dire des gouvernements, est la sauvegarde des nations ; c'est pour cela qu'elle est sacrée [1]. »

Choses excellentes ! Pour passer dans la bouche d'un personnage qui les a violées pendant de longues années, ces maximes n'en demeurent pas moins justes; mais tombé du haut de cette chaire, cet enseignement portera mal; qui écouterait le commentaire du Code pénal par un récidiviste de cour d'assises?

Si nous trouvons l'homme d'État impudent en parlant de la monarchie, de quel nom qualifier la posture de l'évêque renégat et du prêtre marié, dans les questions religieuses? Il les aborde avec un front d'airain. Mais on a bientôt fait de toucher le fond de sa science, il est visiblement insuf-

---

[1]. *Mémoires*, tome II, p. 159.

fisant en parlant théologie et, pour n'être plus coupable, il demeure erroné; on est attristé de ne voir poindre aucun regret des scandales multipliés à la face de l'Église et du monde; un retour d'humilité sur un passé criminel aurait pu dégager sa conscience; elle eût satisfait la nôtre; une allusion fugitive à la faute *politique* de la constitution civile du clergé [1] peut sembler insuffisante.

L'ancien évêque d'Autun n'avait-il donc aucun remords? Tout atteste le contraire. Pour la cacher profondément, son cœur n'en entretenait pas moins, toujours saignante, cette plaie secrète; on croit voir l'allégorie de sa vie dans l'aventure du jeune Spartiate dissimulant sous sa tunique le renard qui lui ronge les entrailles. Mme de Rémusat a suivi de près les combats de sa pensée, elle en a noté les mouvements, elle a pu en deviner le ressort : il s'efforçait d'oublier dans le tourbillon du monde :

« Toujours environné d'une cour nombreuse, donnant aux affaires ses matinées, à la représentation le soir, et la nuit aux cartes, jamais il ne s'exposait aux dangers d'une solitude qui lui eût inspiré de trop sérieuses réflexions. Toujours attentif à se distraire de lui-même, il ne venait chercher le sommeil que lorsqu'il était sûr que l'extrême fatigue lui permettait de l'obtenir... Plus d'une

---

1. *Mémoires.* II, 123.

fois, il m'a parlé de lui avec regret, je dirais presque avec dégoût.

« Les pensées sérieuses, appliquées à la morale ou aux sentiments naturels, lui sont pénibles, en le ramenant à des réflexions qu'il craint, et, par une plaisanterie, il cherche à échapper à ce qu'il éprouve. Une foule de circonstances l'ont entouré de gens dépravés ou légers, qui l'ont encouragé à mille futilités ; ces gens lui sont commodes parce qu'ils l'arrachent à sa pensée ; mais ils ne peuvent le sauver d'un profond ennui, qui lui donne un besoin impérieux des grandes affaires[1]. »

Cette désinvolture qu'il affecte est donc une manœuvre savante ; dans ces *Mémoires* si bien préparés, si artistement conduits, qui veulent nous montrer le politique patriote, le conseiller intègre, surtout l'homme heureux, dans ces *Mémoires*, je trouve la préoccupation, habile, je le reconnais, mais constante, de laver, sans en avoir l'air, les taches qui salissent son manteau de grand chambellan.

Il insiste, bien plus longuement que cette insignifiante visite n'en valait la peine, sur l'audience que lui accorda, dans la nuit du 16 au 17 juillet 1789, le comte d'Artois quelques heures avant de quitter la France ; il a retenu, vingt-cinq ans après, et à supposer même qu'elle ait été prononcée,

1. M™ⁿ ᴅᴇ Rᴇ́ᴍᴜsᴀᴛ, *Mémoires*, II, 181 ; III, 324-330.

la phrase de banale courtoisie du futur Charles X:
« Je vous conseille de songer à vos intérêts; quoi
qu'il arrive, je ne pourrais vous blâmer, et comptez toujours sur mon amitié. » Ne vous semble-t-il
pas que ce serait porter l'art des sous-entendus un
peu loin que de considérer ce mot comme un blanc-seing de tous les événements postérieurs ? — De
la crosse jetée aux orties et de la mitre par-dessus
les moulins, pas un mot; mais, dix ans plus tard,
une majestueuse note étalant le Bref de sécularisation de Pie VII. Un pauvre prêtre repentant d'une
erreur passagère et reçu, après une longue pénitence, à rémission, n'en dirait pas plus. C'est vouloir se débarrasser à bon compte d'une responsabilité lourde à porter.

La mort du duc d'Enghien est la tunique de
Nessus qu'il traîne pendant les seize années de la
Restauration, et l'on sait les fâcheux brocards que
de ce chef il lui fallait subir de la part du duc de
Bourbon. Il n'aborde pas en face un tel sujet, il ne
fait aucune allusion au mépris que le prince lui
prodigua en affectant de ne le jamais saluer; mais
incidemment, à propos de Waterloo, il écrit : « C'est
« M. le prince de Condé qui eut la bonté de m'en
« donner tous les détails. Il me parla, avec une
« grâce que je n'oublierai jamais, des succès qu'a-
« vait eus la France au congrès de Vienne. » Qui
osera croire, après le récit de ces amicales politesses,

que le grand-père de la victime de Vincennes gardait encore sur l'innocence du ministre de Bonaparte le moindre soupçon? N'est-ce pas habilement fermer la bouche aux gens? — Nous avons parlé des millions venus de Naples pour acheter son concours au congrès de Vienne ; il publie les lettres du roi et de la reine des Deux-Siciles lui adressant leur « tribut d'admiration et de reconnaissance ». Sous ces formes officielles de chancellerie, irez-vous deviner l'envoi d'un royal pot-de-vin?

Ces exemples suffisent pour caractériser le procédé : les faits ne sont pas inexacts, mais les circonstances les embellissent ou les dénaturent, ou les modifient. M. le prince de Talleyrand rougirait d'employer des moyens aussi grossiers et aussi lourds qu'un mensonge. Il jette des fleurs dont le parfum endort, *manibus date lilia plenis !*

Nous nous laissons plus facilement prendre à ces dehors trompeurs que les contemporains. Plus ils ont vécu dans l'intimité de cet homme habile, plus ils sont sévères. M*me* de Staël le connaissait bien, très bien, et en traçant son portrait elle n'a pas craint de charger sa palette de noires couleurs:

« Ces hommes dégagés de tout scrupule politique, comment compter sur leurs promesses? Ils ont de l'esprit, dit-on. Ah ! qu'il soit maudit l'esprit, s'il dispense d'un seul sentiment vrai, d'un seul acte de moralité droit et ferme ! Qu'un grain noir se montre sur l'horizon, par degrés leur physionomie perd son empressement gracieux ; ils commencent à raisonner sur les fautes qu'on a commises, ils accusent leurs collègues amèrement et font des lamentations doucereuses sur leur maître; enfin, par une métamorphose graduée, ils se changent en ennemis, eux qui naguère avaient égaré les princes par leurs flatteries orientales[1]. »

Oui, le héros de tant d'actions diverses, honteuses, contradictoires, est un personnage troublant, une énigme qu'on n'étudie point sans une appréhension qui, par moment, se change en effroi. La légèreté de son maintien a pu faire croire à la tranquillité de sa conscience, les faveurs des princes à la grandeur des services qu'il leur rendait, l'impunité à la valeur morale, l'habileté au talent. Sa longue vie elle-même semble tenir en échec la punition du Ciel qu'il a bravé. Pour aucuns, ses serments sont les évolutions successives d'un esprit qui s'éclaire, son ambition est du patriotisme, on appelle diplomatie sa duplicité et ses palinodies du savoir-faire; ses aphorismes sont applaudis et ses maximes colportées; ses traits sont offerts comme modèle aux diplomates futurs.

O piperie des mots !

Mais l'homme d'honneur, obscur, modeste, sans fortune sans doute, sans crédit peut-être, sent qu'il

1. *Considérations sur la Révolution.*

en faut rabattre sur le bonheur comme sur le mérite de M. de Talleyrand; et cela suffit : ce témoignage de la conscience est un jugement. Le succès a eu son temps; l'histoire garde ses sévérités.

III

Bien souvent le passé couvre plus d'un secret,
Dont sur un mur vieilli la tache reparaît !
Toute ancienne muraille est noire.

Que de chaux il faudrait à M. de Talleyrand pour blanchir le mur de sa vie, — tout particulièrement dans l'affaire du duc d'Enghien!

Qu'il y ait participé ou non, le jugement d'ensemble qu'on portera sur lui n'en sera pas essentiellement modifié; le reste de sa carrière suffit, et le crayon de sa physionomie ne serait que mieux accusé par ce trait sanglant. Mais l'histoire conserve le droit de scruter chaque événement et veut être édifiée sur toute chose. L'horreur de cette tragédie attire par la grandeur même des acteurs; qu'il ait fait partie de la troupe, nul ne le peut nier; quel fut son rôle exact, là est l'intérêt des recherches.

Nous n'avons pas à retracer les événements et à les prendre par le menu : le récit en a été fait, par deux plumes habiles et savantes : celles de M. Welschinger et de M. Boulay de la Meurthe, en des pages différentes de forme sans doute et même d'intentions, mais dont les conclusions plus ou moins sévères me paraissent également accablantes. Il n'y a plus qu'à renvoyer à ces deux ouvrages [1]. Mais, puisqu'il s'agit ici de la publication des *Mémoires* de Talleyrand, il faut noter l'impression qui s'en dégage; à leur lecture une vérité saute aux yeux et une remarque s'impose.

La remarque, c'est que le récit n'est pas à sa place; la vérité, c'est que la défense est absolument insignifiante.

Nous sommes déçus. La déception est un sentiment que l'on éprouve vraiment trop souvent au cours de ces *Mémoires*, et si toutes les justifications, maintes fois promises, ne devaient aboutir qu'au piteux et très court morceau qui nous est offert aujourd'hui, il était maladroit d'en faire tant de bruit; en reculant la publication de cette défense, on a excité, bien à la légère, une attention qui s'est assez éveillée pour ne pas accepter d'être désappointée. Dans le troisième volume, comme un hors-d'œuvre, sans titre, ni à sa date, ni à son rang, en petits caractères, presque en note, un « appendice » nous parle brièvement du drame. Était-ce

---

1. Henri Welschinger, *Le duc d'Enghien* (1772-1804). — Le comte Boulay de la Meurthe, *Les dernières années du duc d'Enghien* (1801-1804).

là ce « chapitre spécial » qui devait tout éclairer, tout justifier? C'est une duperie.

Un mot sur les faits.

Quelle fut la conduite de Talleyrand avant, pendant, après ce qu'il appelle lui-même « un assassinat » qui « ne peut être ni excusé, ni pardonné [1] »?

Avant : — C'est lui qui a indiqué au premier Consul le général Caulaincourt pour la mission « explicative » auprès de l'électeur de Bade, dont on allait violer le territoire; — lui, qui a écrit cette fameuse note du 8 mars citée par M. d'Haussonville, lue par Michaud, confiée à Châteaubriand, vue par Menneval, et dont l'existence est encore attestée par l'éditeur Beaudoin, le confident Roux-Laborie, le bibliothécaire Béguin [2], et par Napoléon en personne qui, en pleine cour, quatre ans après, lui jetait à la figure ces paroles foudroyantes : « Oubliez-vous donc que vous me l'avez conseillé *par écrit?* » — Lui enfin qui, à la séance tenue le 10 mars, a appuyé l'avis du premier Consul en conseillant la sévérité.

Pendant : — C'est lui qui, possédant le rapport de M. Massias, constatant l'erreur des gendarmes

---

1. *Mémoires*, I, p. 292.
2. L'éternelle histoire du secrétaire Perrey ne porte point ici. M. de Menneval, attaché au cabinet de l'Empereur, a vu et touché la note *en 1804*, et Perrey n'entra au service de Talleyrand *qu'en 1806;* il n'avait pu, par anticipation, répandre des pièces falsifiées.

de Moncey sur la soi-disant présence de Dumouriez à Ettenheim, et qui, venu à la Malmaison, le 20 mars, à midi, ayant entretenu longtemps Bonaparte, ne lui a pas ouvert les yeux sur l'erreur capitale qu'il commettait. Et ce rôle de mauvais génie était si visible que Joséphine s'écriait devant son beau-frère Joseph, en montrant Talleyrand se promenant dans les allées du parc : « Ce boiteux me fait trembler; hâtez-vous de rompre ce trop long entretien. »

Après : — C'est lui qui, au cours de la nuit du 21 mars, assis chez la vicomtesse de Laval, quand sonnèrent deux heures du matin, dit sans émotion apparente : « Le dernier Condé a cessé d'exister ! » — Lui qui répondait à d'Hauterive : « Eh bien quoi ? Ce sont les affaires ! » — Lui, trois jours après, alors que l'effroi était sur tous les visages et l'horreur dans tous les cœurs, qui donnait un bal dont s'étonnèrent les plus cyniques.

La conclusion de sa complicité ne s'impose t-elle pas ? Eh bien, aucun de ces points n'est abordé dans « l'Appendice ».

Il embrouille habilement les questions et mêle au duc d'Enghien l'affaire relativement insignifiante, en tout cas tout autre, du marquis de Maubreuil.

Lui, ordinairement si clair, emploie le style le plus diffus et le plus lourd; il parle « des expressions d'un ressentiment dont le motif prédominant a été de satisfaire des haines implacables et jalouses, et de punir la France de sa gloire passée, de ses malheurs récents, de sa prospérité actuelle et des espérances de son avenir ». — Qu'est-ce que cela peut bien vouloir dire? Et plus loin : « Quand, par la force des circonstances, on se trouve placé dans l'obligation de vivre et de servir sous un gouvernement qui n'a d'autre sanction que les événements qui l'ont élevé et le besoin que les peuples ont de sauvegarder sa puissance, il peut survenir des conjonctures où l'on ait à discuter sur la nature de ses devoirs relativement à la position où l'on est [1]. » — A qui s'adresse ce *pathos?*

Lui, ordinairement si calme, si mesuré, si fin, multiplie les termes violents, les expressions grossières ; ce sont, dit-il, des accusations de fou et de maniaque, des haines passionnées et cupides, de perfides insinuations, des diffamations calomnieuses, des dissertations pédantesques, d'orgueilleuses jactances, d'informes compilations d'entretiens oiseux, des libelles dictés par de honteux trafics, dus à la bassesse et au crime de ses accusateurs, etc... Est-ce le calme d'une conscience tranquille?

Des aveux tombent de sa plume par prétérition : il parle de « pénibles regrets » et reconnaît, dans sa lettre au baron d'Edelsheim, « la justification peu fondée d'un acte qui portait atteinte à un des prin-

1. *Mémoires*, III, pp. 303 et 313.

cipes du droit public ». — En effet, toujours il affecte le même système d'apologie facile : il fallait servir la France en l'absence du Roi ; s'interposer entre l'Europe et un souverain puissant ; — prévenir la mésintelligence entre la France et les pays voisins ; — rester en place auprès d'un gouvernement qui commet des crimes *isolés* « pour que l'administration ne soit pas envahie par l'écume et la lie de la population ». — Prévoyance exquise, mais pas tout à fait désintéressée.

Il constate que personne ne s'est élevé, dans le pays, pour protester contre « l'épouvantable attentat », et se glisse doucement en des explications oiseuses sur ce qui peut lui être facilement pardonné : ses circulaires ministérielles aux chancelleries après le drame de Vincennes. Et, lestement, il se retourne vers la postérité et ose bien demander quel intérêt il aurait eu à ce crime. — « Quel intérêt ?... » Ce mot juge déjà Talleyrand, dit M. Welschinger. — Quel intérêt ? Celui de ne pas tomber en disgrâce, celui d'augmenter son crédit, celui d'asseoir sa fortune, le désir de se couler dans une intimité de complice avec l'homme qui dominait la France et qui allait distribuer les dépouilles de l'Europe. Si, dans la suite, il n'a pas participé à des actes aussi sanglants, il s'est prêté à d'autres manœuvres tout aussi cyniques.

Ces moyens violents, dit-on, répugnaient à son

caractère mesuré; puisque ce crime était une faute, il n'y a pas mis la main. Quand la peur saisit les gens d'habitudes tranquilles, elle les transforme en énergumènes : ils se vengent sur leurs victimes de la frayeur qui trouble leur quiétude; ils inventeraient des supplices de sauvages!

En 1871, à Lyon, le professeur Challemel, lettré maussade mais peu sanguinaire, télégraphiait : Fusillez-moi ces gens-là! — M. Thiers, académicien, ministre, homme d'État paisible, ne connaissait que les baïonnettes contre les émeutiers de la rue Transnonain et les insurgés de la Commune. Un homme de guerre n'a pas de ces effarements, ce sont des terreurs de « bourgeois »; quand il craint pour son repos, le bourgeois incline à l'extermination.

Aux Cent jours, M. de Talleyrand a bien manifesté ces sentiments enragés : à la première nouvelle du débarquement de Napoléon, il ne se possède plus : ses objurgations à Louis XVIII sont caractéristiques : « Toute entreprise de la part de Bonaparte sur la France serait celle d'un bandit. C'est ainsi qu'il devrait être traité, et toute mesure prise contre les brigands devrait être employée contre lui. » Il faut tuer le bandit, arrêter sa sœur Pauline Borghèse, réfugiée à Naples; se saisir de son frère Jérôme, exilé à Trieste, et de Joseph, retiré en Suisse. Pour plus de sûreté, Talleyrand écrit directement dans le canton de Vaud et à Berne afin de hâter l'arrestation.

Voilà, il me semble, en changeant simplement les noms, reconstituée toute la tragédie de 1804 : l'électorat de Bade s'appelle le canton de Vaud, Dumouriez est devenu Pauline Bonaparte, et Napoléon remplace le duc d'Enghien. Un seul personnage se retrouve le même : c'est le conseiller perfide des mesures sans pitié. Pouvons-nous garder des doutes? Les preuves matérielles ne coïncident que trop avec le caractère, les antécédents, les actes postérieurs de celui qui est incriminé. S'engager dans la voie des justifications paraît impossible, tenter la réhabilitation serait impudent.

Si M. de Talleyrand possède des enthousiastes sans retenue, il a vu aussi s'élever contre lui des détracteurs trop sévères. Il reste, hélas! dans cette longue vie bien assez à blâmer pour méconnaître ses qualités et ne pas s'incliner devant ses talents diplomatiques. Abandonnons-lui sans réserve cet avantage de second ordre.

Je ne sais plus quel frère de Bonaparte : Lucien, je crois, a prétendu que le prince de Bénévent ne fut jamais, auprès des cours de l'Europe, que le porte-parole heureux de l'Empereur, et qu'après lui avoir laissé l'avantage d'une plume facile et d'une phraséologie courante, il convenait de reporter le mérite des combinaisons, des projets, des vues, des idées à Napoléon seul. C'est outrepasser les droits de l'orgueil fraternel ; et, sans entrer dans une discussion de dates, de textes et de notes, il suffit de remarquer que cette adresse de Talleyrand ne l'abandonna pas à la chute de l'empire, pour conclure qu'il ne devait pas à la présence de l'Empereur le talent dont on ne saurait le dépouiller sans parti pris. Les deux actes les plus accomplis de sa carrière diplomatique sont certainement sa participation au congrès de Vienne et son ambassade à Londres ; or, là, il était seul, et son expérience y fit merveille. Je reconnais tout d'abord qu'il fut aidé, dans le premier cas, par la force même du principe qu'il représentait, et dans le second, par la nécessité urgente, entre les deux nations, de la conservation des intérêts matériels dont la garde lui était confiée ; mais il eut le mérite de voir clair et vite, et, dans un combat, prendre en main les meilleures armes en même temps que choisir les meilleures positions n'est point d'un sot.

Les trois derniers volumes de *Mémoires* sont presque exclusivement consacrés à ces deux épisodes : la louange l'emportera donc ici sur le blâme ; les restrictions qu'il convient d'apporter porteront sur un tout autre et bien plus grave événement[1].

---

1. On ne saurait trop regretter la disposition matérielle qui a présidé à la publication de ces volumes. Sans briser l'ordre du texte du prince de Talleyrand, il eût été préférable de donner à chaque tome

« Je ne puis employer la force pour faire triompher le bon droit, mais je puis toujours refuser d'être garant de l'iniquité, » écrivait Louis XVIII [1].

Cette grandeur morale, Talleyrand ne la possédait pas, mais ambassadeur de celui qui en était revêtu, il sut s'en emparer et en fit le pivot de toute sa politique. Il trouva le nœud de la question, traduisit en une expression très simple et très claire ce qui était vaguement dans l'esprit français et pas du tout dans celui des alliés, prononça le mot assez souvent pour habituer à la chose, et rendit nécessaire ce « principe de la légitimité » qui, loin d'être reconnu, n'était même pas évoqué. Ce fut pour lui un bouclier et une lance : il s'en couvrit dans les cas épineux, et en faisait sentir la pointe lors des demandes délicates. Les faits se trouvant d'accord avec les maximes, les événements lui donnèrent raison. Sans doute, dans sa bouche, ces expressions de loyauté, de moralité, de candeur [2] sonnent étrangement faux ; mais la valeur d'une telle cause demeure indépendante de son avocat et s'il eût été préférable de ne pas la voir plaidée par

---

une physionomie d'unité qui leur manque absolument ; ainsi ce 3ᵉ volume contient la *fin* du congrès de Vienne, le *commencement* de l'ambassade de Londres et, au milieu, l'affaire du duc d'Enghien !

1. Lettre à Talleyrand. — 14 octobre 1814.
2. « J'ai ordonné à tout ce qui entoure la légation de s'expliquer vis-à-vis de tout le monde avec tant de simplicité et de candeur, et d'une manière si positive... » Talleyrand à Louis XVIII. — 9 octobre 1814.

un défenseur si mal préparé à ce rôle, l'important était son triomphe. Or, elle a triomphé.

Son grand mérite était, dit-on, de prévoir la veille ce que tout le monde voudrait le lendemain; je souscris à cette remarque, sans y voir matière à blâme. L'habitude même de s'incliner devant son habileté a fait naître le désir d'y trouver des lacunes; la patience de ses contempteurs n'a pas été complètement déçue, mais elle ne revient pas les mains aussi pleines qu'ils l'eussent souhaité. Ce qu'il est vrai de dire, c'est que le *génie* lui manquait : il ne fut pas un grand homme d'État, mais un merveilleux manieur d'affaires. Cette facilité d'assimilation, qui dispensait d'un long travail, cette réserve de parole qui diminuait les chances d'imprudences, cet esprit pratique qui lui faisait dégager rapidement la caractéristique des événements éclatèrent à son entrée dans la vie publique. A la veille de sa mort, on eût pu répéter de lui ce que Mirabeau disait de l'abbé de Périgord : « Il sait prendre le diapason des autres pour le mettre au sien. » Prononcé avant 1789, ce mot caractérise cette longue vie; là se trouve l'explication de ses nombreuses palinodies. Aussi j'incline à penser, avec l'un de ses meilleurs biographes, qu'il eût été incapable de la direction d'un grand État :

« Il n'était pas homme à créer, à stimuler, à commander. Comprendre une situation, recueillir les influences éparses autour de lui et les diriger vers un point auquel il était de leur intérêt d'arriver, c'était là son talent particulier. Mais soutenir une lutte longue et prolongée, intimider et dominer les partis en lutte, cela dépassait la mesure de ses facultés, ou plutôt de son tempérament calme et froid [1]. »

Mais je m'élève très fort contre les critiques faites à sa langue et le dénigrement de sa valeur épistolaire; Napoléon travestit lestement la vérité en disant : « Il ne savait pas écrire, mais il avait le talent de faire écrire et de mettre son cachet au travail d'un autre [2]. » On peut avoir des secrétaires intelligents, les former et utiliser leur plume, sans leur prendre plus qu'ils ne reçoivent : s'approprier les ébauches des sous-ordres n'est pas un plagiat. J'ai toujours trouvé dans les dépêches du prince de Bénévent un style sobre, fin, et j'ajoute personnel, puisqu'il est le même pendant trente ans et que ses attachés de cabinet ont dû changer : ses « rapports », modèles de clarté et de bon sens, me charment par les expressions heureuses qui abondent et le tour élégant qui s'y déploie. La longue correspondance échangée avec Louis XVIII, pendant le congrès de Vienne, en est une preuve indéniable.

En arrivant en Autriche, il trouvait les puissan-

---

1. Sir Bulwer Lytton. *Essai sur Talleyrand.*
2. *Mémorial de Sainte-Hélène.*

ces européennes justement courroucées contre la France, d'autant plus unanimes à profiter, pour s'agrandir, de l'occasion offerte, que vingt-cinq ans de revers les avaient à la fois découragées et excitées ; en quelques semaines, il a découvert le point faible de leur entente, le *joint* de leur alliance :

> Leur amitié fut courte, autant qu'elle était rare,
> Le sang les avait joints, l'intérêt les sépare:
> L'ambition, l'envie, avec les consultants,
> Dans la succession entrent en même temps :
> On en vient au partage, on conteste, on chicane.

Appuyé sur les puissances de second rang, il jette la pomme de discorde au milieu de l'Autriche, de l'Angleterre, de la Prusse et de la Russie[1]. A la première, il fait sentir l'ambition de sa rivale: la maison de Brandebourg. Devant la seconde, il fait miroiter des avantages coloniaux. Il laisse les deux dernières, maintenant isolées, face à face en présence de la Pologne. Dans cette diplomatie assez captieuse, il se trouve dans son élément, et quand il retire ses filets, il les sent pleins. Après trois mois, il peut écrire en toute vérité : « La France marche de concert avec deux des plus grandes puissances, trois États de second ordre, et bientôt tous les États qui suivent d'autres principes

---

[1]. En lisant ses notes diplomatiques, M. de Humboldt disait : « C'est un brandon jeté parmi nous! » et M. de Nesselrode ajoutait : « On veut nous désunir, on n'y parviendra pas. » — *Mémoires*, II, p. 335.

et d'autres maximes que les principes et les maximes révolutionnaires [1]. »

Le principe de la légitimité avait été son levier. Son habileté est moins d'en avoir découvert la force que d'avoir persuadé les princes de l'Europe qu'ils en étaient les champions et les garants. Ils ne se savaient pas si intègres, ces vainqueurs! Changer en paladins armés pour une croisade, ces rois personnellement respectables mais politiquement plus que sceptiques et moins que délicats, est une ruse qui rappelle les meilleurs tours de la comédie italienne. Si jamais, avant la Révolution, ce grand principe n'avait été violé ; si jamais on n'avait assisté à des trafics de trônes, dépouillant l'un pour enrichir l'autre au caprice de la force et de la victoire ; si jamais les armées européennes n'avaient pris les armes que pour affermir la justice et châtier l'iniquité, on admirerait la majesté de ce langage qui flétrit l'usurpation, condamne l'ambition et s'incline devant le droit ; mais pour qui sait les obscures menées de la diplomatie du XVIIIe siècle, les prétextes qui, depuis le traité de Wesphalie, couvrirent les spoliations les plus éhontées, le doute n'est plus permis, et dans ces pompeux protocoles il n'est possible de reconnaître autre chose que les exercices d'une rhétorique d'autant plus dangereuse qu'elle porte un masque, et des équivoques

---

[1]. Talleyrand à Louis XVIII. — 4 janvier 1815.

d'autant plus méprisables que la forme n'en est pas moins mensongère que le fond.

Quoi qu'il en soit, puisqu'il fallait rivaliser de souplesse, Talleyrand sut conserver l'intégrité des frontières de France et, tout en construisant çà et là des édifices qui n'avaient rien qu'une belle façade, le congrès de Vienne assura une tranquillité aussi complète que le bouleversement du monde le permettait. « Quelques répugnances que l'on dût avoir pour ces distributions d'hommes et de pays, qui dégradent l'humanité, elles avaient été rendues indispensables par les usurpations violentes d'un gouvernement qui, n'ayant employé sa force qu'à détruire, avait amené cette nécessité de reconstruire avec les débris qu'il avait laissés [1]. »

En 1814, Talleyrand avait arboré la cocarde de la « légitimité ». Comment la garder après 1830, en prenant du service auprès d'un gouvernement proclamé derrière les barricades?

Décomposant l'idée dans une analyse où le droit s'évaporait de lui-même, il trouva au fond de son creuset un dernier élément qui y restait encore : le principe monarchique. Voilà sa nouvelle formule, il s'en empare, la manie avec adresse : c'est assez pour calmer l'effroi des vieux trônes et satisfaire les susceptibilités du nouveau souverain. Personne,

---

[1]. Rapport fait au Roi pendant son voyage de Gand à Paris. — *Mémoires*, III, p. 201.

plus que Louis-Philippe, ne devait tenir aux prérogatives de la couronne ; après tant d'efforts pour y atteindre, il appréciait le prix de la possession. Rarement, du reste, les émeutiers victorieux ont résisté au plaisir de passer sur leur blouse une giberne de gendarme : tout parvenu intelligent s'avoue des ancêtres.

Insistant, avec plus d'opportunité que de bon goût, sur les similitudes d'origine de la monarchie de Juillet et du gouvernement de Guillaume d'Orange, M. de Talleyrand déploya toutes ses grâces — et son habile expérience lui en donnait de nouvelles — pour persuader au cabinet de Saint-James qu'il avait beaucoup à gagner dans les derniers événements de Paris. Parler la langue des intérêts c'est pour se faire entendre de l'Angleterre ; d'un cœur tranquille, il aurait même abandonné aux marchands de la Cité notre conquête d'Alger, et dans cette atmosphère, à moitié protestante, à moitié révolutionnaire, comme il l'écrivait lui-même à Madame Adélaïde, « il se retrouvait avec sa voix de l'Assemblée Constituante ». A la fin de sa carrière, il revenait aux premiers errements de ses débuts, jusqu'à cette alliance prussienne qui avait toujours hanté ses rêves, probablement parce que les licences religieuses de la Réforme offrent des affinités naturelles avec les licences politiques de la Révolution.

Tout cela ne constitue pas une conduite bien noble, mais il tira des circonstances un parti extraordinaire et il faut garder la froide raison de le louer pour avoir protégé la France, déjà si éprouvée par les commotions intérieures, d'un choc étranger qui eût compromis son existence matérielle à l'heure où sa vie morale était atteinte. L'effervescence générale de l'Europe, les soulèvements de Prague, la révolution de Belgique, la chute du cabinet anglais, l'insuffisance du ministère français, l'écho des émeutes parisiennes, tout, jusqu'au personnel grotesque et ignorant de son ambassade[1], constituait des éléments bien difficiles pour une diplomatie qui veut faire accepter un gouvernement nouveau à des cours qui sont en défiance. Il réussit; l'histoire le doit reconnaître, et si la morale ne lui tressera pas une couronne, le génie de la paix ne lui disputera pas quelques branches d'olivier.

1. « Mon ambassade était assez mal composée : on m'avait imposé plusieurs jeunes gens, un peu choisis dans ce qu'on appelait le parti du mouvement. Ils n'étaient d'aucune utilité pour le travail de l'ambassade auquel ils étaient incapables de prendre part, et compromettaient sa dignité par les écarts qu'ils se permettaient. Ainsi, l'un assistait à un banquet radical donné en l'honneur de la Pologne, et y portait un toast révolutionnaire; l'autre déclarait qu'il ne boirait à la santé de Louis-Philippe que quand il descendrait du trône. J'eus grand'peine à débarrasser la chancellerie de l'ambassade de ces éléments incommodes et discordants. Je sollicitais avec instance qu'on m'envoyât quelqu'un en état de travailler ; et ce n'est qu'à la fin du mois de novembre que je vis enfin arriver M. de Bacourt. » — *Mémoires*, III, p. 393.

Exegi monumentum ! M. le duc de Broglie a pu répéter le mot d'Horace, son rôle d'éditeur terminé. Il a mené à bien cette délicate besogne, avec toute la sûreté de son talent et l'habileté de son caractère. Les contradictions nombreuses, parfois violentes, souvent justifiées, qui ont accueilli cette publication, semblent apaisées; peut-être leurs auteurs estiment-ils avoir eu gain de cause, car l'apparente défaveur jetée sur tout l'ouvrage enveloppe les meilleures pages d'un voile que ses traits piquants n'ont qu'imparfaitement déchiré.

De fait, le public, d'abord très attentif, puis resté froid, demeure indifférent. La vogue a été ailleurs.

L'ampleur même de la forme de ces cinq gros volumes aurait écarté les simples curieux ou les chercheurs de scandales ; quelle apparence de trouver des indiscrétions de boudoirs et des bavardages d'antichambres dans ces compactes in-octavos. Les y chercher serait déjà une besogne fatigante, presque un travail d'érudit. Il fallait s'attendre à voir naître bien des déceptions.

Par malheur, l'histoire aussi éprouve cette impression pénible et ses plaintes, d'ailleurs sérieuses, sont plus graves.

IV

Le couronnement de la vie publique de M. de Talleyrand fut donc son ambassade à Londres, et, pendant les quatre années passées en Angleterre, il mit tous ses soins à se renfermer dans son rôle de diplomate. Le succès ne fut pas rebelle à ses efforts, et par cette adresse de stratégie, les vilains jours de sa longue carrière se trouvent quelque peu gazés par les triomphes de son déclin.

L'abbé scandaleux, l'évêque schismatique, le prêtre marié, l'agioteur du Directoire, le courtisan du Consulat, le déserteur de l'Empire, l'intrigant du Gouvernement provisoire s'effacent peu à peu. Le congrès de Vienne était déjà un bel écran tendu devant le fossé de Vincennes; sous le vélin aux tranches dorées des protocoles de Londres, on glisse adroitement les pages maculées de la Constitution civile; et voilà un Talleyrand paré à souhait pour la postérité.

Il était certes logique de clore ces *Mémoires* par l'entreprise finale de leur « héros », qui sut s'arrêter à temps et demeurer sur un triomphe. Il s'y complaît, s'y drape avec orgueil, en homme mêlé à trop de choses qui permettent moins de satisfaction. Aussi les deux derniers volumes sont-ils remparés de documents, de lettres, de témoignages tout à son

honneur; billets qui gagneraient à ne pas émaner
pour la plupart d'admirateurs quasi complices,
comme Louis-Philippe dont il affermit la couronne
et comme Palmerston dont il joua le jeu.

A qui se plaisait dans les difficultés, cette campagne de 1830 à 1834 pouvait sembler belle, et
l'écheveau qu'il fallait débrouiller aurait effrayé la
patience d'un novice, qui eût maladroitement saisi
des ciseaux afin de tout couper. Le début des grandes affaires qui agitèrent cinquante ans les chancelleries d'Europe se trouve là.

A peine l'étincelle mise aux poudres par le soleil
de juillet, tout aussitôt les constructions du congrès
de Vienne, ébranlées, se lézardent; chacun s'émeut
et se range dans le camp où l'appellent ses intérêts,
ses préventions, sa sécurité ou ses habitudes :
autour du trône autrichien, le czar, le roi de Suède,
les prétendants don Carlos et dom Miguel; derrière
le fauteuil de Louis-Philippe, les révolutionnaires
de toute race, de toute langue et de tout poil : carbonari, Belges, Portugais, émeutiers de Lisbonne,
parlementaires de Madrid, et les whigs anglais, qui
reconnaissent avec complaisance dans la récolte de
de 1830 les semences de 1688.

Les amateurs de synthèse historique trouvent
même ici leur compte, car une unité rare préside à
ces bouleversements : deux grands principes oppo-
sés s'affirment, deux courants se dessinent, deux

puissances adverses se mesurent, s'arment et se heurtent, représentés par leurs deux meilleurs tenants : Talleyrand et Metternich. Au second plan apparaît déjà le troisième larron qui va saisir la proie disputée : Palmerston, l'homme de la maçonnerie spéculative.

Il commence par marquer les points des joueurs, mais c'est lui qui ramassera les enjeux. Élève du plus adroit et du plus retors des diplomates de son temps, il se fit écolier docile et recueillit ce que Talleyrand avait préparé. Les bouleversements qui, sous l'influence anglaise, ruinèrent l'Espagne, asservirent le Portugal, illusionnèrent la France, ravagèrent l'Italie, annihilèrent l'Autriche et créèrent la Prusse, sont le résultat des trames cachées de Palmerston et l'explosion prévue des mines posées par Talleyrand sous l'édifice monarchique, dont il sut gratter le ciment catholique qui le soutenait. C'est bien l'homme qui, au jour où Mme de Rémusat lui parlait avec tristesse du détrônement des Bourbons de Naples, répondait « de ce ton froid et arrêté qu'il sait si bien prendre quand il ne veut pas de réponse » : — « Madame, tout ceci ne sera achevé « que lorsqu'il n'y aura plus un Bourbon sur un « trône de l'Europe[1]. » Ces mots, qui « firent une sorte de mal » à son interlocutrice, révèlent le dessein caché du politique acceptant le mot d'ordre

1. Mme DE RÉMUSAT, *Mémoires*, II, p. 312.

des loges, dont il est tout ensemble le chef et le serviteur : « *Lilia pedibus destrue.* »

Les fleurs et les parfums répandus à profusion sur le prince de Talleyrand pendant la séance de la Chambre des lords du 29 septembre 1831 n'effaceront pas les paroles vengeresses avec lesquelles le marquis de Londonderry le clouait au pilori de l'histoire :

« L'astucieux diplomate n'est pas plutôt battu à un poste qu'il se replie sur l'autre... Je ne crois pas qu'on puisse trouver dans le monde entier un caractère semblable à celui de ce personnage. Il a été successivement ministre de Napoléon, de Louis XVIII et de Charles X. Quand on voit les ministres de l'Angleterre courir l'un après l'autre consulter un tel personnage, on éprouve un dégoût qui est tout naturel. Si Vos Seigneuries veulent savoir sur quelle base est fondée mon opinion sur le prince de Talleyrand, je les invite à lire le mémoire qu'il a adressé au premier consul, le 15 brumaire an XI[1]. »

Voilà le jugement plein de mépris que portaient tout haut les honnêtes gens d'Angleterre, et que ratifiait tout bas Palmerston lui-même, sur celui qu'il appelait le « vieux Talley ».

---

[1]. Chambre des Lords, 29 septembre 1831. Nous n'avons pas besoin de relever la légère erreur du marquis de Londonderry. Talleyrand « grand Chambellan » et « ministre d'Etat » sous Charles X, ne fut pas son ministre au sens ordinaire du mot.

Honnêteté, loyauté, franchise, désintéressement
à part — (c'est beaucoup de choses mises de
côté) — jamais Talleyrand ne fut plus souple
que pendant cette ambassade, jamais plus habile
et plus adroit.

Jamais non plus il ne se garda mieux de ce zèle
auquel sa nature dédaigneuse et paresseuse répugnait par instinct autant que par méthode, et c'est
dans sa correspondance d'alors que l'on trouve
cette boutade qui pourrait bien être l'origine du
mot fameux. A Casimir Périer, lui parlant de son
fils, il écrivait « d'arrêter son zèle, parce que dans
notre carrière le zèle n'est que nuisible [1] ».

Sa perspicacité avait reconnu dans Casimir Périer
l'homme de gouvernement produit par la révolution
de 1830; aussi soutenait-il, autant qu'il le pouvait, sa bonne volonté un peu novice et détachait-il
cette seule figure de la masse déplaisante des politiciens de bas étage éclos pendant les trois glorieuses. Il lui consacre une page des *Mémoires*, petit
pastel tracé avec cette courtoisie méchante du
peintre qui effleure à peine la toile, mais qui a
broyé du venin dans sa couleur.

« M. Périer n'avait pas ce qu'on est convenu
d'appeler de l'esprit; mais, en revanche, il possédait à un haut degré le sens droit et ferme des

---

1. Lettre du 3 septembre 1831.

gens qui ont fait eux-mêmes leur fortune ; il cherchait son but, le découvrait et y marchait résolûment. Il eut même cette rare bonne fortune que ses défauts devinrent des qualités dans la position difficile où il se trouvait. Il était entier, quelque peu obstiné et parfois emporté ; mais tout cela prit l'apparence d'une volonté ferme et indomptable, et produisit les meilleurs effets à une époque où les faiblesses des uns, les intrigues et les violences des autres avaient besoin de rencontrer une puissante barrière [1]. »

Voilà le seul *portrait* que vous trouverez dans les deux derniers volumes. Mais à côté de ce tableau signé par l'auteur, vous rencontrerez çà et là vingt ébauches d'une autre figure, et quand vous aurez rassemblé ces traits épars, crayonnés sans ensemble, mais avec vérité, il vous sera facile de reconstituer la personne qui est l'objet de ces fréquentes esquisses ; je veux parler de la sœur de Louis-Philippe : Mme Adélaïde d'Orléans.

Femme de tête, de volonté et de persévérance, ambitieuse comme tous ceux de sa race, et jalouse du pouvoir au point de prendre toutes les voies qui y conduisent, assez maîtresse de son esprit pour étouffer les sentiments de son cœur, acceptant le devoir dans la mesure de son intérêt et recher-

---

[1] *Mémoires*, IV, p. 136.

chant l'honneur dans la proportion du profit, elle mettait une obstination courageuse à poursuivre son but.

Son premier malheur fut d'avoir été l'élève de Mme de Genlis ; loin de toute influence religieuse et de toute morale pratique, elle apprit à ne suivre que les penchants de ses caprices, aussi nombreux que les ressources de son intelligence.

Née tout près du trône, elle eut dès son enfance la tentation de s'en rapprocher davantage, sans comprendre que le charme pour celui qui l'occupe, c'est de s'y asseoir d'une manière légitime ; sa punition fut de ne sentir cette vérité qu'après avoir porté une main sacrilège sur la frêle barrière qui l'en séparait encore.

Elle réussit, sans goûter les satisfactions qu'elle s'était promis de connaître. Elle dut beaucoup souffrir, dans le secret de son cœur, car une princesse d'esprit — elle en avait, et du plus fin — ne foule pas aux pieds la tradition, la loyauté, la reconnaissance, sans éprouver des émotions intimes que le vulgaire nomme des remords. L'affection fraternelle dominait ses pensées, et Louis-Philippe avait trop apprécié sa pénétration pour jamais craindre d'y faire appel dans les circonstances critiques. Cette confiance qu'il lui témoignait est flatteuse en soi, mais ne permet malheureusement pas de laisser croire que la main de Mme Adélaïde fut étrangère aux péripéties de sa longue et trop habile carrière.

Ce n'est point sans doute un éloge lui faire, mais c'est justice lui rendre de dire qu'elle possédait toutes les qualités nécessaires pour être goûtée de M. de Talleyrand. Leur correspondance est intime et la princesse s'épanche auprès du vieil homme d'État d'une façon qui permet de la bien juger. A travers ce laisser-aller, on suit sa pensée, toujours droite, souvent violente; on pénètre ses vues mieux coordonnées qu'exprimées. Dans son imperturbable réserve, Talleyrand ne laisse jamais paraître l'ennui que ne pouvait manquer de lui causer, à lui si sobre et si égal dans son style, des confidences où les épithètes les plus banales s'accumulent avec prolixité. Il y a telle lettre où, en dix lignes, on parle des *intéressants* et *braves* Polonais, de la *bonne* et *excellente* dépêche de Léopold Ier à Louis-Philippe, du *beau* et *bon* spectacle offert à l'empereur du Brésil par les fêtes parisiennes, de l'*inconcevable* levée de boucliers, de l'*infâme* agression, de la *coupable* et *inconcevable* démarche du roi de Hollande. — A tant aimer « le juste milieu », il faudrait garder plus de modération dans ses adjectifs et n'en pas marteler pesamment sa correspondance.

Comme les consciences troublées, la princesse entasse les « preuves » de son innocence afin de se persuader qu'elle ne jouit pas du bien d'autrui.

Le mot *loyal* est l'adjectif qui revient sans cesse sous sa plume, et il prend là une figure qui frise assez l'ironie : La *noble* et *loyale* conduite de Louis-Philippe en 1830, sa *généreuse* et *courageuse* résolution trouvent une *douce* récompense dans la manifestation *franche et vraie* de toute la population *parisienne;* cette *bonne et brave* population offre là un spectacle bien *consolant* pour l'avenir. Aussi Mme Adélaïde est-elle fière « de la grandeur, de la générosité de conduite de *notre bien-aimé* roi [1]. »

C'est du style de garde national. Joseph Prudhomme n'eût pas mieux dit.

Mais laissons ces détails. Il ressort des derniers volumes, mieux encore que des trois premiers, que ces habiles gens ne trompèrent personne; une immense déception a couronné leur ambition, et ce fut leur châtiment, car s'ils s'étaient fait une conscience à l'abri des reproches, leur vanité ne demeura jamais insensible aux échecs. Que reste-t-il de tant d'adresses matoises, de subterfuges, de réticences, de duplicité? Rien. Un exemple décevant, une mémoire douteuse. L'amitié, la sympathie, pour mieux dire les affinités de leurs esprits fins et retors qui unissaient Mme Adélaïde et Talleyrand permettent de les rassembler une fois de plus dans le jugement qui les atteint. Comme la Providence s'est moquée de leurs calculs! Quelle place médio-

---

[1]. Lettres du 30 juillet et du 9 août 1831.

cre, à ne considérer même que le succès, elle leur garde dans le Panthéon de l'histoire! Tant d'efforts, tant de hazardes reçues, tant d'affronts subis, tant de peine prise et, la pièce à peine montée, tout se désagrège. A l'heure de mourir, cette princesse, qui avait mésusé des dons de son esprit, pouvait chercher une apparence de consolation, à considérer son frère en possession de ce trône conquis au prix de leur honneur commun : encore deux mois, et le coup de pistolet d'un inconnu fera crouler cet échafaudage réputé si solide [1].

Talleyrand a surtout mis la main à la Constitution civile, au congrès de Vienne, à l'alliance anglo-française. La première de ces grandes entreprises n'était pas même viable. La seconde s'est tournée contre les propres souhaits de son auteur; la troisième a conduit la France à un rôle subalterne et mesquin. Je ne nie pas l'habileté dépensée, je ne méconnais pas les talents prodigués, mais je considère la puérilité du résultat obtenu par ces « habiles ».

Ah ! politiques, politiques, qui dans vos savants calculs mesurez les chances, pesez les difficultés, prévoyez les embarras; vous qui n'oubliez ni une adresse, ni une feinte, pourquoi négligez-vous le seul élément indispensable au succès de vos expé-

[1]. Madame Adélaïde mourut aux Tuileries le 31 décembre 1847.

riences : l'action de Dieu? Sans doute, c'est qu'en reconnaissant ses lois il vous faudrait aussi accepter ses commandements et écouter sa morale. Vous avez doublement tort de la méconnaître, et pour vous-même et pour la durée de vos œuvres.

Et Talleyrand, en ne l'ayant pas voulu voir, a moins d'excuses à présenter que personne, car il lui suffisait d'épeler la devise de sa propre maison, qui est et restera le mot de la fin de toutes les affaires humaines : *Re que Diou*.

DE LOUIS XVI A LOUIS-PHILIPPE

Être né sous Louis XV, mourir sous Napoléon III, et servir son pays de Louis XVI à Louis-Philippe, c'est avoir vécu toutes les années de son siècle, c'est pouvoir parler de tous les événements de son temps. Tel fut le sort du chancelier Pasquier. Sa vie publique, si longue, si diverse, si mêlée aux gens et aux choses, lui donnait la facilité de recueillir ses souvenirs et le droit de les exposer.

Des nombreux *Mémoires* exhumés des cartons, depuis ces dernières années, bien peu semblent devoir dépasser en intérêt les siens. Par l'opulence des matériaux qu'ils lui fournissent, ils feront faire un pas en avant à l'histoire contemporaine. La dignité des jugements, la finesse des aperçus, la sûreté des informations, la précision des détails le font croire. Et ces qualités d'importance, malgré l'ampleur de la forme, ne se perdent pas, en entraînant le lecteur sur les sommets, dans l'abstraction des spéculations politiques; elles sont servies merveilleusement par une plume très simple dont le style est le ton de la conversation, dont le langage est fait pour toutes les oreilles, dont les conclusions demeurent accessibles à tous les esprits.

Heureux les historiens qui auront à utiliser ces richesses; s'ils sont sincères et s'ils possèdent au cœur la flamme de la vérité, ils goûteront de nobles jouissances en exploitant cette mine; c'est pour eux que le chancelier Pasquier a écrit, et en cela encore, son jugement a été plein de discrétion et de tact: ne produisant ses dires que sous la couleur d'éclaircissements, témoin d'un grand procès dont laisse à la postérité le soin de rédiger la sentence, mais aux débats duquel il apporte des lumières par la qualité et le nombre de ses affirmations. « C'est surtout en éclaircissant les faits, que ceux qui racontent ce qu'ils ont vu peuvent rendre de véritables services à ceux qui, voulant un jour écrire avec conscience l'histoire, prendront le soin de recueillir et de comparer les documents épars dans les récits des contemporains [1]. »

Ces mémoires n'ont point été composés sans un certain apprêt, — autrement ils feraient injure au lecteur; — et l'auteur les a rédigés, à tête reposée, dans le silence du cabinet. Ce n'est pas un journal quotidien : c'est un retour vers le passé, une vue d'ensemble sur une carrière déjà longue, mais évo-

1. *Histoire de mon temps*, I, 360.

quée à l'heure où l'homme avait encore la verdeur de l'âge, toute la fraîcheur de la mémoire, déjà toute l'expérience de la vie. Plus tard, des notes ont çà et là complété une première rédaction laissée cependant intacte ; plus tard encore, dans la retraite définitive, il a fallu achever le récit d'une carrière de soixante années toutes pleines d'événements [1]. Mais on retrouve à chaque période des sentiments personnels que l'écrivain n'a point voulu céler, dont il a prétendu même faire un mérite à son travail.

« Je pouvais, sur tous les faits, sur tous les actes, distribuer l'éloge et le blâme suivant les principes qui sont devenus les miens ; je m'en suis gardé. Je n'aurais alors écrit l'histoire que comme le peuvent faire les écrivains qui viennent longtemps après les événements qu'ils racontent, et pour qui ces événements n'ont jamais été un sujet de douleur ou de joie ; j'ai cru, au contraire, qu'en reproduisant sans nulle altération mes opinions, mes sentiments, et même autant que possible mes jugements de chaque époque, je ferais connaître, en beaucoup d'occasions, ce qu'on ignore trop souvent :

1. M. Pasquier a commencé à écrire en 1822. — Ses annotations se reportent presque toutes à l'année 1829. — A ce moment, il devait encore remplir vingt ans de vie publique. On regrette beaucoup que l'histoire, certainement intéressante, de ses manuscrits et de ses papiers n'ait pas été faite par M. le duc d'Audiffret-Pasquier, qui avait toutes les qualités pour l'écrire.

les véritables dispositions des contemporains, soit qu'on les prenne et les étudie dans leur ensemble, soit qu'on s'attache à telle ou telle partie, plus ou moins importante, de l'ordre social dont ils sont les éléments. Considérés sous ce rapport, et pris comme symptômes, mes incertitudes, mes changements mêmes sont encore de l'histoire, et n'en sont peut-être pas la partie la moins instructive[1]. »

Non certes; et ce qui n'est pas de l'histoire, ce sont les jugements après coup, les traits d'esprit des écoliers politiques, les plaidoyers *pro domo* ou les soi-disantes explications rédigées avec une cauteleuse lenteur et faites pour embrouiller, par leurs réticences, l'écheveau qu'elles promettaient de démêler. Aussi, combien je trouve cet ouvrage supérieur à celui laissé par le prince de Talleyrand, dont le grand dessein est de parler pour ne rien dire et qui s'esquive, avec une grimace ou une pirouette, aux endroits épineux.

Avec un sens politique très fin, une loyauté de conduite éprouvée, et un goût marqué pour les affaires, le duc Pasquier n'a point les jugements contradictoires, malgré la différence des gouvernements qui ont fait appel à ses talents. On ne découvre donc pas autant qu'il s'en veut excuser ou qu'il croit devoir s'en défendre, des dissonances

---

1. Avant-propos des *Mémoires*.

choquantes dans son existence publique. L'habileté demandait à ménager les transitions, pour un politique créé baron de l'Empire, comte sous la Restauration et duc pendant la monarchie de Juillet, pour un homme d'État qui a servi Louis XVI, Napoléon, les Bourbons et Louis-Philippe ; l'habileté sera satisfaite, mais ce n'est pas elle qui aura imposé les expressions calmes, tranquilles, conciliantes dont ces *Mémoires* abondent. C'est le caractère même de l'auteur. Il était modéré de goût par expérience, par tradition, je dirais de naissance, appartenant à l'une de ces familles parlementaires aux opinions tempérées, aux mœurs graves, ennemies nées de l'enthousiasme, réservant toute la vivacité de leur sagesse pour les discussions d'un texte et les combats du prétoire.

Les gens pointilleux pourraient donc regretter ce ton calme et quasi désintéressé, aimant à trouver chez un contemporain un peu de cette émotion qui est le propre d'une âme généreuse. De réflexions en réflexions, ils arriveraient peut-être à conclure à de l'indifférence dictée par le désir du repos, c'est-à-dire l'égoïsme. Leur jugement serait trop sévère et soit talent acquis, soit prudence native, soit pente naturelle d'un esprit sobre, les « Souvenirs » dont nous parlons ont, en leur forme même, un ton de bonne foi, de véracité, de simplicité qui entraîne l'adhésion du lecteur.

J'aurais cent exemples à fournir de l'impression agréable qui se dégage de ces pages véridiques. Certains détails, incontestables aujourd'hui, connus de bien peu de contemporains, n'ont point été ignorés du chancelier Pasquier qui les rapporte avec une précision minutieuse. Quelle plus belle contre-épreuve pour ses autres affirmations? D'une vérification non moins délicate, mais très utile : la comparaison avec les autres Mémoires de son temps, le duc Pasquier se tire encore tout à son honneur.

Ceci dit, je passe facilement condamnation sur trois ou quatre faits controversables, sur quelques noms mal écrits [1]. Je ferai, à propos de plusieurs jugements, des réserves plus fortes, sans oublier que certaines préventions d'éducation, indéracinables certainement, et l'air ambiant d'une époque rien moins que versée dans les choses religieuses, ont parfois fait broncher le chancelier dans des matières où d'ailleurs il n'a pas cessé d'apporter son habituelle discrétion. Nous aurons lieu d'y revenir, avec quelques détails, quand nous aborderons, à sa suite, la crise religieuse sous l'Empire et l'histoire de la Restauration.

Avait-il un symbole de foi bien arrêté? Je ne le crois guères ; sa respectueuse déférence pour

1. Après s'être trompé en affirmant par deux fois la participation de Georges Cadoudal à l'affaire de la Machine infernale, — il appelle Kerouelles le chouan Querelles, dont les révélations firent arrêter Georges et Pichegru.

l'Église gallicane, son culte pour ses maximes, n'en devaient pas faire un catholique bien pratiquant. Je rougirais d'entrer ici dans le domaine de la vie privée; cependant des Mémoires sont une confession publique et, partant, donnent le droit au lecteur de scruter cette conscience qui est venue réclamer de lui une sentence d'absolution. Les habitudes religieuses, contractées certainement chez les Pères de l'Oratoire, ne jetèrent pas sans doute des racines bien profondes; les catastrophes de la Révolution purent faire reverdir quelques feuilles tout aussitôt desséchées aux feux du soleil impérial. Cette existence de grand seigneur s'accommodant des changements politiques sans y jamais rien perdre, ne dut pas le porter beaucoup à méditer sur le lendemain d'une vie si facile. De longs jours, une robuste vieillesse purent être considérés par le duc Pasquier comme une grâce du Ciel et exciter dans son cœur un juste sentiment de reconnaissance envers Dieu. Je l'espère; tout ce que je veux remarquer, c'est qu'il sembla longtemps garder une grande défiance envers l'Église et que sa modération seule l'empêcha de manifester trop haut des préventions qu'un peu d'études aurait fait disparaître.

Son symbole politique était lui-même assez vague.

La réflexion, les horreurs de la Révolution et

une tendance arrêtée vers des idées de stabilité gouvernementale lui apportèrent la démonstration de certains besoins sociaux qui assurent l'ordre matériel plus qu'ils ne consacrent le droit. Il nous expliquera lui-même sa conduite, et j'estime que ses raisons seront tout ensemble honorables et plausibles. Comme il est impartial, il ne déguisera pas ses fautes et son récit sera certainement plein d'intérêt. Véritablement je crois que ses *Mémoires* serviront plus sa renommée que ses travaux ministériels et qu'il a trouvé, dans le domaine de l'histoire, le solide terrain où son nom sera entouré d'une légitime auréole.

Le chancelier, par ses relations nombreuses, par l'aménité de ses manières, par le calme de son esprit avait pu non seulement recueillir, provoquer, apprécier les confidences; mais sa situation personnelle à la fin du premier empire, comme préfet de police, l'avait mis en passe de connaître mieux que personne le dessous des cartes d'une époque extérieurement brillante, où les souterrains sont nombreux, innombrables les machinations secrètes et les ressorts de coulisse toujours tendus. Bien qu'il n'ait pas occupé ce poste plus de quatre ans, il a condensé, avec les révélations de ses agents, les mille et un dossiers de ses prédécesseurs. Aussi est-il merveilleusement informé. Ces pratiques ont aiguisé sa pénétration naturelle et assoupli encore une finesse d'esprit très déliée. Qui écrira mieux l'histoire de la société qu'un préfet de police honnête et sincère? Ici, c'est le cas; et ce que d'autres font servir à des vengeances mesquines ou à des révélations malsaines, Pasquier l'a employé à mieux former son jugement et à venir éclairer le nôtre.

Avant d'aborder l'étude successive des événements rapportés dans ces *Mémoires*, tout au moins avant de glaner les épis les plus lourds de cette riche moisson de faits, jetons un rapide coup d'œil d'ensemble sur cette existence de près d'un siècle.

I

Celui qui mourut le dernier « chancelier de France » naquit en 1767, dans cette famille de magistrats dont la célébrité remonte à cet Estienne Pasquier, de triste mémoire, car la partialité est toujours coupable et toujours méprisable la calomnie.

On sait trop la renommée qu'il acquit au barreau sous Charles IX en vilipendant la Compagnie de Jésus. Le ton de ses diatribes contre saint Ignace : le « grand âne » et saint François Xavier : « le cafard », le sortirent de l'obscurité où l'avaient laissé les gaillardises de son *Colloque d'amour*; et le reste de sa vie, malgré de petits vers sur la puce de

Mlle Derroches et de gros volumes sur les antiquités de France, fut principalement consacré à des attaques passionnées contre « l'ordure jésuite ». Comme généralement les adversaires de la morale relâchée des R. Pères ne font pas fi des vanités de ce monde, Estienne Pasquier accepta les honneurs et les émoluments qu'Henri III et Henri IV, assez mal inspirés en cela, accordèrent à ce champion peu scrupuleux de l'Université.

La renommée s'était attachée à ce nom de Pasquier, tandis qu'il était digne de réprobation : lorsque les descendants de cet avocat batailleur se contentèrent d'être des magistrats intègres, des Français paisiblement attachés à leur devoir, il tomba dans l'oubli. Ainsi va le monde. A cette obscurité, ils gagnèrent du moins l'avantage de juger paisiblement les vertus ou les crimes de la Compagnie : au commencement du xviiie siècle, on trouvait sur les bancs du collège Louis-le-Grand un jeune Pasquier. Souvent on a vu les Jésuites recevoir dans leurs maisons d'éducation les descendants de leurs détracteurs et se venger des pères en faisants des fils des hommes d'honneur et de talent. On le verra sans doute encore; c'est, au reste, la meilleure réfutation des attaques dont ils sont l'objet.

Ce jeune écolier n'était point un sot et, de son éducation à Louis-le-Grand, il tira un double bénéfice : une piété solide et le dégoût le plus justifié pour l'école des philosophes dont il avait apprécier le chef à sa juste valeur, en étant le condisciple de Voltaire sous le P. Porée.

Il devint conseiller au Parlement et vit la popularité lui tourner le dos précisément pour les motifs qui avaient valu à son ancêtre les faveurs de la folle déesse : rapporteur dans les procès de Damiens, de La Barre et de Lally, il conclut à la sévérité. A propos de cette dernière affaire, le chancelier publie une lettre très caractéristique adressée à son grand-père par Voltaire [1]. Vous y verrez le patriarche de Ferney dans toute la splendeur de son rôle : humble en cachette devant le magistrat qu'il a insulté publiquement, venimeux dans ses rétractations, lâche en ses mensonges.

Denis Pasquier, l'auteur des *Mémoires*, fut élevé à Juilly. Il avoue n'y avoir reçu des Pères de l'Oratoire que des notions religieuses trop rudimentaires auxquelles sa mère, malheureusement, ne crut pas devoir mieux suppléer qu'en mettant entre ses mains un catéchisme ultra-janséniste, dont la lecture lui fut « assommante ». Ce sont de ces lacunes d'instruction qu'un homme, hélas! ne peut jamais combler.

Il eut une jeunesse agréable dans un monde

---

[1]. Cette lettre, du 20 septembre 1776, est à lire tout entière. Tome I*ʳ*, p. 14.

poli et élégant ; avec tant d'autres, il « connut la douceur de cette vie sociale qui avait fait si longtemps le charme de la France » ; et, sans effort, il suivit le courant qui le porta, dans sa vingtième année, sur les fleurs de lys du Parlement.

Le chapitre, qu'une mémoire excellente lui a permis de consacrer à ces souvenirs de la Chambre des enquêtes, nous fait toucher du doigt l'imprévoyante ivresse de ces gentilshommes de robe ou d'épée à la veille de la catastrophe révolutionnaire. Pour lui, il fut de bonne heure prémuni contre ces enthousiasmes assez niais ; l'aurore de cette « restauration de la liberté française » ne l'éblouit pas ; déjà l'exubérance des paroles déplaisait au recueillement de sa pensée, et quand il nous peint la prise de la Bastille, dont il fut spectateur, en ayant à son bras Mlle Contat, il faut que nous sachions tout ce qui a suivi cette « folle journée » pour comprendre la gravité d'une situation dont il s'émut à peine. La révolution ne lui fut jamais sympathique ; il n'eut ni la pensée d'émigrer ni celle de se jeter dans le mouvement ; il attendit triste, résigné, inquiet, et assista, avec une peine discrète, à la dissolution définitive des Parlements.

Il songeait à se ranger parmi les défenseurs de Louis XVI au moment des suprêmes violences de la Commune contre la Monarchie ; il demanda l'entrée des Tuileries afin de faire partie de la garde de la famille royale; il obtint la carte nécessaire pour pénétrer au château; mais elle ne lui parvint que le soir du 10 août, quand le palais était violé, Louis XVI arrêté, la résistance inutile. Cette aventure sans issue le peint assez bien : soucieux de son devoir, point très pressé de l'accomplir et rarement engagé dans la bagarre.

Cet homme calme eut parfois des audaces extraordinaires; c'est en pleine Terreur, sous le coup de la loi des suspects, caché dans un village des environs de Paris, qu'il se maria !

Le 9 Thermidor le sauva après plusieurs mois d'angoisse en prison. Denis Pasquier laissa venir les événements et mit ordre à ses affaires domestiques. Il aurait été désireux du retour des Bourbons; il s'accommoda de la fermeté de Bonaparte relevant la France de ses ruines, ne fut pas empressé auprès du jeune victorieux et attendit la consécration du triomphe d'Austerlitz pour accepter un poste de la main de l'Empereur. Son attente avait été honorable, son acceptation fut digne et, en entrant, comme maître des requêtes, au Conseil d'État, il fut, comme il le dit justement lui-même, de ceux qui groupèrent, autour du nouveau gouvernement, des hommes dont le concours pouvait l'aider à résister aux idées révolutionnaires.

M. de Barante, son ami, leur situation offre beaucoup d'analogie : — ils entrèrent en même temps, dans la même section du même conseil d'État), — M. de Barante a tracé un joli crayon de ses débuts : « Doué d'une extrême facilité, la conversation l'avait formé plutôt que le travail, il parlait aisément et hardiment, avec clarté, se mettant à la portée de ceux qui l'écoutaient. La causerie devant la cheminée, dans un salon, avait été pour lui l'apprentissage du conseil d'État et de la tribune. Il était sensé, pratique, d'un commerce bienveillant et sûr, habile à se ménager, mais toujours honorablement fidèle et dévoué à ses amis, de sorte qu'il ne tarda pas à se faire une bonne position dans l'administration.

« Encouragé et soulevé par le succès, ses facultés se développèrent et s'élevèrent ; il acquit plus de réflexion, plus de connaissances positives, et suppléa à ce qui avait pu lui manquer dans la première partie de sa vie. Il devint ainsi capable de suivre la grande carrière politique qui a illustré son nom [1]. »

Au Conseil d'État, M. Pasquier était parmi les laborieux. Au conseil du Sceau des titres, dont il fut nommé procureur général, il travailla encore. Il était apprécié pour sa réserve et sa dignité. Quand l'Empereur renvoya Fouché et prit Savary au ministère de la police, il voulut, aux yeux du public,

[1]. Baron de Barante, Souvenirs, I, p. 147.

effrayé de ce choix, contrebalancer le mauvais effet
en nommant à la préfecture un *magistrat* qui pût
la rétablir sur le pied où elle existait du temps des
Sartines et des Lenoir. A son grand étonnement,
sans même bénéficier du loisir de la réflexion, Pasquier fut désigné. « On pouvait bien avoir des
doutes sur ma capacité, dit-il, mais on me rendait
la justice de n'en élever aucun sur les intentions
qui m'animaient. » Il ne fit pas mentir cette croyance
et c'est vraiment à son honneur, car les temps
étaient difficiles. Il avait mis à son acceptation cette
condition (autant qu'on en pouvait poser à Napoléon) qu'il ne s'occuperait en aucune façon de la
police politique; il donnait bien son dévouement au
gouvernement, il n'accordait pas son adhésion à
l'arbitraire. Entrer dans le détail des affaires curieuses, délicates, épineuses de son administration de
quatre années, serait empiéter sur le tableau de
l'histoire de l'Empire que nous examinerons plus
tard avec ses propres récits. Bornons-nous à constater que Louis XVIII le trouva à son poste et, en le
lui enlevant, qu'il lui donna comme compensation la
direction générale des ponts et chaussées.

Il avait vu le retour de la monarchie légitime avec
une satisfaction sincère; tout convenait mieux à sa
nature distinguée, à ses aspirations libérales, à ses
tendances aristocratiques. Au moment de la « période des Cents Jours », il fut du nombre des Fran-

çais troublés et hésitants; il n'alla pas à Gand, il resta moins encore à Paris et, assez naturellement, se trouva désigné pour faire partie du ministère de transition composé par Talleyrand le 9 juillet 1815. Il devint garde des sceaux: avec le portefeuille de la justice, on lui confia celui de l'intérieur.

On peut dire qu'il fut très satisfait de cette situation nouvelle; plus tard la raillerie s'attacha à son empressement à entrer dans les combinaisons ministérielles et elle lui assigna l'épithète (l'épigramme!) de l'*inévitable* M. Pasquier. Sa première carrière ne fut pas longue; le Roi le dédommagea encore une fois en le nommant grand'croix de la Légion d'honneur, membre du Conseil privé, président de la Chambre des députés.

Le 19 janvier 1817, il reprenait les sceaux, le 19 novembre 1819 il entrait au ministère des affaires étrangères et ne le quittait, à la fin de 1821, que pour s'asseoir dans un fauteuil de pair de France. La clef de ces choix, de ces acceptations, de ces départs et de ces faveurs, les *Mémoires* nous la donneront.

Les émeutes de 1830 ne pouvaient être de son goût, mais le gouvernement qui en sortit ne lui déplaisait pas. Il accepta la présidence de la Chambre des pairs, et il eut, en cette qualité, à diriger les débats des grands procès politiques qui se déroulèrent devant elle; il fut généralement loué de la modération et de la dignité qu'il garda dans ce rôle difficile. Du jour où il fut président, il ne prit plus la parole, mettant son point d'honneur de gentilhomme à planer au-dessus des querelles de partis. Son prestige s'en accrut et des dignités suprêmes l'augmentèrent : l'Académie l'appela parmi ses membres, Louis-Philippe le créa duc et rétablit pour lui la charge de chancelier de France. Aussi la révolution de 1848 vint-elle troubler toute l'ordonnance de sa vie ; elle sonna le glas des grandeurs et condamna à une retraite définitive un homme de quatre-vingts ans qui se sentait encore de la force d'âme et de la vigueur d'esprit.

Quatorze ans de calme, dans l'estime et le respect, le préparèrent à la mort ; il compléta alors les souvenirs dont nous allons parler et cette longue halte entre la vie active et l'éternité entoura d'une auréole ce majestueux vieillard qui, jusqu'à la dernière minute, justifia l'opinion élevée que s'était formée de lui M. Guizot en le désignant comme : le plus magistrat des politiques et le plus politique des magistrats.

RÉPUBLIQUE ET CONSULAT

Ainsi qu'il a pris soin de nous le dire, et justifiant tout à fait le titre donné à ses *Mémoires*, le chancelier Pasquier a plus écrit une *histoire de son temps* qu'une autobiographie. — Sa méthode est fort simple : il ne scrute pas les grandes questions auxquelles il est demeuré étranger, mais il n'oublie point d'en fixer au moins la trace pour peu qu'elles aient eu un contre-coup sur les événements postérieurs. S'il a été témoin oculaire, il se met discrètement en scène. Le plus souvent il cherche le motif de l'action qui se déroule et les intentions des acteurs. A ce propos, il peint les personnages et ces portraits sont une des parties les plus achevées de son œuvre.

Nous avons son impression du moment, mais tout aussitôt suivie de réflexions qui lui furent suggérées dans la suite. La véracité du fait ne perd rien à être entourée de considérations qui font ressortir les conséquences, partant la moralité et l'utilité de l'acte lui-même. Ces *Mémoires* sont une excellente école politique et, vue ainsi de haut, l'histoire est féconde en enseignements; l'expérience du présent est souvent nécessaire pour comprendre le passé.

Il en est bien peu, parmi les contemporains de la Révolution, qui n'aient fait succéder à un enthousiasme sincère mais irréfléchi, un sentiment de remords pour tant de bouleversements dont le préjudice dépassait de beaucoup l'avantage. M. Pasquier n'eut pas à faire subir à sa pensée ce mouvement en arrière : il avait toujours eu un esprit trop pondéré, un cœur trop calme, un jugement trop net pour se laisser enjôler par des chimères; le reproche de froideur qu'on eût pu faire à sa jeunesse, âge habituel des enthousiasmes bons ou mauvais, ne porte plus si l'on songe que cette maturité un peu morose l'a préservé de grandes erreurs et de cuisants regrets.

L'éloge qui lui revient justement de ce bon sens est malheureusement atténué par sa prudence exceptionnelle à traduire en actes courageux ses résolutions sages; il en fait l'aveu : en présence des hardiesses séditieuses de ses collègues du Parlement, alors que « le cardinal de Retz lui revenait à la pensée », il est tenté de dire tout haut ses craintes, et puis le cœur lui fait défaut : « Le courage « me manqua, et je me bornai, comme de cou- « tume, à être de l'avis de M. tel ou tel [1]. » J'ai cité ce trait, dont la confession honore plus M. Pasquier que l'entêtement de tant d'autres, parce qu'il peint bien son caractère : la vue claire des choses, une velléité vacillante pour les accomplir, traduite par un amour du repos assez en désaccord avec le devoir de la vie publique. Ses pensées sont donc plus viriles que ses actions et c'est pourquoi ses *Mémoires*, dictés par son esprit, sont meilleurs que sa carrière inspirée par la prudence.

Il remet les choses d'avant 89 à leur point en constatant le mensonge de tant de doléances, pour les

1. *Histoire de mon temps*, I, p. 32.

meneurs simple prétexte, et la coupable légèreté de ceux qui, devant arrêter le torrent, demeurèrent assez malavisés pour activer sa course. Ces deux pages sont toute la philosophie des débuts de la Révolution :

« Il faut reconnaître qu'en dehors de quelques personnes dont les actes étaient pour le gouvernement un sujet particulier d'irritation, le reste des citoyens jouissait de la liberté de fait la plus complète; on parlait, on écrivait, on agissait avec la plus grande indépendance, on bravait même l'autorité avec une entière sécurité. La presse n'était pas libre de droit, cependant tout s'imprimait, tout se colportait avec audace. Les personnages les plus graves, les magistrats mêmes, qui auraient dû réprimer ce désordre, le favorisaient. On trouvait dans leurs mains les écrits les plus dangereux, les plus nuisibles à toute autorité. Si quelque dénonciation était de loin en loin lancée dans le Parlement par quelques-uns de ses membres plus zélés, plus consciencieux, elle paraissait presque ridicule et demeurait le plus souvent sans résultat. Si on nie que ce fût là de la liberté, il faudra convenir au moins que c'était de la licence.

« ... Si je me lançais dans les récits anecdotiques, j'aurais l'air d'écrire une satire. Il me suffira de dire que, quand je suis entré dans le monde, j'ai été présenté en quelque sorte parallèlement chez les femmes légitimes et chez les maîtresses de mes parents, des amis de ma famille, passant la soirée du lundi chez l'une, celle du mardi chez l'autre, et je n'avais que dix-huit ans et j'étais d'une famille magistrale !

« L'esprit irréligieux, frondeur et philosophique, l'inexplicable engouement pour toutes les utopies, toutes les chimères, l'abaissement des mœurs, surtout la perte du respect pour les institutions séculaires, les vieilles traditions familiales, ont favorisé le développement des passions qui devaient entraîner bientôt et pour toujours, la vieille société française, l'*ancien régime*. La convocation des États Généraux fut précédée par les émeutes populaires que les querelles parlementaires avaient si malheureusement suscitées, d'abord dans Paris, puis dans les différentes parties du royaume ; elles avaient été tolérées, pendant deux années, par les magistrats qui auraient dû les réprimer [1]. »

Nous ne suivrons pas M. Pasquier dans les détails de tous les faits révolutionnaires, malgré l'intérêt de la course en compagnie d'un homme bien informé et judicieux. J'irai seulement prendre deux ou trois épisodes caractéristiques de l'époque et quelques circonstances que personne ne saurait mieux rapporter qu'un témoin oculaire.

1. *Histoire de mon temps*, I, pp. 46 et 48.

Le lendemain du 6 octobre, suivant l'antique usage, le Parlement vint *complimenter* la famille royale « rentrée dans sa bonne ville de Paris »; on sent quelle dissonance il y avait entre les événements et ces phrases de congratulation. Pasquier fut du nombre des quelques conseillers que le premier président put réunir à la hâte; il a vu de ses yeux, et le tableau qu'il trace est saisissant.

« Il semblait que dans l'espace de dix jours, dix années se fussent écoulées sur leurs têtes. — La physionomie du Roi était empreinte d'un caractère de résignation, il comprenait que ses maux n'étaient pas arrivés à leur terme. La douleur de la Reine avait quelque chose de plus ferme qui laissait percer l'indignation. Elle tenait son fils sur ses genoux, et, malgré le courage dont elle avait donné depuis quarante-huit heures tant d'héroïques preuves, on ne pouvait s'empêcher de croire que ce fils était une sauvegarde dont elle acceptait la protection. Lorsqu'elle nous reçut, il fut facile de lire dans ses yeux qu'elle voyait dans les nôtres à quel point les tristes félicitations que nous apportions étaient en contradiction avec les sentiments de nos cœurs, combien il nous en coûtait d'avoir à prononcer ces phrases banales consacrées par l'usage et des temps de bonheur, et de ne pouvoir en articuler d'autres [1]. »

1. *Histoire de mon temps*, I, p. 56.

J'ai déjà dit comment le jeune conseiller au Parlement put échapper aux dangers et aux fureurs révolutionnaires. Caché, après le meurtre du Roi, dans une retraite aux environs de Paris, il avait compris que tous les excès étaient possibles par la lâcheté même de « cette masse inerte de citoyens qui ne sait que gémir et obéir ; et c'est ainsi que, pendant dix-huit mois, celui-là même qui devait être arrêté le lendemain a été employé aux arrestations de la veille, que celui qui devait périr la semaine suivante a escorté jusqu'à l'échafaud, une pique sur l'épaule, les victimes de la semaine courante[1]. » La situation des honnêtes gens était telle que l'arrestation, en un temps où la prison servait cependant de vestibule à l'échafaud, était considérée comme un bienfait. Je ne sais rien de plus *justificatif* de ce mot de la *Terreur* : Le père de M. Pasquier, « à peine entré dans la prison renfermant M. de Malesherbes, toute la famille Rosambo et un grand nombre de ses amis, éprouva un sentiment de soulagement qui, mieux que tout ce qu'on pourrait dire, peint l'horreur de la vie que nous étions depuis un an condamnés à mener. Hors de prison, en effet, on n'osait se rencontrer, se voir, se parler, presque se regarder, tant on craignait de se compromettre réciproquement; les parents, les amis les plus intimes vivaient dans un isolement

1. *Histoire de mon temps*, I, p. 68.

absolu. Entendait-on frapper à la porte, on supposait aussitôt que les commissaires du comité révolutionnaire arrivaient pour vous enlever. Derrière les verrous, au contraire, on se trouvait en quelque sorte rentré dans la vie sociale ; on était entouré de ses parents, de ses amis ; on les voyait sans contrainte, on causait librement avec eux [1]. »

Le vieux conseiller fut guillotiné et son fils, mis à Saint-Lazare avec sa femme, éprouva à son tour « qu'il est plus aisé de supporter une position sans illusions possibles que de résister aux alternatives d'espérance et de crainte devant une solution qui sans cesse nous fuit ».

La vie paraissait alors si peu de chose que le détachement devenait facile et que la miséricorde chrétienne endormait les pensées de vengeance. Pasquier a goûté ce sentiment et l'a exprimé avec une touchante simplicité.

« Huit jours après ma sortie de prison, j'ai vu reparaître le misérable qui m'y avait conduit. Il avait apporté, à trouver ma demeure, un soin presque égal à celui que, deux mois auparavant, il avait mis à découvrir mon asile. Il venait me demander un certificat de ses bons procédés envers moi ; c'était une sauvegarde dont il pourrait avoir besoin. J'ai donné ce certificat, et tous ou presque tous, nous agissions de même : on manque de quelque

---

1. *Histoire de mon temps*, I, p. 192.

chose quand on n'a pas connu les douceurs d'une telle vengeance ¹. »

On pardonnait donc, mais on ne pouvait pas ne point voir, et ce n'étaient que des ruines qui s'offraient aux regards : « Il est impossible, quand on n'a pas vu la France avant et après le 18 brumaire, de se figurer jusqu'où avaient été les dévastations de la Révolution. A toutes les dégradations que l'on pouvait dire volontaires, il fallait ajouter celles qu'avait opérées le seul défaut d'entretien, pendant une période de près de dix années. A peine restait-il, par exemple, deux ou trois grandes routes viables. Peut-être n'en était-il pas une seule sur laquelle ne se rencontrât quelque point impossible à franchir sans danger. Quant aux communications intermédiaires, le plus grand nombre en était définitivement interrompu. Sur les rivières comme sur les canaux, la navigation devenait impossible. Partout, les édifices consacrés au service public, les monuments tombaient en ruines ². »

Ce 18 brumaire, auquel il fait allusion, fut donc accepté par M. Pasquier sans le moindre regret. Que ceux qui n'ont pas soif du repos, d'un repos quelconque après la tempête et le naufrage, lui jettent la première pierre.

Pendant six ans encore, dans une oisiveté, d'au-

1. *Histoire de mon temps*, I, p. 112.
2. *Histoire de mon temps*, I, p. 162.

tant plus méritoire qu'elle lui pesait, l'ancien membre du Parlement attendit pour donner son adhésion publique au gouvernement nouveau. Mais il suivait les événements avec l'attention la plus vive, et ses considérations sur un temps où il ne fut employé qu'à la reconstitution de son ancienne fortune demeurent marquées au coin d'un rare bon sens.

Pendant qu'il attend, avec l'année 1804, l'établissement de l'Empire, il examine les personnages d'une pièce où il ne figure pas encore, et d'une main experte il trace des esquisses dont il fera plus tard des tableaux achevés. Quelle galerie pour l'amateur de portraits historiques! Elle laisse loin derrière elle la nomenclature de don Ruy Gomez de Silva; mais comme pour le tuteur de Doña Sol, s'il faut en passer, et des meilleurs, c'est bien à regret.

Quiconque ouvrira ce premier volume n'oubliera pas ces jolis pastels de La Fayette, du conventionnel Levasseur, de Lepelletier de Saint-Fargeau, de M. de Pancemont, de Mme de Beauharnais, la future impératrice. Des camaïeux, des sépias, des sanguines fixent les traits de la princesse de Vaudémont, de Pastoret, de Mme de Beaumont, de Fontanes; des deux consuls : Cambacérès et Lebrun; de Fouché, sur le compte duquel nous reviendrons; de Talleyrand, qui est apprécié en vingt endroits, avec une telle justesse d'idées qu'on voudrait faire une étude spéciale de ces révélations et de ces données nouvelles. Dans leur cadre fraîchement doré se prélassent Maret, qui sera duc de Bassano, Portalis, Laplace, Chaptal, Regnault de Saint-Jean d'Angély, Bérenger, Defermon, Lacuée, Treilhard, Merlin, qui seront comtes.

Les privilégiés admis à contempler ces portraits avant que la galerie ait été ouverte au public se trouvaient unanimes à en vanter la ligne et la couleur; à en admirer la ressemblance, en un mot.

Avec une complaisance bien justifiée, le manuscrit du Chancelier avait été confié à M. Taine, qui, l'ayant très heureusement utilisé dans son dernier volume du *Régime moderne*, écrivait avec un grand sens de l'histoire et des documents : « L'auteur est probablement le témoin le mieux informé et le plus judicieux pour la première moitié de notre siècle. »

M. Boulay de la Meurthe eut la même bonne fortune, et c'est le nom du duc Pasquier qu'il faut lire quand l'auteur des *Dernières années du duc d'Enghien* cite avec éloge les mémoires inédits de X...

M. de la Sicotière à son tour, dans son *Histoire de Frotté*, reproduisit des fragments du manuscrit du Chancelier. M. Ernest Daudet a déclaré avec reconnaissance avoir parcouru ces volumes encore inédits quand il écrivait le *Procès des Ministres*.

Pour ne pas scinder un sujet nécessairement un comme celui de l'Empire, je m'arrête à la période consulaire. On sait quelle catastrophe la termina. Cette affaire du duc d'Enghien reçoit ici des éclaircissements précieux.

Au fond, rien ne me paraît devoir désormais modifier les faits tels que les a racontés M. Welschinger[1] et les *Mémoires* de Pasquier ne permettent pas de repousser les conclusions apportées par le sagace historien; mais sur certains points ils les corroborent utilement et n'infirment pas les déductions qu'il a émises, même quand ils s'en écartent.

M. Pasquier avait été en relations forcées avec Savary, à la fin de l'Empire, et grâce à lui il avait appris beaucoup de choses des dessous de la police impériale[2]; s'il ne faisait que suivre pas à pas la version du duc de Rovigo, ce récit serait sujet à caution et n'offrirait pas grande créance; mais il convient de remarquer, et M. Pasquier ne manque pas d'attirer l'attention sur ce point, que c'est deux ans avant la chute de Napoléon, en un temps par conséquent où il pouvait parler sans danger et

---

1. *Le duc d'Enghien.*
2. Je fais cependant les plus grandes réserves sur l'affirmation de M. Pasquier au sujet de Pichegru, quand il conclut au suicide (tome Ier, p. 171). Trop d'autres témoignages contemporains écartent la possibilité de ce genre de mort pour ne pas croire que, de bonne foi sans doute, l'auteur des *Mémoires* n'a pas été heureux dans l'investigation à laquelle il s'est livré.

même avec une cynique complaisance, que Savary lui fit ses confidences¹.

Des récits tenus de la bouche de Mme de Rémusat, de d'Hauterive, de M. de Lavalette, de Maret, confirmaient certains détails et donnaient de la vraisemblance au reste. Le Chancelier s'est donc rangé à la version de Savary, dont il confesse d'ailleurs toute la faute et tout le crime. De son récit très complet et très net, il résulte que Bonaparte a parfaitement voulu aller jusqu'au bout de son dessein, que Talleyrand l'a non seulement approuvé mais conseillé, que c'est bien Caulaincourt qui a fait enlever le prince, Murat qui l'a fait juger, et Savary qui l'a fait exécuter. — Pour Réal, il croit à son sommeil dans cette terrible nuit du 20 au 21 mars, parce qu'il ne peut expliquer la contradiction entre l'instruction par écrit qui lui fut donnée par le premier Consul et la rapidité de la sentence exécutée par Savary. M. Welschinger a combattu, victorieusement, à mon sens, ce fait ténébreux²; mais il y a une explication qui me semble également plausible et que je me permets de produire³ :

1. « A l'époque, le duc de Rovigo et M. Réal n'avaient aucun motif pour me vouloir tromper. Ni l'un ni l'autre n'étaient alors embarrassés du rôle qu'ils avaient joué, et ne cherchaient par conséquent à rien déguiser. C'était un historique qu'ils contaient avec naïveté, et dont ils tiraient des conséquences différentes. » *Histoire de mon temps*, I, p. 191.
2. *Le duc d'Enghien*, pp. 347-348.
3. Il y a plaisir pour moi et sécurité pour mes lecteurs à voir

Quels sont les faits certains ?

Bonaparte a donné à Réal la mission d'interroger le duc d'Enghien. Réal, qu'il se soit mis en route ou non, n'a pas rempli cette mission. Bonaparte a comblé de faveur Savary qui avait fait fusiller le prince et n'a tenu nulle rigueur à Réal qui n'a certainement pas accompli pleinement ses ordres; or, on sait de quelle manière bénévole il acceptait la moindre transgression de ses prescriptions! — Comment expliquer cette contradiction apparente ?

Par la lâcheté de Réal. Il savait parfaitement que le désir de Bonaparte était de se défaire du duc d'Enghien et qu'en laissant le conseil de guerre agir seul on arriverait, surtout avec la présence de Savary, à une conclusion aussi rapide que sanglante. Son absence à l'interrogatoire ne déplairait donc pas, *au fond*, à Bonaparte, si celui-ci, au milieu de ses hésitations, acceptait nettement la responsabilité de son acte.

Si, au contraire, il voulait jouer le personnage de la clémence surprise et affecter le regret d'une précipitation déplorable, il créait, lui Réal, un *alibi*

---

cette opinion confirmée par la science de M. Frédéric Masson. Au moment même où je relis ces lignes, son récent volume *Napoléon et sa famille* (tome II, chap. 13 et 14), distribue loyalement à chacun : Bonaparte, Réal, Murat..., sa part de responsabilité.

des plus utiles à son maître pour accréditer cette version [1].

Dans les deux cas, il ne risquait pas grand'chose, et de plus il se tirait très habilement de la situation terrible où les circonstances le plaçaient en se donnant pour lui-même, vis-à-vis du public indigné, le rôle du magistrat obligé tout à la fois d'obéir aux ordres reçus et capable cependant de faire pencher la balance de la justice du côté de la modération. C'était Savary qui porterait l'odieux de l'affaire et Savary était homme à ne pas se troubler d'une semblable responsabilité.

Conclusion : ne pas venir à Vincennes ou y arriver trop tard ; et comme les moyens les plus simples sont les meilleurs, avancer cette raison enfantine et grotesque si, dans l'espèce, elle n'était lugubre : je dormais !

Et il a dormi [2] !

Il est inutile de reprendre les détails de cette tra-

---

[1]. Sans doute, le crime une fois consommé, Bonaparte ne devait être occupé que du parti qu'il en pourrait tirer, et, pour atténuer son caractère odieux, il fallait le présenter comme un coup d'État indispensable; aussi son obstination à cet égard fut-elle remarquable; on la retrouve jusque dans l'impatiente surcharge de son testament, quinze ans plus tard, à Sainte-Hélène. Mais en face de l'indignation universelle, il fut un peu ému et il descendit, vis-à-vis de son entourage, aux soins les plus minutieux pour inspirer moins de répulsion. Aussi l'aventure de Réal lui fut-elle, au fond, sinon utile, du moins très agréable, et il aima à la voir colporter.

[2]. Est-ce le cas de dire que la fortune vient en dormant? Le « sommeil » de Réal lui fut payé 100.000 francs. Il figure pour cette somme dans les gratifications de la Grande Cassette, pour l'an XII. — Tous les autres *juges* de Vincennes viennent après lui.

gique histoire. Le personnage le plus compromis dans le récit du chancelier Pasquier c'est le prince de Talleyrand au sujet duquel il rapporte les faits les moins niables. Ce témoignage est considérable et il reste écrasant.

Je noterai seulement les points que ces *Mémoires* mettent bien en lumière :

Qu'il y a eu, au commencement du mois de mars 1804, un conseil secret tenu chez Joseph Bonaparte, où l'on convint qu'il serait loisible de sacrifier un prince de la maison de Bourbon *s'il était saisi sur le territoire français* (p. 168). — Que Murat, ayant reçu, dans la matinée du 20 mars, l'ordre de convoquer une commission militaire, sut adroitement se défendre de la composer (p. 192). — Que la fosse du duc était préparée avant le jugement (p. 190). — Qu'il demanda en vain à parler au premier Consul, alors que trois heures suffisaient pour aller chercher à la Malmaison une réponse et la rapporter à Vincennes (p. 189). — Que Savary s'opposa à la rédaction de la lettre de recours en grâce que la commission voulait rédiger (p. 187); et qu'il présida lui-même à l'exécution, du haut des remparts (p. 190). — Que le jugement ne fut matériellement signé par les juges qu'à dix heures du matin, soit sept heures après l'exécution ! (p. 189). — Qu'au *Moniteur* du 22 fut inséré un jugement d'une rédaction inexacte (p. 186).

En voilà assez, j'imagine, pour montrer l'importance de ce récit.

Un mot encore : depuis la publication des deux ouvrages de MM. Welschinger et Boulay de la Meurthe, nous avons les *Souvenirs* du baron de Barante. A la page 117 du tome Ier, on y trouve le témoignage saisissant de l'un des gendarmes du peloton d'exécution, fuyant dans sa famille pour cacher sa honte du rôle qu'on avait fait jouer à des soldats dans cette tragédie. Il confirme certains détails donnés par M. Pasquier, comme la fosse creusée à l'avance, et Savary empêchant sa victime de parler avant de mourir. J'ai tenu à donner une fois de plus l'exemple de la concordance de ces *Mémoires*, qui me semble une preuve singulièrement forte de leur mutuelle véracité[1].

L'EMPIRE

Malgré cette origine sanglante de cet Empire triomphant, M. Pasquier ne pouvait être un adversaire bien farouche, ayant accepté des charges

---

1. Il n'y a pas lieu de s'arrêter à quelques inexactitudes qui n'infirment rien des faits essentiels, comme (p. 174) « l'émigré fort connu Desmoutier » pris pour Dumouriez, dans le procès-verbal du gendarme envoyé en espion à Ettenheim ; c'est le marquis de Thumery qu'il faut dire. — La princesse de Rohan était à Ettenheim et le duc d'Enghien n'eut pas à entreprendre un voyage pour l'aller voir. — Ceci est peu de chose.

importantes et des missions délicates. Il ne fut pas
non plus un fervent trop obstiné. La transition entre
l'abstention et le service fut chez lui discrètement
conduite; elle ne jura, ni avec son passé, ni avec ses
espérances, ni avec son caractère. Je lui sais gré de
n'avoir pas donné des explications spécieuses de
son changement de front et d'être resté dans la
note juste en disant que des faits nouveaux lui
créaient des obligations nouvelles. La sobriété, je
l'ai déjà remarqué, rend ses jugements puissants ;
sur une foule de points il apporte des témoignages
que les déclamations ou les insistances auraient
atténués.

L'Empire, au reste, pouvait-il réellement convenir à sa nature et à ses goûts ? Il ne semble guère ;
ce n'était point un homme d'enthousiasme, et la
gloire militaire n'intéressait ni sa carrière ni son
tempérament. Ses traditions de famille lui donnaient une réserve hautaine envers les parvenus
chamarrés et brillants de la cour impériale ; son esprit positif lui inspirait des craintes pour la solidité
d'un édifice politique dont la base changeait à tout
moment. Ce fut un fonctionnaire appliqué, n'ayant
ni cherché ni trouvé le moyen de fuir la toute-puissance du maître, n'ayant jamais pris rang parmi les courtisans serviles ou les partisans empressés. Il ne résista pas au flot qui entraînait les bonnes volontés les plus diverses et les poussait dans

les bras d'un gouvernement assez habile pour dire
bien haut qu'il oubliait le passé et ne tiendrait pour
ennemis que ceux qui voudraient l'être.

On trouve, dans ce monde des secondes années
du premier Empire, un petit groupe d'esprits souples, rusés, fins, distingués qui ne concordent pas du
tout avec le tableau de convention que nous nous
sommes tracé de ces amoureux du métier militaire,
satellites fidèles, rangés autour de Napoléon. Ici ce
sont les personnages de mœurs calmes, de culture
intellectuelle aiguisée, d'une prudence toute féline,
ayant gardé de l'ancien régime, où ils passèrent,
les bienséances élégantes et douces, fort ennemis
de la « soldatesque », grands partisans de la paix,
au point de toujours garder un œil ouvert vers
l'Angleterre ou l'Autriche, n'osant refuser leurs services, accordant plus aisément leur encens académique à l'Empereur, mais se dédommageant de
cette contrainte sévère en dédains, en sarcasmes,
en mauvais vouloirs.

Par certains côtés, M. Pasquier avait ces tendances, il eut longtemps là ses relations et ses amitiés ;
Mme de Rémusat est la plus fine mouche de ce cercle un peu frondeur, en coquetterie secrète avec
Mme de Staël ; Talleyrand, derrière la toile, en est
le chef ; les membres les plus en vue, prudemment
cachés, sont Lebrun, Daru, Sémonville, Mollien, le
comte Louis de Narbonne ; les plus obséquieux,

Fontanes ou l'abbé de Pradt; les plus jeunes et les plus prudents, Barante et Molé.

Vous m'arrêtez et me dites que leurs adulations furent aussi fréquentes que celles des plus empressés. Sans doute, et c'est aussi pourquoi il arrive à des gens d'esprit de ne pas mériter grande estime : chez eux le talent est incontestable, la valeur morale beaucoup moindre, le cœur absent.

Ce côté de l'histoire du premier Empire n'a point toujours été bien connu, ni mis suffisamment en lumière; il explique cependant beaucoup de choses et fait comprendre la brusque volte-face de 1814 chez tant de gens dont le dévouement ne paraissait pouvoir être suspecté. Il est donc curieux et aussi important de noter ces réunions de « politiques » fortement attachés au gouvernement qui, après avoir ramené l'ordre, a distribué les titres, les places, les majorats, mais très disposés à l'abandonner si la témérité de son chef compromet ces biens acquis. Sans s'éloigner des formes voulues, M. Pasquier nous révèle ces menées sourdes quand il écrit :

« Mes rapports très fréquents avec le duc de Bassano continuèrent; et en le suivant au ministère des relations extérieures j'en vins à connaître un monde tout nouveau. J'y rencontrai habituellement les principaux personnages de la diplomatie étrangère, je pénétrai beaucoup mieux que je ne l'avais fait jusqu'alors dans les mystères de la politique impériale, je commençai à la juger avec plus de clairvoyance, par conséquent avec plus de doutes et d'appréhensions...

« ... Nous formions à nous trois[1] un petit groupe intime dans les salons du ministre, nous écoutions, observions beaucoup et comme notre désir que les affaires n'allassent pas au pire était très sincère, nous faisions en toute occasion arriver la vérité au duc de Bassano. Mais il était tellement dominé par les illusions qu'il n'y avait aucun moyen de lui faire rien comprendre de ce qui était de nature à les diminuer[2]. »

Ces sentiments étaient fort naturels, ces prévisions justes et une perspicacité moyenne suffisait pour prévoir des entreprises sans issue. Dans la bouche des parents en deuil à qui la conscription prenait les enfants de 18 ans, un tel langage paraîtrait des plus plausibles; mais sur les lèvres des habitués des salons de Saint-Cloud il me choque et je n'éprouve point pour eux toute l'estime que je voudrais leur garder.

Estime à part pour ces gens à critiques, Napoléon commit toutes les fautes nécessaires pour augmenter leurs craintes et préparer leur défection. L'entêtement, l'orgueil, la présomption marquent tous ses actes pendant la seconde moitié de son règne.

---

[1]. Pasquier, Sémonville et Narbonne.
[2]. (Avril 1811). *Histoire de mon temps*, tome I, p. 470.

La question religieuse était à l'état aigu, et même chez les moins militants des contemporains, on sent percer ces sentiments de regret et d'effroi en présence d'une politique maladroite et criminelle. Berthier, Maret, Réal, Savary peuvent applaudir, sans voir autre chose que le bon plaisir de leur idole et sans comprendre les conséquences de cette conduite de casse-cou; les gens réfléchis s'inquiètent et répètent après l'amiral Decrès à M. Pasquier (oui, l'amiral Decrès lui-même!) : « Ce que tout le monde voit, l'Empereur ne le voit pas, ou il a la folie de repousser tout ce qui semble contrarier ses présomptueuses espérances. Il croira s'en tirer en demandant de nouveaux conscrits ; pensez-vous qu'une corde aussi tendue peut résister longtemps ? Non, je vous dis que c'est un homme perdu [1]. »

M. Pasquier était de ceux qui sentaient attaché à la personne de l'Empereur le sort de l'Empire. Nul que lui n'était capable de soutenir le poids de cette immense machine, et d'en maintenir la régularité des ressorts; ses ministres n'avaient, ne pouvaient avoir d'initiative, les grands dignitaires étaient nuls, les maréchaux jalousés et jaloux, la famille de Napoléon sans union entre ses membres, sans racines dans le pays, sans puissance morale,

---

[1]. *Histoire de mon temps*, tome II, p. 4. — Cette curieuse conversation entre le préfet de police et le ministre de la marine de Napoléon eut lieu pendant l'été de 1812.

sans élévation d'idées, sans autre ressource qu'un entêtement corse, puisé dans le sang et dont M. Pasquier a très bien compris l'unité d'origine :

« Les Bonapartes, il faut en convenir, étaient d'une trempe peu commune; leurs qualités et leurs défauts, leurs vices sortent des proportions ordinaires et ont une physionomie qui leur est propre ; ce qui les distingue surtout, c'est l'obstination dans la volonté, c'est l'inflexibilité dans les résolutions... Dans cette étonnante race, les engagements les plus sacrés, les affections les plus vives s'évanouissaient aussitôt que les combinaisons de la politique paraissaient le conseiller [1]. »

Aussi, chacun sentant n'avoir sous le pied que des planches qui pliaient, chacun tira de son côté dès qu'il entendit les premiers craquements de l'édifice.

Les gens de tête virent monter l'orage dès les démêlés avec Pie VII; le mariage de Marie-Louise fut un rideau tendu pour préserver des gouttes de pluie, mais l'averse commença par un beau soleil de juin dans les prairies du Niémen. Les premiers éclairs s'allumèrent au ciel, avec l'incendie de Moscou, illuminant jusqu'aux rives glacées de la Bérésina et les bords de la Seine où conspirait le général Malet; la tempête se déchaîna pendant la campagne d'Allemagne, la foudre tomba à Leipsick, et la tourmente, en balayant les champs de Brienne et de

---

[1]. *Histoire de mon temps*, tome Ier, p. 400.

Montmirail, emporta ce trône sans attaches au sol de la patrie.

M. Pasquier fit bonne contenance jusqu'au bout. Napoléon parut lui en savoir gré, peut-être aussi parce que sonnaient pour lui les heures de l'indulgence qui sont la dernière ressource des despotes ébranlés.

Il y a un puissant intérêt à suivre les péripéties de ce drame sous la plume d'un homme bien informé dont le personnage grandit avec les événements. Il garde une dignité imperturbable, son impartialité n'est pas atteinte un instant, et il déroule sans passion, avec une émotion contenue, les annales de la chute de l'Empire. Son histoire, jadis, s'écrivait en même temps aux quatre coins de l'Europe, et, de Madrid à Moscou, de Naples à Berlin, il fallait courir aux renseignements et appeler des témoins lointains. Aujourd'hui, toute la scène est comprise entre le Rhin et la Marne, et bientôt localisée sous les murs de Paris. Le préfet de police, fonctionnaire un peu perdu sur la carte européenne, devient alors un magistrat considérable. Il est de simple justice de reconnaître que M. Pasquier ne fut pas inférieur à la lourde tâche qui subitement lui incomba.

En nous traçant de la conspiration Malet le plus exact et le meilleur des tableaux que nous possédions encore, il avait commencé la série des récits où il a joué un rôle personnel. Tour à tour, avec lui, nous assistons aux événements les plus mémorables, et assez dans la coulisse pour apprendre bien des détails instructifs. Les faits se pressent dans ces premiers mois de 1814, et entre ces deux dates du 23 janvier — jour où Napoléon quitte sa capitale — et du 12 avril, — jour où le comte d'Artois y rentre au nom du Roi, — tout un monde s'écroule, une société nouvelle semble naître.

Elle est belle cette scène où l'Empereur confie Marie-Louise et son fils aux officiers de la garde nationale. On en a contesté la spontanéité et on parle encore d'une répétition donnée par Talma. Je n'y veux pas croire; je sais seulement qu'elle produisit un grand effet, que bien des larmes sincères coulèrent sur les visages.

« Ce souverain puissant aux prises avec l'adversité, ce soldat glorieux se raidissant contre les coups de la fortune, devait remuer puissamment les âmes, alors qu'il s'adressait aux plus chères affections du cœur humain, qu'il se plaçait sous leur protection. Malgré tant d'inquiétude dans toutes les classes, la capitale ne fut point insensible au récit de cette scène, et elle en ressentit une émotion plus profonde qu'on n'avait eu lieu de l'espérer [1]. »

Plus belle encore l'entrée du comte d'Artois : « Le spectacle était magnifique. Le trajet eut lieu au milieu

---

1. *Histoire de mon temps*, tome II, p. 143.

d'une foule immense qui saluait le prince par des acclamations enthousiastes. Les alliés avaient eu pour le jour la délicatesse de consigner toutes leurs troupes dans les casernes, on ne voyait donc que la garde nationale. Elle seule occupait les postes et faisait la haie. Ainsi la pompe avait une couleur entièrement française ; toutes les pensées affligeantes étaient, autant que possible, écartées. Les rues à traverser pour aller de la barrière [de Bondy] à Notre-Dame, et de Notre-Dame aux Tuileries étaient celles qu'on pouvait considérer comme appartenant plus spécialement à la classe bourgeoise, marchande.

« Les fenêtres étaient garnies des femmes, des sœurs, des filles des gardes nationaux, tout heureuses de la part que prenaient à ce grand événement leurs maris, leurs frères, leurs pères. Une joie sincère éclatait. On peut dire que ce fut à la garde nationale que revinrent le mérite et l'honneur de cette brillante journée. Partout on entendait les cris de : « Vive la maison de Bourbon ! Vive le Roi ! Vive Monsieur ! » Les murailles étaient en beaucoup d'endroits tapissées comme jadis pour la Fête-Dieu. Des drapeaux blancs pendaient à toutes les fenêtres, des fleurs étaient jetées. Cette joie avait tous les caractères d'une émotion vraie et spontanée [1]. »

1. *Histoire de mon temps*, t. II, p. 344. Et Pasquier ajoute : « Je

Entre les deux journées si dissemblables où les deux acteurs principaux seuls diffèrent et où le même peuple est présent, on sait quels événements avaient eu lieu.

M. Pasquier, qui se défend avec raison de raconter les faits militaires, est heureusement moins concis dans ses narrations politiques.

Les alarmes de Paris, les terreurs de Marie-Louise, les hésitations du conseil de régence, l'insuffisance de Joseph Bonaparte[1], les dernières fidélités qui se lassent, les premiers abandons qui se déclarent, forment un tableau complété par les inquiétudes des alliés, l'effarement du roi de Prusse, l'embarras de l'empereur d'Autriche et la volonté du Tsar, soutenue, entretenue, avivée par un personnage tout nouveau, Pozzo di Borgo, qui met toute la souplesse du diplomate au service d'une *vendetta* corse. Figure singulière dont le profil se détache dans ce livre bien en relief, implacable ennemi de

---

crois n'avoir rien exagéré dans le tableau que je viens de tracer; personne n'a été plus que moi à portée de bien voir. Je faisais partie du cortège, j'étais fort près des princes, j'ai donc vu par mes yeux; les rapports qui m'ont été faits à la fin de la journée m'ont prouvé qu'il en avait été de même sur tous les points où mes regards n'avaient pu atteindre; nul cri hostile ne se fit entendre. Le peuple fut moins entraîné que la classe bourgeoise, mais parmi ceux qu'on eût pu accuser de tiédeur, il eût été impossible de signaler la moindre expression de mécontentement. »

1. Sans compter ses faiblesses, morales dont M. Pasquier nous rapporte un triste exemple, en nous révélant ses grossières démarches auprès de sa belle-sœur l'impératrice Marie-Louise (*Histoire de mon temps*, tome II, p. 237).

son compatriote Bonaparte, et trouvant dans cette haine des finesses de génie pour hâter la chute de son ancien adversaire. Qui aurait cru qu'une partie des fils de cette grande aventure étaient saisis, noués, serrés par la main d'un inconnu dont la persévérante rancune tenait en haleine l'Agamemnon de l'Europe, et par lui six ou sept royaumes, et un million d'hommes en armes?

A dix lieues des villages en feu de la Champagne, on avait dressé l'échiquier de la diplomatie. A Châtillon, M. de Caulaincourt remplit un rôle honorable, mais sa fidélité est mise à une rude épreuve entre les exigences croissantes des alliés et les tergiversations quotidiennes de Napoléon. Terrible partie qu'il devait perdre, et où en effet il échoua.

Presque en épisode, sous des couleurs noires, M. Pasquier nous montre M. de Vitrolles; et ici, il se laisse entraîner pour la première fois, jugeant un homme, à exprimer des impressions qu'il ne ressentira que plus tard. En 1814, M. de Vitrolles « n'avait point frappé à toutes les portes », et, s'il a, pendant quelques jours, semblé jouer le rôle de la mouche du coche, il est vrai qu'à ce jeu il risquait sa tête, et il est encore plus vrai qu'il a réussi, ce qui ne permet plus de rire de ses efforts ni de l'accuser d'insignifiance.

Un croquis extrêmement curieux et dont vingt coups de crayons nous permettent de reconstituer l'ensemble, c'est celui de l'entresol de l'hôtel de Talleyrand, — cette demeure historique où tant de choses et tant de gens ont passé, depuis le comte de Saint-Florentin, avec les Fitz-James, le duc de l'Infantado et les financiers de la banque Saint-Charles, les « faiseurs » du prince de Bénévent, l'empereur de Russie et son état-major, jusqu'au milliardaire Rothschild, qui aujourd'hui s'y confine sous la garde d'une police discrète.

Le baron Pasquier fréquentait beaucoup ces salons, où ses amis de Rémusat avaient leurs grandes entrées; et les habitués : Dalberg, Jaucourt, Louis, Montesquiou, Beurnonville, posaient sans le savoir sous l'œil de cet observateur qui a buriné leurs traits en cherchant les mobiles de leurs actions.

Il existait un petit nombre d'hommes capables d'envisager toutes les chances de l'avenir; leur position leur permettait de choisir et de favoriser les solutions diverses qui leur semblaient préférables pour le bien public. A la tête de ces hommes on doit placer M. de Talleyrand, et parmi les mécontents qu'il abritait sous son aile, le duc de Dalberg et M. l'abbé Louis : ce dernier, ardent jusqu'à l'impudence, « ambitieux irrité de n'avoir pas vu ses talents en finances appréciés par l'Empereur autant qu'il s'en était un moment flatté; le duc de Dalberg, intriguant jusqu'au point de devenir conspirateur au besoin, sans aucun principe sur quelque matière que ce fût, libéral hautain et cauteleux tout à la fois, profondément corrompu, comme le sont les oisifs blasés que l'ennui et la satiété démoralisent. Tout deux étaient éminemment propres à encourager chez M. de Talleyrand la violente haine qui le travaillait depuis quelque temps; tous deux ne cessaient de lui mettre sous les yeux les dangers dont il était menacé, si jamais Napoléon se retrouvait en situation de donner un libre cours à ses ressentiments. A cet égard, ils n'avaient pas de peine à le convaincre, mais ils en avaient beaucoup plus lorsqu'il s'agissait de le pousser à une résolution quelconque.

« Éprouvé par une vie déjà longue et dont la plus grande partie s'était écoulée au milieu des vicissitudes de la Révolution, M. de Talleyrand savait combien les retours de fortune sont fréquents, surtout à la guerre. Ses habitudes, ses connaissances diplomatiques, le tenaient de plus en grande méfiance sur les coalitions. Tout observer, s'appliquer à tout savoir, travailler, sans trop se compromettre, à aggraver les embarras qui pourraient naître d'un moment à l'autre, et se tenir prêt à porter le dernier coup, s'il s'en présentait une occasion bien assurée, tel fut le plan de conduite qu'il se traça[1]. »

En se précipitant, les événements ne permet-

---

[1]. *Histoire de mon temps*, II, p. 147.

taient plus à M. Pasquier un rôle passif. Son caractère se serait fort accommodé d'une position moins en vue; mais le préfet de police devait prendre des décisions sans attendre le lendemain, et c'est ainsi qu'il fut mêlé de très près à la capitulation de Paris, à l'installation des troupes alliées, à la formation du Gouvernement provisoire, à la déchéance votée par le Sénat, au retour de la maison de Bourbon. Il semble avoir agi en galant homme et s'être déterminé par des motifs graves, sans oublier ses avantages personnels, sans se laisser entraîner exclusivement par eux. C'est le politique de bon sens : il voit l'Empire fini et ne ressent aucun attrait à jouer le personnage de la fidélité idéale, d'autant plus que les généraux sont les premiers à répudier leur chef; d'autant mieux que le système monarchique convient tout à fait à ses aptitudes et à ses tendances.

Les circonstances l'avaient assez vite engagé dans le parti de la volte-face. Il avait fait instinctivement quelques pas qui ne lui permettaient plus de travailler au maintien de l'Empire, et il connaissait trop bien Napoléon pour croire qu'après une victoire inespérée il ne briserait pas comme verre ses fonctionnaires hésitants. Ce retour de fortune, M. Pasquier ne le pouvait plus souhaiter et sa conversion politique s'accéléra en proportion. D'abord incertain, il en vint à désirer la chute définitive de l'Empereur; d'alarmé il devint bientôt content; lui aussi aurait pu dire le mot qu'on entendit quarante ans plus tard : « J'ai l'air résigné, mais au fond je suis satisfait. » Cet état d'âme est intéressant à noter, car ce fut celui de la grande majorité de la France.

C'était une époque troublée et confuse, où le devoir, différent chez celui-ci et celui-là, était mal défini pour tous, et qui laissa sur les cœurs un malaise dont je trouve l'expression mélancolique dans cette phrase bien curieuse et bien forte de Pasquier à propos de la « défection » de Marmont : « Hélas! il est certain que je ne voudrais pas que l'acte qui lui est reproché pesât sur ma mémoire ; cependant il a rendu un très grand service. »

Les catastrophes militaires entraînaient à des obligations douloureuses et le préfet de police eut à remplir une mission très pénible : quand il dut porter les clefs de la ville à l'empereur de Russie ; son récit est saisissant.

« ... Nous avancions péniblement sur la route de Bondy, étonnés et remués par le spectacle qui frappait nos yeux. Quel contraste brutal avec tout ce qui, depuis quinze ans, avait ébloui nos imaginations : victoires, gloire, puissance, tout cela disparu !

« La nuit nous enveloppait encore; de nombreux feux de bivouac couronnaient les hauteurs de Montmartre, de Belleville, de Chaumont, de Romainville ; la plaine de Saint-Denis en était couverte, et on apercevait jusqu'à l'extrémité de l'horizon, dans la direction de la route qui mène à la barrière de l'Étoile, la ligne de ces feux qui enveloppaient la capitale et dont la lueur pénétrait très avant dans ses faubourgs, attestant la présence de la redoutable armée qui devait y pénétrer le lendemain. A tout moment nous rencontrions des piquets de cavalerie faisant la ronde, et nous passions au milieu des faisceaux d'armes ; à leurs pieds des soldats endormis. En approchant de Pantin, le spectacle devint affreux ; c'était le point où la mêlée avait été la plus sanglante.

« Là se trouvaient étalées, dans toutes leurs horreurs, les suites d'une bataille ; c'était là que les Russes, foudroyés par l'artillerie française, avaient perdu trois ou quatre mille hommes. Aucun cadavre n'était encore relevé, hommes et chevaux gisaient mêlés, et cet entassement frappait pour la première fois mes yeux.

« ... Quand nous arrivâmes à Bondy, le jour commençait à poindre. En entrant dans le château où logeait l'empereur Alexandre, des impressions toutes personnelles vinrent s'ajouter à celles qui m'agitaient depuis ma sortie de la ville. Ce château avait été occupé par mon grand-père maternel, dans le temps de ma première enfance ; je l'avais rarement visité depuis, mais il avait laissé dans ma mémoire ces souvenirs qui s'attachent si puissamment à tous les faits qui ont frappé notre esprit au début de la vie ; j'y étais ramené par un des plus grands événements qui se fussent passés depuis le commencement de la monarchie ! J'apportais la soumission de la ville de Paris à un souverain dont les États, un siècle auparavant, étaient à peine connus de nos pères, et qui, descendu des confins de l'Asie, traînant la Germanie tout entière à sa suite, arrivait pour imposer sa loi à la France de Clovis, de Charlemagne, de Henri IV, de Louis XIV et de Napoléon ! Et c'était nous qui avions été le chercher jusque dans ses régions glacées, qui avions, à la lueur de sa capitale et de ses villes embrasées, attiré sur nos pas lui et ses Tartares ! Pierre le Grand avait-il pu faire un tel rêve, alors que, au cours de son voyage dans les pays civilisés, dont il venait étudier les institutions, les arts et les mœurs, il visitait dans le palais des Tuileries, entourait de ses respects et soulevait dans ses bras, en 1717, l'enfant-roi dont il était l'hôte[1] ?»

A la même heure, d'autres tristesses écrasaient les derniers partisans de l'Empereur (l'Empire n'en avait plus) et les survivants de notre plus brillante épopée militaire passaient noblement leur dernière

---

1. *Histoire de mon temps*, II, p. 239.

veillée d'armes, s'exaltant de leurs revers, comme ils s'étaient enivrés de leurs victoires.

« La garde s'achemina de Fontainebleau vers Essonnes. Ceux qui, au travers de la forêt, ont suivi sa marche sous les grandes futaies éclairées par les rayons de la lune ont gardé de ce spectacle unique la plus durable impression. Le plus profond silence régnait dans les colonnes, et, au recueillement dans lequel elles s'avançaient, il était facile de juger que cette admirable troupe avait la conviction qu'elle allait, dans un dernier combat, terminer sa glorieuse carrière [1]. »

Spectacle poignant, dont la description, par sa simplicité, remuera les fibres de toute âme française; sacrifice fait à la foi du serment et à la religion de l'honneur; sans partager les espérances de ces braves gens, on sent un souffle patriotique qui passe sur le front, et c'est d'un œil attendri que j'ai suivi leur démarche que ma raison aurait condamnée.

La gloire de la patrie se voilait sans doute, mais la responsabilité retombait sur le téméraire qui, après avoir dépensé des trésors d'activité, de génie et d'audace dans la dernière campagne, n'en aurait pas moins dû faire sa confession à deux genoux. Les catastrophes, il les avait attirées comme à plaisir, les ruines il les avait accumulées sans la moin-

1. *Histoire de mon temps*, II, p. 295.

dre excuse, sans le moindre prétexte. Depuis un an il semblait vouloir s'étourdir dans une partie qu'il comprenait devoir être pour lui la dernière; il se sentait devenir impossible à la nation. Il comprenait (ce sont ses paroles) « qu'un Bourbon seul pouvait lui succéder ». Il en faisait l'aveu à son entourage, et cette éventualité qui s'ouvrait à son esprit, en face de la possibilité de sa mort sur un champ de bataille, lui parut inévitable après la mort morale de la défaite et de l'insuccès : « Vous êtes encore trop jeune pour avoir réellement connu la maison de Bourbon ; à peine étiez-vous dans le monde lorsque la Révolution a commencé, » disait-il à Pasquier. « Je lui répondis que j'étais déjà depuis trois ans conseiller au Parlement de Paris, qu'ainsi j'avais vu non seulement les lits de justice, mais les nombreuses séances dans lesquelles les princes, à cette époque, avaient siégé avec les ducs et pairs. Il m'interrogea une seconde fois sur l'attitude de ces princes pendant les discussions, sur l'influence qu'ils avaient dans l'assemblée. « Celui « qu'on appelait *Monsieur* passait, me disait-il, « pour avoir de l'esprit : parlait-il quelquefois ? » Je lui dis qu'autant qu'il pouvait m'en souvenir il avait parlé deux fois fort brièvement, mais en fort bons termes. Il est hors de doute que ses conversations sur ce sujet allaient beaucoup plus loin avec ses intimes. »

Pasquier ajoute finement : « Je ne suis pas éloigné de croire que son orgueil était flatté de ne pouvoir être remplacé que par cette antique dynastie. »

S'il était nécessaire de revenir sur la fameuse question (le mot exact est calomnie) des Bourbons ramenés en France dans les fourgons de l'étranger, ces conversations de Napoléon seraient un témoignage frappant de la « fatalité » de leur retour. Mille autres traits viendraient corroborer cette vérité dans les *Mémoires* du chancelier. Une fois de plus, un témoin, et un témoin bien informé, nous fait toucher du doigt l'absolue indifférence des alliés vis-à-vis de la maison de France, les répugnances d'Alexandre, féru alors des chimères libérales, pour une restauration monarchique, l'étonnement des autres princes en face d'une solution inattendue, la déception de Bernadotte, le très logique désir de l'empereur d'Autriche d'établir une régence qui assurait la couronne à sa fille et à son petit-fils.

Et en regard de ces sentiments hostiles, au moins hésitants, le mouvement populaire qui porte les Français à souhaiter le gouvernement qui renoue les traditions du passé, sauvegarde l'avenir, diminue les charges présentes, et change si bien les rôles qu'il suffira de la présence du Roi pour que les alliés triomphants deviennent des hôtes embarrassés, cédant le pas, de bonne ou mauvaise grâce, au chef de la nation qu'ils viennent de vaincre.

Ces deux retours du comte d'Artois et de Louis XVIII [1] sont le sujet d'ovations caractéristiques. Spontanément Paris tout entier les acclame, comme Bordeaux les a proclamés. La réflexion n'est pas toujours bien profonde, mais l'élan est indéniable; ceci soit dit pour les écrivains qui, après coup, en ont voulu dénaturer l'irrésistible effet. C'est le père de famille qui revient chez lui et se trouve tout aussitôt à sa place, à son aise; il n'a besoin de la permission ni du bon vouloir d'autrui. Si même la situation délicate de Monsieur, effacé par l'appareil de puissance et de force militaire dont les souverains étrangers se montraient environnés, avait pu d'abord froisser les sentiments nationaux, l'attitude cérémonieuse de Louis XVIII, dès la première heure, rendit aux Bourbons, c'est-à-dire à la France, un rang qu'on ne pouvait espérer lui voir sitôt reconquérir après une telle catastrophe.

Ce jour là, le culte de l'étiquette, avec de petits détails, fit de grandes choses, et ces règles, « qui

---

[1]. Le préfet de police avait été fort occupé des détails matériels de ce retour de Louis XVIII. La comtesse Hélène Potocka était à Saint-Ouen. « Elle vit arriver un homme de tournure élégante et décoré de plusieurs ordres ; il l'aborda avec la plus grande politesse : « Madame, je suis Pasquier, préfet de police. Je viens vous demander une grâce : Monsieur voudrait savoir si vous ne seriez pas dérangée de recevoir le Roi, dans votre château, pour une nuit, la veille de son entrée à Paris. » (LUCIEN PEREY, *Une grande dame au XVIIIe siècle*, tome II, p. 443.) — Le château était démeublé, M. Pasquier y envoya du mobilier de la couronne ; en vingt-quatre heures tout fut prêt.

depuis Louis XIV surtout semblaient avoir été inventées pour constater en toutes circonstances la prééminence de sa maison, durent avertir le tsar que sa race était jeune entre celles des souverains, surtout à côté d'un roi de la famille des Bourbons ». — Le tact de Louis XVIII, tout en conservant la dignité qu'il devait à son caractère, à sa couronne et à son pays, ne négligea rien des égards que lui imposait la reconnaissance ; mais comme le remarque très justement M. de Villèle : « Il eût fallu être Français pour apprécier cette conduite [1], » et Alexandre s'en plaignit amèrement.

Après avoir tout craint, on se reprit à espérer quelque chose, bien plus, à regretter amèrement les conditions trop onéreuses obtenues ; et, comme les malades en danger de mort qui d'abord demandent à n'importe quel prix le prolongement de quelques heures de vie, puis qui, le péril écarté, songent alors à se plaindre de l'amertume du remède, les Français trouvèrent excessives les charges, en effet très lourdes, que l'Europe nous imposa, sans considérer que c'était de notre patrie qu'était sorti le virus révolutionnaire qui venait de contaminer le monde.

Louis XVIII eut le triste honneur d'apposer sa signature au bas de ce traité douloureux qui per-

---

[1]. COMTE DE VILLÈLE, *Mémoires*, tome Ier.

mettait de constater la profondeur de l'abîme où l'Empereur avait plongé la nation. La mauvaise foi des partis lui reprochera plus tard ces condescendances; ils ne songeaient pas qu'il n'y a de responsable dans un tel acte que l'ambitieux qui l'a rendu nécessaire.

Le rôle d'un préfet de police a quelque chose de très personnel. Possédant toutes les qualités pour être agréable au Roi, M. Pasquier n'avait peut-être pas celles qui plaisaient à l'entourage du comte d'Artois, alors tout-puissant. Cette intimité, cette confiance que font naître des relations communes ou des malheurs longtemps partagés lui manquaient. Il eût été habile de conserver dans un poste si délicat un fonctionnaire impérial bien disposé pour la royauté. Cette adresse échappa à la cour et M. Pasquier, de son côté, manqua l'occasion de se rendre nécessaire. Il venait de soutenir dignement une fonction très lourde, il demanda à s'en voir déchargé : on se rendit à ses raisons avec des regrets qui pouvaient lui paraître de la courtoisie et de la bienveillance, mais avec un empressement qui lui sembla de la satisfaction; il en garda une certaine aigreur. On lui accorda la belle sinécure qu'il avait demandée : la direction générale des ponts et chaussées; et on le remplaça par le comte Beugnot, un homme de moins de caractère que d'esprit.

« Il n'est pas d'époque dans ma vie où je me sois senti plus heureux qu'à celle où me voici parvenu, — écrit-il. Je sentais par-dessus tout l'extrême jouissance d'être sorti sans encombre d'une situation difficile, périlleuse même. J'étais placé dans le poste qui me convenait le mieux. Chargé d'une des plus intéressantes parties de l'administration publique, je me trouvais à la tête d'un corps distingué par ses talents, par ses lumières, et qui m'accueillait avec joie... Affranchi de toute responsabilité politique, je me laissai aller à jouir du présent sans m'inquiéter de l'avenir; si parfois mon habitude d'observer et quelque connaissance des hommes et des choses me conduisaient à des réflexions peu rassurantes, je m'efforçais de les écarter. »

J'ai noté cette satisfaction parce que le sentiment qu'elle exprime était partagé par l'immense majorité des Français. A tous les échelons de la société on se prenait à respirer, et la paix paraissait le plus grand des biens à trente millions d'hommes, occupés de la guerre depuis vingt-cinq ans. L'impression traduite par M. Pasquier, pour lui-même, en bons termes, la France la ressentait tout entière et redisait le mot brutal que Napoléon avait formulé quand il prévoyait la fin de son règne : Ouf!

LA PREMIÈRE RESTAURATION. — LES CENT JOURS

Nous avons laissé le baron Pasquier, dans les derniers mois de 1814, libre de soucis et satisfait de son sort, un peu vétilleux peut-être dans ses appréhensions politiques, mais comprenant, au fond du cœur, qu'un gouvernement qui doit relever tant de ruines, après un demi-siècle de bouleversements révolutionnaires et guerriers, ne peut retrouver son assiette sans une certaine période de tâtonnements.

Le sentiment de soulagement qui avait réuni, pour une heure, les Français, en les confiant à l'espérance de jours plus calmes, n'avait pas eu de lendemain : les divisions d'intérêt avaient paru, selon que l'attente des uns était déçue, et satisfaite celle des autres. Il y eut donc deux partis — (comment pouvait-il en être autrement?) — dont la situation réciproque paraissait devoir être malheureusement irréductible. Chacun sans doute voulait la paix, mais pour l'obtenir « on devait renoncer aux rêves ambitieux, à l'éclat des victoires dont la nation s'était éprise; on devait aussi respecter les souvenirs, ménager les existences; la fatalité, la force des choses faisaient que ces souvenirs, si chers à la grande majorité des Français, étaient pénibles pour le Roi, la famille royale et presque tous ceux qui revenaient avec eux ».

Deux pierres d'achoppement surtout s'élevèrent : les grades militaires et, chose plus grave, les biens nationaux.

Les uns, « accoutumés depuis quinze ans à tenir le premier rang à la cour comme dans l'armée, étaient obligés de partager le pouvoir avec des hommes qui, tout d'un coup, prenaient une attitude où la supériorité se marquait avec une aisance qui n'appartient qu'à une longue et antique possession ». Des autres, « on exigeait, sans nulle transition, d'honorer, de reconnaître pour leurs égaux ceux dont ils n'avaient, pendant tant d'années, prononcé le nom qu'avec haine ou dédain. On voulait leur faire accepter des illustrations acquises en un si court espace de temps et en servant la cause la plus injuste à leurs yeux, comme égales à celles qui avaient traversé les siècles et qui s'étaient associées à toutes les gloires, à tous les triomphes de la monarchie. Il y avait là des incompatibilités insurmontables. Ces concessions qu'il fallait faire, on les obtenait avec peine, mais enfin on les obtenait dans les rangs les plus élevés de la société. Là, on pouvait comprendre les nécessités de la politique et se résigner à quelques sacrifices, mais à mesure qu'on descendait, les susceptibilités devenaient plus vives, plus tenaces.

« Rien de mieux sans doute que de consacrer, comme on l'avait fait par la Charte, toutes les ventes de domaines nationaux; mais si la question était par là tranchée législativement, elle ne l'était pas socialement, et on allait voir en face l'une de l'autre deux classes de propriétaires dont l'une avait dépossédé l'autre... Le principe qui avait replacé la couronne sur la tête des anciens souverains ne devait-il pas s'appliquer à ceux qui n'avaient perdu leurs biens que pour être restés fidèles à ce principe [1]? »

Il fallait en outre « épurer » le personnel de l'administration. Quoi qu'on ait prétendu, il est impossible de méconnaître que l'abbé de Montesquiou, ministre de l'intérieur, n'ait mis dans cette opération tous les ménagements qui furent en son pouvoir, et on lui doit cette justice que presque tous les hommes de quelque talent ou qui jouissaient d'une bonne renommée rencontrèrent en lui un zélé défenseur. Bien des royalistes surpris par la prompte défection des fonctionnaires au retour de l'île d'Elbe se trouvèrent même en position de lui en faire un logique reproche.

La Chambre des députés enfin, sans grands talents éclatants, était, prise en masse, une assemblée sage, bien disposée, animée d'un bon esprit.

Malgré les anomalies et les divergences, si quelques intérêts étaient menacés en fait, peu avaient

---

1. *Histoire de mon temps*, III, chap. 1er.

été atteints, et la pacification aurait sans doute été l'œuvre du temps sans les excitations de la presse. Peu à peu, l'opinion publique tourna, et fut dans cette disposition fâcheuse où tout est mal compris, mal interprété, où les mesures les plus justes ne font qu'aigrir les esprits.

« Ces dispositions étaient exploitées avec l'art le plus perfide par une quantité de brochures, de pamphlets qui se produisaient avec une incroyable activité. Un écrit périodique, publié sous le nom de *Nain Jaune*, faisait plus de mal que les autres. Il était composé sous l'influence du duc de Bassano ; il se préparait dans son salon, regardé comme le quartier général de tous ceux qui étaient restés dévoués à Napoléon. »

Reconnaissant au ministère et à la cour surtout le tort « d'avoir cru sortir d'embarras en multipliant les abus qui mécontentent toujours plus de gens qu'ils n'en satisfont », M. Pasquier résume sa pensée dans une conclusion que je crois véritablement juste : « Le gouvernement de Louis XVIII n'avait pas seulement été très débonnaire, il avait encore fait luire sur la France des jours heureux. Les personnes ainsi que les propriétés avaient été respectées, et on lui devait les douceurs, inconnues depuis de longues années, d'une complète liberté. Elle régnait dans les discours, dans les écrits, dans les actions ; mais c'était un bien dont on jouissait sans en savoir gré au prince qui le procurait, qu'on acceptait comme l'usage d'un droit que le gouvernement subissait.

« La grande plaie du gouvernement royal était dans la petite idée qu'il avait donnée de sa force et de son habileté, et nulle part cette idée n'était plus établie que dans l'armée [1]. »

Les officiers étaient mécontents ; eux seuls avaient quelque raison de l'être ; en mettant, par une économie qui s'imposait, un grand nombre d'entre eux en demi-solde, le ministre des finances, le baron Louis, avait, malgré tout, commis une lourde faute. Par cet esprit de contradiction qui est bien dans notre nature française, la foule des « bourgeois », nullement atteinte, prit fait et cause pour une classe de ses compatriotes qu'elle avait depuis longtemps regardée sans des yeux bien sympathiques. Les « prétoriens » rentrés dans leurs foyers répandaient autour d'eux des doléances qui, pour la première fois, trouvaient de l'écho.

M. Pasquier en avait été frappé pendant une tournée qu'il fit, comme directeur des ponts et chaussées, dans l'automne de 1814, et il disait, en un rapport plein de sagacité : « L'armée, autrefois la terreur des familles, est devenue populaire depuis que les mises à la retraite, les congés, les

---

1. *Histoire de mon temps*, chapitre III.

désertions ont ramené un nombre considérable d'officiers et de soldats qui ne cessent de célébrer sa valeur et ses hauts faits, qui racontent sans relâche ses dangers et ses souffrances. Elle est devenue l'objet d'un très vif sentiment d'admiration et même d'affection. On s'associe à sa gloire, qui devient une propriété nationale. Par une inconséquence extrême, on sent tous les biens de la paix, et on raisonne comme si on voulait la guerre. Les militaires, ainsi flattés dans leurs passions, en deviennent plus difficiles à manier et à contenter, ils se plaignent amèrement pour le moindre sujet, trouvent sans cesse qu'on ne leur donne pas tout ce qu'on leur a promis. Leur jalousie sur toute faveur accordée à d'autres est sans bornes. »

On excuse mal, mais on comprend bien que le retour soudain de leur Empereur, pour mieux dire de leur général, ait enflammé ces cerveaux surchauffés et réjoui ces cœurs aigris. Il y aurait beaucoup à dire sur l'universalité de l'enthousiasme qui salua cette stupéfiante nouvelle : Bonaparte est débarqué au golfe Jouan, Napoléon entre à Grenoble, l'Empereur est à Lyon ! Mais l'explosion de cette traînée de poudre est indéniable. « L'histoire n'a guère conservé le souvenir d'une entreprise à la fois plus téméraire, plus habilement exécutée, et couronnée d'un plus éclatant succès. »

L'incurie des uns, l'audace des autres ne permettent pas facilement de répartir les responsabilités de cette crise extraordinaire; il faut se contenter d'y voir le doigt de la Providence.

Pendant que la populace criait, que les grognards pleuraient et que la foule suivait un courant qu'elle rendait irrésistible par cela seul qu'elle n'en avait pas arrêté les premières ondes, les gens d'expérience n'avaient point de mal à discerner les lézardes de ce recrépissage gouvernemental. Les fonctionnaires subalternes se cramponnaient à leur place qu'on n'avait ni l'intention, ni la sottise de leur vouloir enlever. Pour les personnages importants de l'administration, la difficulté était plus grande, et il est apparent que les habiles passèrent des heures anxieuses. Les « politiques » perdaient la tête au milieu de la rapidité du bouleversement; leur embarras se compliquait des avances que leur faisait le nouveau maître. Comment oser résister à un souverain qu'on savait peu endurant? Comment s'embarquer sur une galère qu'on voyait déjà prête à sombrer?

Les amis les plus intimes de M. Pasquier : Barante, Molé — « Nous nous entendions tous les trois en toutes choses, » remarque-t-il [1], — étaient, avec lui, au supplice. Ils voyaient « la guerre uni-

---

1. Dans les mêmes termes, Barante (*Souvenirs*, II, 179), fait la même réflexion : « Nous nous entendions fort bien, M. Pasquier et moi. »

verselle ramenée avec Napoléon, et ne faisaient aucun doute, dans le cas où il viendrait à succomber de nouveau, comme cela n'était que trop vraisemblable, qu'il ne fallut s'attendre à la ruine entière de la France, à son morcellement, à son déchirement et peut-être au partage entier de ses provinces ! » M. Molé, surtout, pour qui l'Empereur avait toujours eu un goût très prononcé, ne pouvait se défaire des propositions flatteuses et des instances impératives qui lui étaient faites. Il put bien esquiver un portefeuille et « la perspective peu encourageante » de siéger avec un collègue tel que le régicide Carnot; mais il lui fallut accepter une position officielle. Le piquant de l'aventure, c'est qu'il fut nommé à la direction des ponts et chaussées en remplacement de... M. Pasquier.

Plus heureux que son ami, celui-ci n'était pas rentré en grâce auprès de Napoléon. Jamais meilleure étoile ne brilla sur l'horizon d'un homme essentiellement prudent : il reçut (avec une joie secrète sans doute, le premier moment d'effroi passé) un ordre d'exil à quarante lieues de Paris. Le rayer du Conseil d'État, c'était lui en ouvrir les portes avec gloire au retour prochain du Roi. Il suffisait de s'armer d'un peu de patience et de ne se point trouver sur le passage de l'Empereur. Les habiles sentirent tout l'avantage d'une position semblable et dès le premier jour se rapprochèrent — avec discrétion — d'un homme qui était naturellement désigné pour devenir un trait d'union.

A ce titre, rien n'est plus caractéristique, rien n'est plus instructif, j'ajouterai rien n'est plus amusant que la conversation de Fouché avec M. Pasquier. Ce dernier, après une protestation de pure forme (il est vrai qu'il n'en pouvait guère faire d'autre)[1], alla trouver le duc d'Otrante pour avoir ses passeports.

« Comme j'avais attendu quelque temps dans le premier cabinet de M. Fouché : « J'ai voulu, me dit-il, me débarrasser de quelques importuns, avant de vous recevoir, parce qu'il faut que nous causions à l'aise; passons dans le jardin, nous serons plus sûrs de n'être pas dérangés. » — A peine avions-nous fait quelques pas : « Que pensez-vous, me dit-il, de tout ceci? — La question est singulière, et quoi que je puisse penser, vous ne pensez pas que je prenne le ministre de police pour confident? — Vous pourriez cependant plus mal faire; mais puisque vous ne voulez pas parler, je vois bien qu'il faut que je commence la conversation; je vous dirai donc que cet homme n'est corrigé de rien et revient aussi despote, aussi désireux de conquêtes, aussi fou enfin que jamais. — Comment voulez-

---

1. « Ma lettre à l'Empereur resta sans réponse, je n'en espérais et n'en désirais point. » *Histoire de mon temps*, III, p. 173.

vous que je croie cela, lui répondis-je en souriant, après ce que le *Moniteur* nous a dit le lendemain de son arrivée? N'avez-vous donc pas lu, comme moi, ces belles paroles prononcées en passant à Lyon : *Nous devons oublier que nous avons été les maîtres des nations; mes droits ne sont que ceux du peuple : tout ce que les individus ont fait, ont dit depuis la prise de Paris, je l'ignorerai toujours.* Après de telles assurances, comment voulez-vous que j'aie la moindre inquiétude?

— « Oui et c'est après ces belles paroles qu'à peine arrivé ici il vous envoie en exil, vous et bien d'autres; car à l'heure qu'il est, il signe peut-être un décret dans lequel, à la suite des mesures qu'il prend contre la maison de Bourbon, et celles-là sont assez naturelles de sa part, il exile à quarante lieues de Paris tous ceux qui ont accepté des fonctions ministérielles sous le gouvernement royal, tous ceux qui ont fait partie de la maison civile et militaire du Roi, des Princes, etc. Et encore faudra-t-il que tous ces individus prêtent le serment voulu, à ce qu'il dit, par les lois, comme si un serment imposé de cette manière pouvait lier aucun homme de bon sens! Faute de le prêter, cependant, toute la bande sera soumise à la surveillance de la haute police et il pourra être pris, contre chacun de ceux dont elle se compose, telles mesures que la sûreté de l'État pourra exiger; voilà, il faut en convenir, un oubli du passé bien parfaitement caractérisé, et les libertés individuelles bien respectées.

« Ce sont là matières graves, lui répondis-je, je ne puis me permettre de les discuter. — Allons donc, laissez-là cette réserve ; je vous donne l'exemple. Pour achever, je vous déclare que malgré l'assurance qu'il en a donnée toute l'Europe va lui tomber sur le corps, qu'il est impossible qu'il résiste et que son affaire sera faite avant quatre mois. — Quand cela arrivera, je m'y résignerai, mais en bonne foi, monsieur le duc, je ne vois pas à quoi peut servir la confidence que vous me faites.

« Eh bien, maintenant, je vais vous le dire. Je ne demande pas mieux que les Bourbons reviennent, seulement il faut que les affaires soient arrangées un peu moins bêtement qu'elles ne l'ont été l'année dernière par Talleyrand ; il ne faut pas que tout le monde soit à leur merci. Il faut des conditions bien faites, de bonnes et solides garanties. — A merveille, je ne m'oppose à rien de tout cela, je pourrai m'en arranger aussi bien que vous ; mais qu'y puis-je? — Rien pour le moment, beaucoup peut être dans quelque temps. Quand l'instant décisif arrivera, il me faudra des hommes capables et sûrs pour me seconder, des hommes qui inspirent confiance à tout le monde, même à la famille royale. Il faudra surtout un homme pour enlever et conduire la ville de Paris, car vous sentez bien que je serai obligé de me débarrasser de ce fou de Réal qu'il m'a mis dans les jambes. Eh bien! vous êtes cet homme-là, et je compte sur vous.

— « Vous me faites beaucoup d'honneur; à vous parler vrai, je ne suis pas tenté de courir de si grands hasards et, pour le moment, je n'aspire qu'au repos; mais puisque vous me témoignez tant de bonne volonté, j'en profite pour vous dire que j'aurais besoin, avant de partir, de quelques jours pour arranger mes affaires, que je vous les demande, ainsi qu'un passeport pour aller dans ma terre auprès du Mans. — Des jours, prenez-en tant que vous voudrez. Mais quoique vous ayez affecté de faire la sourde oreille, je suis sûr que vous m'avez bien compris. Ainsi donc vous allez vous en aller. Pour le moment, cela ne peut être autrement, mais il faut que vous soyez prêt à revenir au premier signal. Vous êtes lié avec Mme de Vaudémont, laissez-lui votre adresse. Je la chargerai de vous écrire quand le moment sera venu.

— « Puisque vous m'ouvrez cette voie, je m'en servirai dans un mois, non pour un objet aussi grave, mais pour vous demander la permission de passer par Paris, en allant au Mont-Dore, dont mon médecin me conseille de prendre les eaux [1]. — A

---

[1]. Cet excellent prétexte des *eaux*, bien qu'un peu naïf, était alors fort à la mode. C'est à Bourbon-l'Archambault que Talleyrand allait refaire sa santé quand survenait quelque disgrâce. Nous voyons M. Pasquier tout prêt à partir pour le Mont-Dore. M. Molé.

merveille! Tout ce que vous voudrez, voilà notre moyen de correspondance établi. Je vous enverrai votre passeport; ne vous pressez pas pour les jours dont vous avez besoin avant de partir. — J'en userai, mais sobrement; car malgré votre protection, l'Empereur, suivant même ce que vous venez de me dire, pourrait fort bien, si ma présence, en se prolongeant, venait à l'importuner, me faire mettre la main sur le corps; je n'ai nulle envie de me trouver, de sa façon, entre quatre murailles. Il me faut avant tout la liberté des champs. — Quant à cela, je suis de votre avis, je l'ai prouvé; mais aussi pourquoi vous laissez-vous exiler? — La question est plaisante. Quel moyen aurais-je donc de l'éviter? — Un bien simple : écrivez-lui : demandez à rentrer au conseil d'État! Il sera trop heureux de vous l'accorder; croyez-vous qu'il ne me haïsse pas encore plus que vous? Et cependant je suis son ministre. — Fort bien pour vous, qui êtes assez habile pour obtenir une telle position. Quant à moi, j'en serais tout à fait incapable.

— « Oh! je vois bien ce que c'est : des scrupules, la fidélité dont vous vous piquez maintenant pour la maison de Bourbon, comme si, pour faire quelque chose de vraiment utile à ceux qu'on veut servir, il

---

pour échapper au danger d'entrer dans la pairie impériale, se trouva dans l'obligation de se rendre à Plombières, au moment des nominations.

ne fallait pas, avant tout, avoir la main à la pâte? A quoi, je vous prie, auriez-vous été bon au mois d'avril dernier, si vous n'aviez pas été préfet de police? — Les situations, lui répliquai-je, même à de très courts intervalles, ne se ressemblent pas, et mes obligations présentes sont d'une tout autre nature que celles de l'année dernière; mon parti est irrévocablement pris [1]. »

On peut croire, toutefois, que cette conversation ne tomba pas dans l'oreille d'un sourd.

M. Pasquier se retira dans la Sarthe ; il attendait les événements ; il les vit se dérouler avec une certaine anxiété de cœur, mais sans grande surprise d'esprit, tant le moindre bon sens faisait comprendre que la chute de Napoléon n'était qu'une question de temps.

On ne put même pas obtenir l'adhésion d'anciens fonctionnaires disgraciés par la Restauration. Ils n'avaient plus confiance. Le simulacre d'acceptation de l'*acte additionnel*, qui devait sanctionner le rétablissement du gouvernement impérial, ne pouvait et ne devait tromper personne. Les élections avaient été partout illégalement faites, la Chambre ne représentait pas la centième partie des citoyens français [2], et la répugnance ou l'effroi

---

[1]. *Histoire de mon temps*, III, p. 169.
[2]. Un exemple entre vingt autres : les *six* députés des Bouches-

qu'elle inspirait augmentaient assez naturellement, quand, à côté du vieux La Fayette, on voyait réapparaître les anciens noms de la Convention: Barère, Cambon, David, Merlin.

Napoléon en était lui-même affecté, déconcerté ; son énergie l'abandonnait, la stupéfaction remplaçait chez lui l'habitude du commandement. N'étant plus sur son terrain accoutumé, il ne dominait plus les événements ni les hommes. Il fut contraint de descendre aux plus mesquines conceptions, de se contenter des plus grossiers hommages, d'accueillir sans froncer le sourcil la tourbe faubourienne hurlant sous ses fenêtres. Les adversaires, comme M. Pasquier, ne purent s'empêcher d'en être attristés et remués : « Je ne l'avais pas revu depuis mon dernier entretien avec lui, en 1814, la veille de son départ pour la campagne de France, et je ne pus me défendre de la plus profonde émotion, en le voyant réduit à venir répondre par des saluts répétés à des acclamations parties de si bas. Il y a peu de spectacles plus accablants que celui d'un homme, longtemps entouré d'une si grande gloire et d'une si prodigieuse puissance, réduit à de telles humiliations. Sa physionomie, naturellement grave, était devenue sombre ; parfois, il essayait de sourire,

---

du Rhône furent nommés par *treize* électeurs ! — DUVERGIER DE HAURANNE, *Histoire du gouvernement parlementaire*, III, 3.

mais l'expression de ses yeux gardait la tristesse qui remplissait son âme¹. »

On sait le reste. « Le plus simple bon sens disait que, du moment où la lutte avait été si promptement terminée, il n'y avait d'autre négociation possible que celle qui, commençant par une reconnaissance formelle des droits du roi de France, aplanirait la première les difficultés et ôterait le prétexte le plus spécieux aux exigences dont le pays était menacé de la part des coalisés. » Tout naturellement, Louis XVIII rentra en France ; tout naturellement, il appela dans ses conseils ceux qui avaient pu travailler à son retour et le malheur voulut que ses propres répugnances durent céder à la logique politique : Fouché devint donc ministre, Talleyrand resta à la tête de notre diplomatie. Le Roi éprouva un sentiment de satisfaction et de « compensation » à nommer dans ce ministère le maréchal Gouvion Saint-Cyr et M. Pasquier. — On confia même à ce dernier deux portefeuilles à la fois : celui de la Justice et celui de l'Intérieur. C'était un poids écrasant, surtout en des circonstances si laborieuses. « Il se remua dans ces deux ministères avec une grande agilité² », s'entourant de ces *constitutionnels*, déjà fort amis des places : Decazes Beugnot, Molé, Guizot, Barante. Il déploya une

1. *Histoire de mon temps*, III, p. 264.
2. *Mémoires du baron de Vitrolles*, III, p. 156.

habileté de procédés bien faite pour séduire Louis XVIII, toujours sensible aux entraînements de la flatterie discrète. Ce fut lui qui *enleva* la signature royale pour l'hérédité de la Chambre des pairs que Talleyrand n'avait pu obtenir. « J'aime qu'on me persuade, » lui dit en souriant le Roi, qui « n'avait ni plus ni moins de conviction que la veille, mais qui se plaisait aux démonstrations de déférence respectueuse [1]. »

Mais les difficultés de tout genre grandissaient : la présence des alliés, les justes défiances des royalistes, les espérances des libéraux, les ressentiments des bonapartistes, le mécontentement de la cour, l'impatience des princes, surtout le caractère « réparateur » de la Chambre nouvelle qui indiquait la volonté du pays : tout devait conduire au renvoi d'un ministère où Fouché tenait une place importante.

Le baron Pasquier ne sortit pas de l'hôtel de la place Vendôme, sans la brillante compensation du grand cordon de la Légion d'honneur et le titre de ministre d'État. Il n'avait pas lieu de manifester des regrets, et s'il a usé peut-être à part lui des vingt-quatre heures habituelles pour maudire ceux

---

[1]. *Souvenirs du baron de Barante*, II, p. 194. — Sur cette grave question, dont M. de Barante fait honneur à M. Pasquier, Villèle écrit : « Cette conception fut un des coups les plus funestes portés à la Restauration. » *Mémoires*, t. Ier, chap. XII.

qui lui enlevaient la simarre de garde des sceaux, il n'en paraît pas la moindre trace dans ses *Mémoires*, il parle de son départ avec une impassible sérénité.

Son esprit pondéré lui a fait voir avec la même justesse les événements qui marquèrent ses quatre mois de ministère ; il donne les détails les plus décisifs, les aperçus les plus précis sur ce qu'on a voulu appeler la « réaction » de 1815. A qui voudra être impartial, l'obligation s'impose de tenir compte de ce témoignage.

Son récit se termine au moment où le roi de France empêche les puissances alliées d'exiger, comme elles en avaient formé le projet, 800 millions d'indemnité de guerre, la cession d'un territoire égal aux deux tiers de ce qui avait été ajouté à nos anciennes provinces, les places du Nord et une occupation militaire de sept ans.

Louis XVIII, par la seule autorité de son caractère, palliant une partie des maux de l'invasion et pouvant commencer à payer la rançon de l'égoïste et anti-patriotique équipée des Cent jours, telle est la moralité qui se dégage naturellement de ces pages et l'enseignement qu'il convient d'en tirer.

LA SECONDE RESTAURATION

Les jours qui s'écoulent du mois d'octobre 1815 au mois d'octobre 1820 renferment la période la plus « ministérielle », si je puis ainsi parler, de la longue existence de M. Pasquier. Il est garde des sceaux, deux ans, du 19 janvier 1817 au 26 décembre 1818 ; pendant deux ans encore, à partir du 2 novembre 1819, il est ministre des affaires étrangères. Il semblerait que cette fortune politique dût égayer son esprit et lui montrer toutes choses en beau. Quel ministre a cru la France malheureuse sous son consulat ? *O fortunatam natam !...*

Et cependant le ton de cette partie des *Mémoires* est amer, les idées n'ont plus cette envolée, cette ampleur un peu hautaine, les récits ne présentent plus ces vues d'ensemble, larges et puissantes, qui distinguaient heureusement les précédents volumes, le premier surtout. On retrouve ici bien peu de ces portraits qui rompaient, non sans charme, l'uniformité du récit. Ce récit lui-même garde un air acrimonieux et ne se défend pas des boutades moroses. C'est que la politique a mordu au cœur l'écrivain, et tout proche encore des luttes dont il a pris sa part, il ne voit parmi ses contemporains que des alliés qu'il vante ou des adversaires qu'il flétrit. Les couloirs du Parlement ont rétréci son horizon, et c'est à l'aune des scrutins qu'il mesure la taille des orateurs.

Sans doute, ce bel air d'impassibilité qui frappe le lecteur quand on ouvre son livre ne l'a pas abandonné ; mais à comparer son texte avec celui de gens également dignes de créance, on trouve des lacunes, des jugements trop sévères, des complaisances imméritées.

Lire ainsi les Mémoires de quelqu'un en s'entourant des Mémoires des autres est une expérience fort curieuse, fort instructive aussi, mais qui ne rehausse pas l'estime qu'on peut porter aux écrivains politiques. Du moins, leur propre jugement a-t-il dû être mis à une terrible épreuve, car, pour avoir vu en même temps les mêmes choses, ils sont loin d'avoir ressenti les mêmes impressions.

On en ferait ici une belle nomenclature ; je ne veux pas conduire le parallèle trop loin ; quelques exemples pris dans les premières pages suffisent.

Pour M. Pasquier, cette Chambre de 1815, la Chambre « introuvable », dont il faut bien qu'il reconnaisse en fin de compte « les convictions sincères et les sentiments souvent justifiés par l'amertume des souvenirs », — ne lui semble qu'une réunion d'émigrés, — il redit ce mot sans cesse ; — il la juge avec une âpreté qui paraîtra sincère chez un « royaliste » ayant passé les jours de la Terreur aux environs de Paris et les années de l'Empire dans les fonctions publiques. Mais il n'est sarcasme dont il ne pique les membres de la droite : et Vaublanc (je ne défendrai pas sa capacité fort ordinaire), et Piet « d'une nullité si hautement avérée », et Chateaubriand, et Corbière, et Vitrolles, et tant d'autres, et même M. de Bonald, « partisan le plus passionné de doctrines et de systèmes surannés ».

Ouvrez alors les *Mémoires* de M. de Villèle, non moins sincère, j'en suis persuadé, que le baron Pasquier, en ses commentaires. Vous lirez que cette chambre (que celui-ci a contribué à faire disparaître par un coup d'État) « revêtue de la plus difficile mission dont puissent être investis les mandataires d'une nation accablée de malheurs sans exemple, n'avait d'autres désirs que d'aider le Roi à préserver la France de nouvelles convulsions [1]. »

Ouvrez les *Souvenirs* d'Hyde de Neuville ; « Cette chambre de 1815, que l'on a si injustement accusée de violence, avait défendu la royauté avec une vaillance qui restera sa gloire... Elle eut au suprême degré le sentiment de l'honneur, la fidélité à ses principes, le dévouement au Roi. Elle avait l'aptitude des affaires et cette volonté de fonder des institutions qui assureraient la sécurité des intérêts

---

1. *Mémoires et Correspondance du comte de Villèle*, tome Ier, chap. XII.

nouveaux d'une société dont la royauté avait consacré les droits dans la Charte [1]. »

Ce sont-là des appréciations, direz-vous, et il est tout naturel que des hommes politiques diffèrent. Mais sur les faits ?

Quand Hyde de Neuville (ne sortons pas des « auteurs » que j'ai mis en cause) proposa de suspendre l'inamovibilité des magistrats pendant un an, il estimait faire un acte très sage et très modéré : « C'était, dit-il, une mesure temporaire que je réclamais pour refaire nos institutions judiciaires et rompre avec la servilité que l'empire leur avait imposée. » — Par contre, M. de Villèle déclare que « ce n'était en réalité qu'un acte de faiblesse et un remède transitoire contre un danger qu'avec plus d'ensemble et d'expérience la majorité aurait pu attaquer directement dans sa source. »

Vous allez demander à M. Pasquier ce qu'il en pense : « Il eût été difficile, répond-il, de rien concevoir qui fût plus propre à jeter dans l'ordre social un trouble plus profond; tous les magistrats éclairés et les hommes ayant quelque expérience des affaires furent consternés à l'apparition d'un tel projet. »

Ah! ce n'est point une tâche facile pour l'historien que d'assembler ces marbres aux veines heur-

---

1. *Mémoires et Souvenirs du baron Hyde de Neuville*, tome II, chap. IV.

tées, aux tons variés, aux couleurs disparates : blocs arrachés des carrières du passé par l'effort des contemporains, et roulés pêle-mêle sur le chemin de l'histoire. Ils attendent le ciseau qui les façonnera : colonnes des temples ou piédestaux des statues, ou dalles de la route ; quand ils ne demeurent pas un amas vulgaire qui barre la voie.

Puisque nous sommes dans les contrastes, je prierai M. de Villèle de nous donner le portrait de M. Pasquier.

« Dès l'ouverture de la session, on le vit dans les bureaux, à la tribune et même comme commissaire du Roi pour la défense des projets de loi, se glisser de nouveau dans les affaires dont il aurait dû, par pudeur, se tenir quelque temps à l'écart, après le rôle qu'il avait joué dans le ministère Fouché. L'activité, la souplesse, le talent d'intrigue de M. Pasquier et son mauvais vouloir contre M. le comte d'Artois ont été des plus funestes à la Restauration [1]. »

Il y avait, en effet, antagonisme, je n'ose dire antipathie, entre ces deux hommes ; leur mutuelle valeur les faisait se considérer comme des adversaires d'importance. Dès la première heure, M. Pasquier sentait qu'il ne pouvait regarder de trop haut le député de Toulouse pour n'avoir pas été formé dans

1. *Mémoires du comte de Villèle*, I, p. 345.

l'administration impériale. « Le hasard m'avait placé dans le même bureau que M. de Villèle, et de ce moment a commencé entre nous une lutte qui n'a guère cessé depuis [1]. »

Ici, M. Pasquier, fort heureusement, force la note ; il y eut un temps, après l'assassinat du duc de Berry, où il se rapprocha des royalistes : il fallait concourir à enrayer les progrès de l'esprit révolutionnaire, qu'il avait, inconsciemment ou non, favorisés depuis cinq ans. Et alors les entrevues avec M. de Villèle furent fréquentes, l'harmonie se rétablit, une entente fut conclue pour entourer le trône des protections nécessaires.

Était-il écœuré des exagérations factices de la tribune? Voyait-il les mains parlementaires creuser l'abîme où devaient tomber, au bout de quinze ans, des adversaires très surpris de se trouver face à face au fonds du même trou? Eut-il à temps ce remords tardif dont M. de Barante laisse percer l'impression attristée dans ses *Souvenirs*?

« L'effet total fut très funeste; à cette année 1818 se rattachent la plupart des causes qui ont troublé la restauration et rendu son maintien impossible. A dater de cette époque, une division profonde se créa dans cet ensemble d'opinions modérées qui s'étaient réunies pour défendre le pays

1. *Histoire de mon temps*, IV, p. 10.

contre les passions du parti ultra-royaliste. Les nuances se prononcèrent ; les diversités d'origine et de souvenirs reparurent ; la méfiance et la jalousie éclatèrent. Des hommes de talent, de mérite, de vertu même se prirent d'aversion. Pas un de ceux qui venaient de combattre en bon accord pour la même cause ne sortit de cet imbroglio, sans irritation et sans méfiance contre tous les autres[1]. »

Ce que M. de Barante dit des « ultras », M. Pasquier le pensa sans doute des « libéraux ». Il leur montra lentement les talons.

Les opinions se partagent sur les compliments qu'il convient de lui adresser de ce chef. Aux uns, il semble que son chemin de Damas conduit précisément au seuil des antichambres ministérielles ; ils rappellent en souriant le proverbe italien : « la barque tourne suivant le coup de gouvernail. » D'autres, moins sévères, plus éclectiques et qu'on peut croire rapprochés de la vérité, attribuent ces modifications successives au bon sens pratique d'un homme qui aida ce qu'il crut être le bien, sans distinction de personnes. « Il faut souvent changer d'opinion, disait le cardinal de Retz, — un grand sceptique celui-là, — pour rester toujours de son parti. »

Et de fait, M. Pasquier s'est enrôlé, pendant

---

[1]. *Souvenirs du baron de Barante*, tome II, page 315.

plusieurs années, sous la bannière royaliste à la suite de changements, habiles sans doute, fréquents certainement, mais paraissant justifiés.

En 1815, il entre dans ce premier et lamentable ministère de la seconde Restauration, dont Talleyrand est le chef. Ceci indique bien avec le fameux personnage une très grande intimité. Cette intimité, il fait tout au monde pour la maintenir intacte : « J'avais, nous dit-il, conservé l'habitude d'aller finir mes soirées chez M. de Talleyrand. » — L'accord cesse brusquement au point de conduire à une rupture publique, quand le baron Pasquier suit la ligne de conduite du duc de Richelieu, nouveau président du conseil, et lorsque M. de Talleyrand... est en disgrâce ! !

Les doctrinaires semblent-ils apporter tout fait un évangile politique aux libéraux sans programme et sans idées? M. Pasquier se place sur les bancs de l'école et se glisse, en cinquième, dans le quator de Royer-Collard, Camille Jordan, Barante et Guizot.

Ces jours sont courts; le prestige de ces puritains anglomanes tombe bientôt sous les moqueries du vieux bon sens français; l'année suivante M. Decazes est tout puissant, et sa politique, point du tout

---

1. *Histoire de mon temps*, tome IV, p. 138. Épisode très caractéristique et fort joliment raconté par M. Pasquier, dont le récit est corroboré tout à fait par M. de Villèle : *Mémoires*, II, p. 104.

spéculative, celle-là, mais fort terre à terre, dédaigne ces mêmes doctrinaires, si infatués de leurs théories et si niais pour en faire l'application. M. Pasquier, qui vient de retrouver un portefeuille, tourne le dos à Camille Jordan, à Royer-Collard, prend résolument parti pour M. de Serre, partageant avec lui les charges du pouvoir et les anathèmes de leurs anciens amis, qui leur gardent la plus solide des rancunes. Le mouvement s'accentue, et le favori de Louis XVIII étant chassé par les circonstances, le baron Pasquier entre sans hésitation dans cette ligue réparatrice qui va nettoyer un peu l'administration des créatures bonapartistes et républicaines maintenues ou imposées par le membre zélé de la Loge d'Anacréon 1.

Du moins, à ces évolutions gagnons-nous des renseignements précieux sur des personnages que M. Pasquier a étudiés de près et a bien connus, pour les avoir alternativement pratiqués.

Ces portraits, que je me plaignais de rencontrer trop rarement, nous en retrouvons quelques-uns.

Voici Guizot :

« Plein de confiance dans son mérite, il avait la conviction que le monde entrait dans une crise dont

---

1. M. Decazes était même à ce moment là « Grand Commandeur du suprême Conseil du 33ᵉ degré de l'Ecossisme », un des rites maçonniques les plus répandus.

le résultat serait la disparition de toutes les anciennes influences, de toutes les anciennes forces sociales pour faire place au talent. Comment l'empire de ces nouvelles forces s'établirait-il, peut-être ne le voyait-il pas très clairement ; il lui suffisait d'affirmer que ce serait par cette force des choses toujours invoquée par les doctrinaires, formule facile devant suppléer à toute autre raison. L'assurance qu'il puisait dans ces pensées lui donnait une certaine autorité sur les autres, souvent même sur des hommes lui étant fort supérieurs. Capable d'un travail assidu, obstiné, écrivant avec facilité dans un style très étudié, il était incontestablement le plus habile et le plus ardent des doctrinaires. Froid et tranchant, chez lui les opinions, les principes, les doctrines se ressentent de cet esprit sectaire que le protestantisme a conservé dans tous les pays où il n'est pas dominant. Il avait su se créer des relations en Angleterre, en Allemagne, en Italie avec tous les personnages marquants, soit dans l'opposition aux gouvernements établis, soit dans la propagation des idées nouvelles. Tout cela lui donnait une importance dont il savait merveilleusement se prévaloir auprès de tout ce qui l'entourait... On ne devait pas s'attendre de sa part à de grands ménagements pour les hommes livrés à sa discrétion. Les fonctions que lui confia M. Decazes lui donnaient beaucoup d'influence sur le personnel de l'administration [1]. Les changements opérés furent très exagérés ; quand, plus tard, M. Guizot a été victime de procédés de même nature, quoique moins violents, il a dû se rappeler douloureusement l'exemple qu'il avait donné [2]. »

Voici M. de Barante :

« Il faisait partie de la Chambre des Pairs et n'avait eu ni la possibilité ni l'occasion de se livrer à des manifestations aussi hostiles que celles dont l'habitude était prise dans l'autre Chambre ; il n'en avait pas moins fait tout le mal qu'il avait pu faire par son opposition... Ce devait être un ennemi redoutable, il avait un grand talent d'écrivain, de nombreuses relations, de très vives amitiés, méritées par le charme de son esprit et les rares qualités de son cœur. J'avais une grande affection pour lui [3]. »

M. Decazes, — dont en vingt endroits il signale les menées ténébreuses, les accointances avec les réfugiés politiques, les relations avec les écrivains anti-royalistes, — M. Decazes « avec beaucoup de qualités, un mérite incontestable, n'avait pas, par son âge, sa position sociale, la gravité de son caractère ou les grands services rendus, l'au-

---

1. Conseiller d'État, membre du Comité du contentieux. Il fut même un temps censeur royal.
2. *Histoire de mon temps*, tome IV, p., 178.
3. *Id.*, p. 430.

torité nécessaire dans un poste aussi élevé [1]. »

La réflexion la plus naturelle qui vient à l'esprit en lisant ces jugements ; — (et il en est ainsi à chaque page, sur les libéraux, les doctrinaires, Royer-Collard, Dessoles, de Serre, non moins malmenés que les « ultras », le comte d'Artois ou Vitrolles), — c'est l'étonnement de voir le baron Pasquier demeurer le collaborateur très assidu de personnages qu'il estime si bien des ambitieux infatués d'eux-mêmes et des patriotes assez médiocres. Chauvelin, La Fayette, Dupont (de l'Eure), Madier de Montjau, Bignon, Voyer d'Argenson ne nous apparaissent point comme plus dignes d'estime, tout au contraire. L'auteur fait table rase de toutes ces célébrités trop vantées. Il semblerait vouloir demeurer seul dans la lice, après avoir écarté dédaigneusement les autres champions, si, à la vérité, son ton de modestie personnelle ne demeurait toujours égal, avouant çà et là quelques peccadilles politiques, quelques erreurs, quelques fautes,

Ne nous flattons donc point ; voyons sans indulgence
L'état de notre conscience.

S'il y a de l'Alceste dans cette partie des *Mémoires*, il y a aussi du Philinte, ce bon diable d'homme modéré, sage par tempérament, un peu par honnêteté, beaucoup par pose. Pour ma part, je ne lui

---

1. *Histoire de mon temps*, tome VI, p. 321.

en veux pas, j'aime même assez lui voir jouer son rôle, quand il est tenu, comme ici, par un homme d'esprit, à la condition qu'il laissera aller mes préférences à des vertus plus mâles et à des talents moins étudiés.

LE RÈGNE DE CHARLES X

I

Les hommes célèbres, très souvent, attachent plus de prix à leurs petits mérites qu'à leurs grandes qualités. Si Ingres a laissé des Mémoires — ce que j'ignore — tenez pour certain qu'il se sera étendu avec complaisance sur son habileté de violoniste, en demeurant bref sur sa peinture, sauf peut-être les charmes de son coloris, qu'il avait mauvais.

Magistrat intègre, administrateur prévoyant, parlementaire expérimenté, le baron Pasquier a dû aux hasards de la politique et aux chances des combinaisons ministérielles de recevoir le portefeuille des affaires étrangères. Remontant le cours de ses souvenirs, il s'arrête fort longuement sur cette période de sa vie et parle diplomatie avec plaisir, avec componction, alors que son passage au boulevard des Capucines (le quai d'Orsay d'alors) ne fut qu'un épisode de sa longue carrière.

Pour intéressant que soient sous sa plume le sujet qu'il traite et les détails qu'il donne, pour grave même et importante que demeure l'époque à laquelle se tenaient les congrès de Troppeau et de Laybach, quoique les agitations de Naples et du Piémont, les premiers soulèvements de la Grèce, les révolutions d'Espagne colorent les mois de son ministère d'une teinte brillante, — cependant, ses souvenirs n'ajouteront rien de neuf aux révélations déjà faites, et comme il n'a figuré qu'à l'aurore de tous ces mouvements, il a moins marqué là que ses successeurs.

On aurait quelques bonnes raisons de prétendre qu'il se montra inférieur dans un poste si nouveau pour lui. Préoccupé de l'opinion des Chambres, il avait l'œil plus vigilant du côté du Palais Bourbon et du Luxembourg que le regard ouvert sur l'échiquier européen. Cette infériorité diplomatique sera toujours, sous un régime parlementaire, l'écueil des ministres des Affaires Étrangères. — Il n'osa ou ne sut donner des instructions précises à nos ambassadeurs, ni à nos plénipotentiaires des missions bien nettes. Abandonnés à leur inspiration, ils agirent au gré de leurs sympathies ; et la France parut un vaisseau sans boussole. — M. Pasquier se sentait un pilote trop novice : après avoir couru quelques bordées, il crut voir un grain, cargua les voiles et rentra au port.

De ses « caravanes » passagères, il a rapporté des dessins agréables et quelques petits tableaux joliment brossés. Les amateurs auront soin de ne pas les laisser perdre : un portrait pittoresque du roi George IV; une silhouette assez exacte de M. de Blacas; un crayon correct quoique fortement estompé de M. de Villèle méritent d'être sauvés de l'oubli.

La figure féline et rusée de M. de Sémonville, sur laquelle il se permet des retouches cruelles, est au demeurant traitée avec aussi peu d'indulgence qu'elle le mérite; le colonel Fabvier garde son air ténébreux de conspirateur félon ; Chateaubriand n'est ni trop idéalisé ni trop enlaidi; Mathieu de Montmorency reçoit quelques flèches, mais c'est un « congréganiste » et nous ne tarderons pas à constater que, sur ce terrain, M. Pasquier voit « noir » et que, vingt ans avant Villemain, il a, par esprit de famille, un Jésuite, à cheval, sur le nez.

Il donne, à propos du testament de Napléon Ier, des détails confirmés depuis par la publication officielle des œuvres de l'Empereur [1], et il fait des révélations curieuses sur un des nombreux codiciles écrits à Sainte-Hélène, codicille qui indiquerait bien un dérangement d'esprit chez son auteur, mais que l'on n'a pas joint aux autres dispositions testamen-

---

1. *Histoire de mon temps*, t. V, p. 385. — Voir : la *Correspondance de Napoléon Ier*, t. XXXII.

taires, s'il existe. — Enfin les réflexions judicieuses, les remarques habiles, les traits adroits ne sont jamais absents ; on rencontre même, à diverses pages, des aveux qui prennent un tour piquant, tombés de la plume d'un « parlementaire », comme cette simple ligne écrite sans malice, en toute franchise : « Après le départ des Chambres, la France put jouir d'une paix profonde. » Et c'était en 1821, avec une représentation de gens honnêtes, capables et honorés.

Sur les affaires intérieures, ministre ou non, M. Pasquier est toujours intéressant, parce qu'il est fort instruit des matières qu'il aborde. Il s'est tenu au courant des gens et des choses avec la curiosité d'un esprit fin et délié ; on le voit interrogeant l'un et l'autre ; à chaque événement un peu considérable, s'il n'y a joué un rôle, il s'enquiert aussitôt des particularités auprès des acteurs et des témoins.

Il fut toujours, en y laissant attaché un sens d'habileté et de quelque égoïsme, ce que l'on nomme un « politique ». Au temps d'Henri IV, il eût assez bien figuré dans le pourpoint du président Jeannin. Sous la Restauration et la monarchie de Juillet, il demeura un causeur émérite, un agréable conteur d'anecdotes, un gracieux homme d'État, distingué et apprécié des gens de bonne compagnie, « ménageant tout le monde, disait un de ses intimes, n'ayant de tort avec aucun, mais ne voulant être responsable de rien [1]. »

Au Parlement, il conquit des succès, mais son véritable terrain de combat était le salon : il excellait dans la causerie devant la cheminée. Dès 1806, à ses débuts, M. de Barante constate ce mérite; il ne devait jamais le perdre, car en 1843, Louis de Loménie le remarque à son tour comme un signe caractéristique :

« Quiconque l'a vu entrer dans un salon avec sa grande taille parfaitement droite et souple encore, sa tête un peu petite, mais bien posée, sa physionomie mobile et vive plutôt que majestueuse, son geste bref et sa tenue élégante, s'asseoir à côté d'une dame, en penchant négligemment sa tête sur le dos de son fauteuil, croisant ses longues jambes l'une sur l'autre en balançant une de ses bottes vernies avec une aisance aristocratique, ou bien debout devant la cheminée s'il veut se donner la peine d'être aimable pour tout le monde, charmant l'auditoire par l'attrait d'une parole facile et élégante, d'un esprit judicieux et fin, d'une mémoire heureuse et fraîche, toute pleine de faits sérieux ou légers, d'anecdotes piquantes, mélangeant avec un rare bonheur d'expression et de pensée le grave au doux, le plaisant au sévère; quiconque l'a vu ainsi convien-

1. *Souvenirs du baron de Barante*, t. Ier.

dra que cet Étienne Pasquier du xvi° siècle, qui nous apparaît dans ses lettres, si jeune encore malgré ses 80 ans, n'était pas plus jeune que son illustre descendant, qui en a tout à l'heure soixante-dix-sept [1]. »

Ayant servi d'intermédiaire entre la droite et le centre droit, M. Pasquier, dont les tendances spéculatives et les souvenirs administratifs inclinaient davantage vers le second de ces groupes, finit par faire au premier une guerre qui n'était pas sans meurtrissures. A M. de Villèle, il accorde des qualités et des vertus, tout en demeurant son antagoniste obstiné. J'aime à citer ce témoignage qu'on ne récusera pas, dans la bouche d'un si constant adversaire :

« M. de Villèle se faisait grand honneur dans la conduite de son ministère des finances. Il montrait chaque jour davantage cette intelligence prompte et lucide, ce soin scrupuleux à ne rien négliger. On admirait avec raison le jugement droit et sûr qui l'a toujours guidé dans cette foule d'affaires délicates et compliquées dont se compose l'administration des finances. Travailleur infatigable, il a toujours été équitable, sagace, respectueux de la règle, sans dureté, comme sans étroitesse. Il se peut que j'aie à critiquer ses actes politiques, je le ferai avec d'autant plus de liberté de conscience que je

---

[1]. *Galerie des contemporains illustres*, par un Homme de rien, tome VI, 1843.

n'aurai méconnu aucune des rares qualités qui, dans l'administration, recommandent sa mémoire... Il a toujours exigé de ses fonctionnaires un dévouement entier, absolu, aveugle même, et cela a été une des causes de son succès [1]. »

Compliments et bagatelles. Mais il ne lui pardonne pas les tendances anti-libérales de son administration, les « empiétements » du « parti prêtre » encouragés, croit-il, par ses collègues du ministère et tolérés par lui.

Et voilà comme M. Pasquier fut bien de son temps, subissant la grande séduction qu'aux premières années de son entrée dans le monde exerçait Voltaire [2]. Pétri surtout de souvenirs parlementaires et gallicans, doublés chez lui du culte que l'on porte aux ancêtres, il avait de l'attrait pour les questions religieuses, mais son esprit les résolvait dans le sens le plus étroit du légiste, parfois avec le sentiment du sectaire. Il suffit de feuilleter ses Mémoires pour sentir cette suspicion constante ; elle embarrasse une intelligence fine et presque subtile des erreurs les plus lourdes, la ligotte maladroitement de préjugés surannés, étouffe sous des

---

[1]. *Histoire de mon temps*, tome V, p. 465.
[2]. Son secrétaire et biographe, M. Louis Favre, a pu dire : « M. Pasquier admirait l'esprit, l'universalité de connaissance de cet homme extraordinaire, sans se soucier de certaines théories du *Dictionnaire Philosophique*. »

ronces parasites son bon sens et son honnêteté native.

Dès la première heure où il prend la plume, sans même que l'occasion s'en présente raisonnablement, il a un coup de griffe pour les Jésuites. Partout et toujours il les devine, car à les rencontrer jamais, en chair et en os, il lui faut y renoncer. Et cette étrange chimère, toujours poursuivie, jamais saisie, n'éclaire pas son esprit après de multiples déceptions; il s'obstine à les accuser d'autant plus qu'il les aperçoit moins et à faire honneur à leur coupable adresse de ce qui n'est que le fruit de son incurable méfiance et de sa volontaire cécité.

A propos du concordat de 1817, ses suspicions contre la cour de Rome se donnent carrière, et l'inconscience même de ses préjugés lui fait étaler bien au jour, comme des prouesses, les manœuvres frauduleuses des doctrinaires, ses amis. — Les missionnaires n'ont pas d'ennemis plus déclaré que lui. Si les libéraux viennent les insulter jusque dans les églises, il déplore la violation de la liberté individuelle, il se félicite que force reste à la loi ; mais il estime « fâcheux » que le clergé « manifeste avec éclat », et condamne de haut « les discours enflammés des prédicateurs, leurs paroles souvent triviales, les cantiques chantés sur les airs les plus profanes. » Toutes les vieilles phrases du *Constitutionnel* lui sont familières et si, à les prononcer il déploie plus de grâce, il ne se croit pas tenu à plus de véracité.

Qu'il s'agisse de l'autorisation des communautés de femmes par ordonnance royale, de la loi sur le sacrilège, de l'introduction de huit évêques à la Chambre de pairs où demeuraient assis cinquante à soixante fonctionnaires de l'empire, — M. Pasquier élève la voix contre l'ingérence de l'ultramontanisme.

Non seulement il manifeste ses sentiments hostiles dans des causeries intimes, mais il prend parti publiquement par des discours étudiés et des rapports limés avec soin.

Lorsque Sainte-Beuve loue en lui une « faculté de réplique immédiate, abondante et juste », il a raison, et dans les premières assemblées de la Restauration, encore bien inexpérimentées, cette capacité d'homme d'affaires n'eut pas beaucoup de rivaux; mais quand il parle d'un « genre de talent alors fort rare, celui d'une improvisation réelle », il exagère. L'action oratoire de M. Pasquier se produisait dans des circonstances solennelles où son caractère important lui commandait l'étude préalable, à laquelle d'ailleurs sa probité ne se dérobait point.

On peut croire qu'un homme si habitué à voir planer sur toutes choses « l'ombre de Loyola », ne manqua pas de mettre la lance au poing quand, en 1826, il fallut donner l'assaut aux moulins à vent de la *Congrégation*. On éprouve du regret à constater que l'esprit raffiné et lettré d'un pair de France ne fit rien pour s'élever au-dessus de la lourde compréhension des plus vulgaires politiques de cabaret de l'époque. Champagne ou vin bleu, c'est la même ivresse conduisant à la même déraison.

L'épisode est caractéristique ; je demande la permission de m'y arrêter un instant.

II

Voici ce qu'on lit à la page 25 du tome VI des *Mémoires* de M. Pasquier :

« J'ai plusieurs fois déjà fait allusion à la puissance de cette association (*la Congrégation*), je dois expliquer les origines et les causes de l'importance qu'elle avait acquise. *Son fondateur, l'abbé Legris Duval*, ecclésiastique d'une grande vertu, d'une grande modération, réunit autour de lui, sous l'Empire, quelques jeunes gens, dont il cherchait à développer les sentiments religieux. Mais sous la Restauration, le nombre des affiliés, leur qualité, leur situation sociale, leur crédit personnel donnèrent à la Congrégation une importance considérable. On compta *parmi les nouveaux associés le* duc Mathieu de Montmorency, le duc de Rivière, le comte de Damas (tous les trois ont été gouverneurs du duc de Bordeaux), puis M. Franchet et M. Delavau, placés à la tête de la police par M. de Villèle; à leur suite, les hommes les plus importants, surtout dans l'entourage de Monsieur.

« On ne tarda pas à penser qu'une association aussi nombreuse, aussi puissante, pourrait être employée au triomphe des idées politiques et religieuses, qui étaient celles des royalistes et des catholiques les plus exaltés. On s'adjoignit alors quelques-uns des chefs des Jésuites. Les exhortations religieuses leur furent confiées. Le Père Ronsin d'abord, puis le Père Loriquet, supérieur de la plus importante maison des Jésuites en France, devinrent les directeurs du troupeau. Leur action s'étendit en dehors des pratiques religieuses et finit par dominer non seulement les ministres, mais le Roi lui-même. Pour se rendre compte des moyens employés, de la marche prudente et habile qui leur permit d'arriver à un pareil résultat, il faut relire, à la page 285 du *Catéchisme des Jésuites*, par E. Pasquier (édition de Villefranche, 1602), les préceptes et les agissements de cette célèbre compagnie. »

Il n'y a guère de phrase, je dirai presque guère de mot qui ne soit ici une erreur.

L'abbé Legris-Duval n'a pas été le fondateur de la Congrégation (elle a été fondée le 2 février 1801, par M. Bourdier-Delpuits), et il n'en devint directeur qu'en 1812.

Si quelques jeunes congréganistes, entrés dans la réunion sous l'Empire, parvinrent plus tard à des positions importantes (la proportion est très restreinte : quinze ou vingt sur plus de mille), ils le durent à leur mérite, et s'il faut chercher absolument une cause extérieure de cet « avancement », à la haute situation de naissance de trois ou quatre d'entre eux.

Mathieu de Montmorency, « premier baron chrétien » (un de ceux auxquels je fais allusion), n'avait pas besoin d'être membre d'une réunion de piété pour devenir ministre du roi de France; il avait été admis le 21 décembre 1801, dès la première année de la fondation, en plein Consulat, quand on songeait fort peu aux Bourbons. C'est donc une erreur matérielle tout à fait grossière que de l'appeler « *nouvel* associé », en 1814. Et l'intention grave qu'on veut attacher malignement à cet adjectif et à cette date tombe d'elle-même.

Si c'est reculer fâcheusement l'entrée de Mathieu de Montmorency, c'est avancer non moins inexactement celle du duc de Rivière. Il fut admis en 1821, et non en 1814.

Des trois personnages groupés intentionnellement, l'un est cité trop tard, l'autre trop tôt; pour le troisième c'est pire encore : le baron de Damas ne fit jamais partie de la Congrégation. M. Pasquier s'est laissé entraîner par le désir de *prouver* que les gouverneurs du duc de Bordeaux étaient tous *Congréganistes*. La constatation du fait ne signifierait pas grand'chose contre trois bons chrétiens hommes d'honneur; mais accompagné de telles inexactitudes, ce rapprochement lui-même n'est plus ingénieux et perd toute la valeur qu'on se réjouissait de lui attribuer.

Peut-être M. Pasquier aurait-il eu plaisir à savoir qu'en 1814, en cette même année qui lui parut fatidique, le 9 octobre, M. de Polignac, qui rentrait alors en France, fit sa consécration en compagnie d'un fabricant de bronzes, d'un petit employé de commerce et d'un dentiste.

Le prince de Polignac nous fournit bien en effet un nom de grand seigneur, mais ceux, demeurés très obscurs, de ses confrères n'indiquent pas qu'ils aient cru entrer dans une franc-maçonnerie aristocratique menant à tout; ils prouvent plutôt la très chrétienne égalité qui continuait à régner dans l'association.

M. Franchet d'Espérey, congréganiste, le 25 février 1816, n'avait pas besoin de cette « affiliation » pour être réputé un catholique courageux. Pendant l'Empire, il avait joué dix fois sa vie pour la cause de Pie VII et passé quatre ans en prison sur l'ordre exprès de l'Empereur. Il s'était distingué au congrès de Vienne, il faisait partie depuis plusieurs années de l'administration, quand, en 1821, M. de Villèle lui confia la direction générale de la police du royaume. Les injures, les calomnies qui l'assaillirent, sans d'ailleurs l'émouvoir beaucoup, suffiraient à proclamer les bons services qu'il rendit à la couronne. Quand le prince de Metternich vint à Paris, en 1825, il fut frappé de son intelligence, de son caractère, et garda une impression profonde de son commerce agréable[1]. Les francs-maçons ne savaient peut-être pas encore combien ils avaient raison de redouter sa prévoyante administration : à lui, en effet, ayant entrepris de particulières recherches sur les agissements des Loges, était due la rédaction d'un rapport sur les dangers qu'elles faisaient courir aux monarchies. Ce congréganiste était bien inspiré et prévoyant !

Guy de Lavau, honoré des mêmes outrages de la part des mêmes adversaires, sans avoir peut-être les mêmes mérites, était un parfait honnête homme, comme sa vie entière l'a démontré, et un magistrat vigilant. Les actes de « favoritisme » envers ses confrères de la Congrégation se bornent à deux : il nomma chef de son cabinet un jeune homme distingué, Clément de Gibon, qui avait déployé une vaillante énergie contre les émeutiers, pendant les

---

1. Prince de Metternich, *Mémoires*, IV, § 744.

Cents jours, et appela au bureau de la presse Pierre Laurentie, qui d'ailleurs y demeura trois mois. Écrivain de talent, journaliste habile, d'une honorabilité sans mélange, Laurentie ne peut vraiment pas être cité comme une créature du ministère de Villèle, lui qui soutint un procès célèbre, à propos de *la Quotidienne*, contre M. de Corbière.

« Réunion nombreuse, » écrit M. Pasquier. En 1814, elle ne comptait pas en réalité plus de 350 personnes et son recrutement ne dépassa jamais une moyenne de quarante par an, dont il faut défalquer les absents et les morts.

« Le P. Ronsin d'abord, puis le P. Loriquet devinrent les directeurs du troupeau. » Le P. Ronsin a bien été, en effet, pendant plusieurs années, directeur spirituel de la Congrégation ; mais lorsqu'il se retira, au commencement de 1828, il ne fut pas remplacé par le P. Loriquet; le cardinal de Rohan lui succéda et un mois après, l'abbé Mathieu, vicaire général de Paris, plus tard archevêque de Besançon. Le P. Loriquet est toujours demeuré étranger à la Congrégation, il a toujours habité loin de Paris, à Aix d'abord, puis à Saint-Acheul ; mais c'est un nom qui fait bien à invoquer quand on parle des Jésuites.

Il me semble qu'en voilà assez sur les accusations formulées dans ce paragraphe contre la Congrégation par M. Pasquier. On ne peut vraiment avancer plus d'erreurs en moins de lignes. Je demeure surpris qu'un esprit aussi exact se soit contenté de renseignements aussi futiles, qu'un homme d'honneur ait gardé tant d'animosité contre des gens qu'il accuse avec si peu de preuves [1].

Et ce n'est pas ici une improvisation hâtive, une boutade de circonstance. Ce sont des *Mémoires*, écrits de sang-froid, dans le calme du cabinet; ils ne font que corroborer le rôle public joué par M. Pasquier à la tribune de la Chambre des Pairs, quand, en 1827, il pesa d'un si grand poids dans la discussion parlementaire qui aboutit aux injustes ordonnances de 1828.

Il se vante encore de son action, en cette mémorable circonstance où des légistes adroits firent chorus avec lui pour attaquer, au nom des principes gallicans, dans la personne des Jésuites, la liberté religieuse, la liberté politique et la liberté civile :

« Je reconnus, dit-il, la valeur, l'habileté dont les membres de la Société de Jésus avaient fait preuve; je reconnus que dans bien des pays ils avaient su acquérir un puissance *redoutable;* c'est pour cela que je demandai s'il était possible de laisser rétablir *dans n'importe quel État* une compagnie si

---

[1]. On trouvera tous les détails de ces accusations et, j'ose le croire, de leur réfutation dans mon histoire de la *Congrégation.* Je ne puis, en vérité, y insister ici.

fortement constituée, *se mettant au-dessus des lois et finissant par dominer les autorités établies*. Je montrai *qu'il était surtout téméraire de les introduire dans un gouvernement monarchique*, lequel reposait principalement sur le principe de la succession à la couronne, dans l'ordre légitime et naturel. Je terminai en suppliant la Chambre de ne pas prendre la responsabilité d'un système tout nouveau, *violant les coutumes, les lois, la constitution de la France.* »

Tout le respect que je dois à M. Pasquier ne peut m'empêcher de dire que ces phrases pleines de sonorité sont absolument vides de sens.

Que l'on connaisse ou que l'on ignore « les coutumes, les lois, la Constitution de la France », et aussi la Charte de 1814, il faut bien le confesser : sous ces grands mots tragiques, il n'y a que du vent.

A propos de la signature de ces ordonnances arrachée à la plume du faible Charles X, M. Pasquier ajoute :

« On sut qu'il avait conféré avec M. Frayssinous; mais ce n'était pas dans cette conférence qu'il avait, suivant toutes les probabilités, puisé sinon sa conviction, du moins les motifs de sa détermination. Elle lui avait été inspirée par une sorte de conseil de conscience auquel il recourait dans toutes les occasions de quelque importance, dans celles surtout où il s'agissait d'affaires religieuses. L'abbé Ronsin, supérieur ou *provincial des Jésuites en France*, en faisait partie, et rien ne serait plus conforme à la règle de conduite, aux habitudes de son ordre, que la consigne de ployer pour laisser passer l'orage, de se résigner à une concession qui désarmerait les défiances et donnerait le loisir de préparer le moment de ressaisir un pouvoir ébranlé [1]. »

Ainsi ce sont les Jésuites eux-mêmes qui ont donné au Roi le conseil de les expulser. L'on reconnaît bien là leur machiavélisme habituel. Quel moyen plus sûr, en effet, pour revenir, que de se faire chasser? C'est même une condition préalable tout à fait essentielle. Se faire tuer semblera, pour vivre, un procédé moins logique. Sur le bien fondé de ces révélations, j'ai quelques doutes et M. Pasquier pourrait aussi s'être trompé. Comme il n'est pas fâché de mettre ici en cause la Congrégation et son chef, il a soin de faire intervenir le Père Ronsin, directeur de la Congrégation et *provincial des Jésuites en France*. Il y a à cela un malheur. A parler net « le provincial des Jésuites en France » n'existe pas : on connaît des provinciaux de l'Ile de France (Paris), de la Champagne (Reims), de Toulouse et de Lyon. Un supérieur général pour le pays tout entier, comme on aimerait à l'insinuer, est un

---

1. *Histoire de mon temps*, tome IV, p. 117.

mythe. Au surplus, le « provincial de l'Ile de France » en 1828 n'était pas le Père Ronsin, mais le Père Godinot. Il y a mieux : le Père Ronsin n'était même plus, à cette époque, directeur de la Congrégation de la rue du Bac; le 2 février 1828, il avait remis sa démission entre les mains de Mgr de Quélen, et il avait quitté Paris.

Le dirai-je? Tant d'inexactitudes ne me laissent pas indifférent; une foule d'erreurs aussi lourdes, si facilement réfutables, plus faciles encore à contrôler par un contemporain admirablement placé pour bien voir et ayant si mal vu, font naître dans mon esprit un sentiment de doute sur son désir de s'instruire. Magistrat prenant part au procès, il est partial; avocat produisant une plaidoirie, il est injuste. Par quel effort d'esprit a-t-il pu persuader à sa conscience qu'il ne la trompait pas? Il n'est pas besoin de s'appeler Escobar pour trouver avec la vérité des accommodements.

Bourdaloue, englobé lui-même dans les prôneurs de morale relâchée, a sur cette conduite, indigne d'un homme de cœur, une page qu'il faut reproduire.

« La loi de Dieu nous défend d'attaquer même la réputation d'un particulier; mais par un secret que l'Évangile ne nous a point appris, on prétend, sans se départir de l'étroite morale qu'on professe, avoir droit de s'élever contre des corps entiers, de leur imputer des intentions, des vues, des sentiments qu'ils n'ont jamais eus, de les faire passer pour ce qu'ils ne sont pas, et ne jamais les vouloir connaître pour ce qu'ils sont ; de recueillir de toutes parts ce qu'il peut y avoir de mémoires scandaleux qui les déshonorent, de les mettre sous les yeux du public avec des altérations, des explications, des exagérations qui changent tous les faits et les présentent sous d'affreuses images. On est sévère, mais en même temps on est délicat sur le point d'honneur jusqu'à l'excès; on est possédé d'une ambition qui vise à tout et qui n'oublie rien pour y parvenir; on est chagrin dans ses humeurs, piquant dans ses paroles, impitoyable dans ses arrêts, impérieux dans ses ordres. Ce qu'il y a de plus déplorable, c'est qu'en cela souvent on croit rendre service à Dieu et à son Église, comme si l'on était expressément envoyé dans ces derniers siècles pour faire revivre les premiers, pour corriger les abus imaginaires qui se sont glissés dans la direction des consciences et pour séparer l'ivraie du bon grain [1]. »

Sauf, sans doute, quelque malaise de conscience, M. Pasquier, qui était un fin lettré, n'aurait rien eu à reprendre, fond ou forme, dans cette belle page. Il eût mieux fait d'aller parfois, comme M%%me%% de Sévigné, « en Bourdaloue » que de s'hypnotiser en

---

[1]. « Sur la sévérité chrétienne. » *Dominicales*, tome II.

face du pamphlet de son aïeul : le *Catéchisme des Jésuites,* — même l'édition de Villefranche !

III

Si, parmi ses plus vifs reproches aux Révérends Pères, M. Pasquier plaçait l'ambition, il n'avait pas à leur jeter la première pierre.

En vérité, je ne blâme pas ce sentiment contenu dans les justes limites de l'honneur et du respect du droit d'autrui. Mais pourquoi reprocher si aigrement à des éducateurs émérites leurs efforts pour assurer la prospérité de leurs collèges, appuyés d'ailleurs sur l'affection des élèves et la confiance des pères de famille, — quand on estime si parfaitement plausible les espérances d'un homme d'état à saisir et à garder une grande influence politique ?

Descendu, le 12 décembre 1821, du banc des ministres où il ne devait jamais remonter, M. Pasquier s'assit dès lors dans les rangs de l'opposition dynastique, opposition, au fond, n'ayant ni base, ni but, opposition toute en manœuvres, en épigrammes, en fusées oratoires, soigneuse surtout de ne faire au pouvoir que des brèches faciles à réparer.

Mais, à ce jeu, on va plus loin qu'on ne le voudrait tout d'abord ; les petites flèches académiques, dont la pointe devait faire une piqûre, sont enfoncés brusquement d'un coup de poing par un brutal qui vient derrière vous, et le dard demeure attaché au flanc de la monarchie, aigu, sanglant, envenimé.

Pour les doctrinaires de la Chambre des députés, pour les sages de la Chambre des pairs, dont la conjonction plus tard allait produire les « justes milieux », tous les ordres religieux étaient *ultramontains*, tous les ministres étaient *ultras*, et ils faisaient rage contre ces deux adversaires, estimant accomplir le devoir d'un bon chrétien et d'un sujet fidèle, car les catholiques perdaient la religion, et les royalistes la royauté.

C'est toute l'histoire de l'opposition sous la Restauration.

« On tâta les Bourbons ; on vit qu'ils n'étaient pas terribles, et ce fut bientôt fait. La Révolution asservie par Bonaparte, non pas convertie, aimant toujours autant le mal et plus savante à mal faire, se leva partout, multiple dans ses allures, une dans ses tendances. Elle déclara la guerre au pouvoir qui lui donnait la liberté ; elle employa contre lui des armes plus odieuses encore que l'ingratitude.

« Des discours menteurs, des écrits irréligieux et obscènes, des diffamations persistantes; un art infernal d'exciter dans le peuple toutes les mauvaises passions, d'envenimer tous les ressentiments, d'exalter toutes les discordes, d'effrayer tous les intérêts ; une implacable adresse à exploiter les faules que pouvait commettre un gouvernement aussi traqué et à faire durer une situation qui les rendait inévitables; enfin une volonté formée d'empêcher de faire le bien ou d'empêcher de le bien faire, tel fut le travail de la Révolution depuis sa délivrance en 1815, jusqu'à son triomphe en 1830.

« ... Ils dégoûtèrent de la liberté, ils firent désespérer d'elle, tant elle parut une arme commode au mal, fragile et impuissante pour le bien. Tout ce qu'on essaya de faire par la liberté en faveur de la liberté et de la justice, la liberté elle-même le rendit odieux et méprisable. Joseph de Maistre passa pour un rêveur sanguinaire, Bonald pour un ennemi de la raison [1]; la prédication évangélique parut un attentat contre la dignité humaine et fut repoussée par les séditions d'une foule que la presse et la tribune fanatisaient [2]. »

Beaucoup de royalistes sincères ayant mis la main à cette besogne, il les faut accuser plutôt d'imprévoyance que de félonie; le baron Pasquier

1. M. de Bonald est sans cesse pris à partie par M. Pasquier; une citation entre vingt autres :

« Ne faisant cas que du pouvoir monarchique et théocratique partisan convaincu de toutes les maximes jésuitiques et affilié étroitement aux restes ou plutôt aux éléments déjà reconstitués de la fameuse société, il nourrissait au fond de l'âme une profonde hostilité contre l'esprit, contre la puissance de la magistrature qui lui avait été si contraire, il entrait tout naturellement dans ses idées de diminuer l'importance de tout corps judiciaire; c'était l'obstacle qu'il eût voulu écarter de la route de ses amis. » *Histoire de mon temps*, tome IV, p. 13.

2. Louis Veuillot, *Mélanges*, deuxième série, t. II.

n'avait pas la pensée de priver la France du gouvernement réparateur des Bourbons ; mais en bataillant contre la légitimité, il livrait la monarchie, et il fut de ces habiles maladroits qui conduisirent le char au fossé de 1830.

Je sais bien qu'il eut alors l'adresse de demeurer sur l'échelle politique. Il monta même d'un échelon : membre de la Chambre des Pairs, il en devint tout à coup Président. Mais les applaudissements des contemporains, en face de cette fortune, ont passé, et ceux de la postérité ne sont pas venus.

Bien plus, regarde-t-elle d'un œil ironique, quand la révélation lui en est faite, les petites faiblesses de ces hommes impeccables, toujours prêts à partir en guerre contre les abus des ministres, plus dispos encore à assumer sur leurs propres épaules la charge du pouvoir dont ils aiment à trouver le poids écrasant pour autrui.

Voici un vaudeville sans couplets joué, en 1829, sur la scène politique. Le théâtre représente un antichambre de palais, avec les trois portes traditionnelles : à droite, à gauche, au milieu; celle du « centre » est la plus large. L'action se passe au commencement du printemps ; M. de Polignac, venu à Paris de son ambassade de Londres, est déjà engagé avec le Roi dans les pourparlers qui aboutiront au dernier ministère de Charles X; il cherche des collaborateurs.

« M. de Polignac n'épargnait rien pour arriver à former la liste de son ministère. Il s'adressa à M. Lainé, à M. Portal, à M. Royer-Collard, à M. Molé. Il m'envoya le fils du marquis de Boissy, pair de France, mon parent, me laissant choisir le portefeuille qui me conviendrait le mieux [1]. »

M. Pasquier explique qu'il n'accepta pas et même refusa de très haut cette proposition. Je ne m'inscris pas en faux contre sa parole; il est vraisemblable qu'il ne voulut point entrer dans une combinaison ministérielle embryonnaire, marquée de tous les caractères de l'invraisemblance, si l'on songe que M. de Polignac semblait s'y vouloir entourer des derniers doctrinaires. Toutefois, et ceci est indéniable, M. Pasquier faisant fi du pouvoir avec M. de Polignac ne répugnait nullement à lui succéder. Il a pu repousser des avances; presque aussitôt, pour entrer dans la place, il dressait, vainement d'ailleurs, ses batteries; et c'est le second acte de la petite pièce de 1829, joué huit mois après. Mais ici les rieurs ne semblent pas s'être trouvés en majorité du côté des chasseurs de portefeuilles.

Un esprit à tout prendre beaucoup moins fin et un caractère beaucoup moins estimable que M. Pasquier, doué néanmoins d'un sens perspicace quand sa jalousie était en jeu, Charles de Rémusat, nous a

---

1. *Histoire de mon temps*, tome VII, p. 155.

laissé de l'aventure une version piquante, dans une lettre écrite pour l'intimité et adressée à un homme trop au courant de la politique pour qu'on pût chercher à lui en imposer. Document par conséquent probant. Sa lettre est du 19 décembre 1829, et elle se trouve dans les *Souvenirs* de M. de Barante [1]. Elle perdrait à être analysée :

« Quels ministres pouvons-nous mettre à la place de ceux-ci? (Polignac) En vérité, j'en rougis. Nous avons eu, à cet égard, une comédie ridicule : pendant que se trouvait à Compiègne le Conseil de dimanche, quelqu'un vient trouver M. Roy et lui demande s'il ne voudrait pas être ministre avec M. de Polignac; il refuse, mais il en conclut judicieusement que le ministère est décomposé. Il va faire part de sa découverte à M. Portal. « Cela ne me surprend pas, dit celui-ci, j'ai remis un mémoire au Dauphin et j'ai causé avec Chabrol. » — Bref, ils vont tous deux trouver M. Pasquier, et, de leur autorité privée, tous trois se font ministres. Mais il leur faut des auxiliaires ; ils rendent visite à Humann qui répond froidement, puis prend conseil et refuse enfin, par une lettre longue et motivée. Ils vont voir Martignac qui leur dit qu'on se moquerait de lui s'il sortait de chez lui sur la foi d'une pareille proposition. Les voilà bien honteux, puis les nou-

---

1. Tome III, p. 52.

velles du dimanche leur arrivent. Ils s'aperçoivent de leur duperie. Maintenant ils nient tout et M. Pasquier dit que M. Humann est un gros allemand qui ne comprend rien[1]. » Tout cela s'est fait sans en dire un mot à M. Royer et à M. de Chateaubriand. »

De cette aventure, je ne veux tirer d'autre conclusion que celle-ci : si les Jésuites avaient l'ambition d'élever chrétiennement la génération nouvelle en dépit de beaucoup d'ingratitude, de calomnies et d'outrages, M. le baron Pasquier était piqué du désir d'obtenir un portefeuille, même au prix de quelque moquerie. Ils échouèrent tous, les premiers cependant un peu moins que le second.

Aujourd'hui, loin de la poudre du combat, nous sommes bien revenus des préjugés populaires contre les ministres de Charles X. Un esprit impartial qu'on n'accusera point, en tout cas, de tendresse pour la maison de Bourbon, vient d'écrire ces réflexions, vengeresses de la vérité :

« Que devait faire la Chambre si elle n'eût été animée que de sentiments loyaux ? Attendre les actes et les projets du nouveau ministère avant de se prononcer contre lui. Que fait-elle ? Avant qu'il eût rien

---

[1]. Jean Georges Humann (1780-1842); négociant alsacien, député du Bas-Rhin, puis de l'Aveyron, sous la Restauration ; ministre des finances (1832-1835); pair de France (1837).

proposé d'illibéral (il n'avait pas même fermé les cours de Guizot, un de ses plus violents adversaires) sur des conjectures, aux premiers jours de la session, sans avoir en elle-même une majorité pour aucun ministère, continuant une coalition de renversement, elle refuse son concours, *elle sort de la Charte*, usurpe sur la prérogative de la couronne à laquelle était réservé le choix des ministres, et déclare par là, implicitement, qu'elle veut placer le Roi dans l'impossibilité de gouverner. *L'acte agressif en 1830 a été l'adresse factieuse des 221; les ordonnances n'ont été qu'une riposte défensive*[1]. »

Pour justifier l'opposition des La Fayette et consorts, destinée, selon lui, à protéger la Charte, M. Pasquier nous dit : « Il se rencontre dans l'histoire de tous les gouvernements des moments de crise où le droit écrit est nécessairement primé par un droit préexistant à tous les autres, le droit de légitime défense. » En faveur de Charles X, n'aurait-il point pu retourner son raisonnement?

Les ordonnances de 1828 contre les Jésuites eurent sa pleine approbation, celles de 1830 lui parurent illégales. Explique qui pourra l'anomalie. Quoi qu'il en soit, il demeura très atterré d'abord; fort perplexe pour trouver une orientation dans une tempête qui, en effet, troublait l'aimant de toutes

1. Émile Ollivier, *l'Empire libéral*, tome I, p. 231.

les boussoles. Si nous en croyons M. de Barante (qui l'écrivait à sa femme le 3 août 1830, dans la nuit), il fut « raisonnable, point pressé, ne cherchant pas à se mêler ».

Quand Louis-Philippe, en quête de figures honorables pour décorer son trône, à la recherche de comparses moins bouffons que Laffitte, Mauguin ou le *général* Dubourg, proposa à M. Pasquier la présidence de la Chambre de Pairs, ce fut ce dernier qui au fond rendit service à l'autre. « J'hésitai beaucoup avant d'accepter, » a-t-il dit. Je le crois; « mais la conservation de la Pairie était pour le pays de la plus haute importance. Je la savais menacée; cette considération me décida. Je pris possession du fauteuil le 4 août. »

Les graves événements qui, en une semaine, conduisirent M. Pasquier à cette évolution, ont été retracés par lui avec un grand talent et une réelle impartialité. Il y a plaisir à le constater. Dans son récit, les renseignements exacts abondent; aujourd'hui, ils ne sauraient plus passer, sans doute, pour des révélations, mais ils confirment ce que nous savions de la plus injustifiée des révolutions modernes et sont eux-mêmes confirmés par les témoignages indépendants des autres contemporains [1].

---

1. On peut en particulier faire la contre-épreuve dans les *Mémoires*

Je ne veux pas aborder la narration des événements ; et, au reste, ce récit des derniers jours de la monarchie française cause une irritation pénible qu'il est préférable de s'épargner. Les mauvaises passions de la foule, les basses rancunes, les cupidités politiques, la fourberie des sociétés secrètes, les mensonges des libéraux, l'avidité du duc d'Orléans sont d'attristants spectacles; mais ce qui fait surtout tressauter un homme de cœur, c'est la confiance aveugle du Roi, la niaise indolence du Dauphin, l'incurable imprévoyance de M. de Polignac, la lenteur effarée des autres ministres. Quand on lit l'histoire de ces jours de deuil, on se surprend à crier à ces malheureux qui piétinent sur place, sans que même l'idée de marcher leur vienne : mais remuez-vous donc, défendez-vous enfin ! Vous av.. taillé une plume, saisissez une épée ; vous êtes des gentilshommes et le Roi est attaqué, présentez vos poitrines à ses ennemis. Mais non, rien, l'engourdissement, après l'incurie ; après l'imprévoyance, l'affolement. Et le trône, rempart de toutes les libertés, sauvegarde de tous les droits, source d'une prospérité matérielle et d'un éclat intellectuel qu'on a pas revu depuis lors, le vieux trône de France s'écroulant en trois jours, quand

---

de Guernon-Ranville, d'Hyde de Neuville et de Vitrolles. Elle est frappante, surtout chez ce dernier, qui rapporte presque dans les mêmes termes les événements auxquels il a assisté et dont M. Pasquier fut aussi le témoin.

un régiment de la garde royale, employé à temps, eût suffi pour faire rentrer ces myrmidons dans l'ombre. — Oh! oui, ces hommes honnêtes furent bien coupables !

Ils allaient devenir les justiciables de M. Pasquier dans le fameux procès qui s'ouvrit devant la Chambre des Pairs.

L'Histoire de mon temps prend dans ce long récit l'allure digne et austère qui convient. Les passions politiques du président s'éteignent, ses préjugés s'évanouissent, et il comprime sous une main loyale les battements de son cœur qui ne lui sembleraient pas réglés par l'équité. L'émotion en présence d'une grande infortune lui paraît même un sentiment trop humain. Ce rôle est noble et ce spectacle est beau.

Par bien des endroits aussi ces *Mémoires,* sur la révolution de Juillet, sont instructifs. A ne pouvoir entrer dans les détails, il convient cependant de fixer quelques points d'importance :

Aux émeutiers demeure la responsabilité des premiers coups de feu, tirés sans provocation, dès le mardi soir de cette lugubre semaine. — Les retards si reprochés au duc de Mortemart incombent en partie à l'hésitation du Roi qui le retint à Saint-Cloud en partie à l'extrême fatigue qui le terrassa à Paris. — La promesse de fidélité à Charles X, que lui remit par écrit le duc d'Orléans, lui fut redemandée quelques heures plus tard, quand son signataire estima que le succès déliait de tous les serments et effaçait toutes les signatures. — Le maréchal Maison fut un ingrat sans vergogne, à Rambouillet, le 3 août, trompant la confiance de Charles X [1]. — Louis-Philippe éprouva du procès des ministres un profond effroi, et il mit résolument tout en œuvre pour sauver la vie des accusés. — Ceux-ci se ressaisirent devant leurs juges après s'être étourdiment abandonnés en face d'événements trop lourds pour eux. — Quand l'émeute gronda aux portes du Luxembourg, les Pairs gardèrent un sang-froid et on peut dire un courage que rien ne put troubler. — Pour mettre M. de Polignac et ses collègues à l'abri des fureurs de la populace M. de Montalivet déploya autant d'énergie et de présence d'esprit que La Fayette de présomption, de rancune et de peur [1].

Tout cela est expliqué dans un langage net, clair, appuyé de faits. La leçon s'en dégage sans que le narrateur y insiste. C'est ainsi que les accusateurs (dans leur rôle cependant) nous apparaissent mesquins, étroits, vindicatifs, presque cruels. Les défenseurs ont une autre mine, et M. Pasquier laisse

---

[1]. Voici le jugement de M. Pasquier : « On pourrait croire que la journée du 6 octobre 1789 avait fourni l'exemple. Même but, mêmes procédés. Le souvenir de cette journée n'a pas troublé M. de La Fayette! »

percer l'admiration qu'il ressentit pour leur caractère et leur talent. M. de Martignac entoura les dernières paroles de sa vie publique d'une auréole que le temps ne flétrira pas; si Hennequin fut inférieur à lui-même, si Crémieux, à ses débuts, se montra déjà plus ambitieux que fortement armé, M. Sauzet fit sur la scène politique une brillante apparition et dressa un des plus beaux monuments de l'éloquence judiciaire.

Une teinte de mélancolie enveloppe ces pénibles débats, auxquels la justice toutefois peut réserver cet éloge que les juges oublièrent leurs divisions politiques pour garder le rôle le plus impartial. Mais en condamnant les hommes, on regrettait les principes qu'ils pouvaient avoir mal défendus, qui certainement disparaissaient avec eux. Trop tard! est le mot qui vient aux lèvres.

Une page de M. Pasquier sonne le glas de ces regrets et prolonge l'écho de ces alarmes :

« Le vieux Roi emportait le principe de l'hérédité directe qui, pendant des siècles, avait été la loi de la monarchie française, et dans lequel elle avait puisé sa force. Le fait sanctionné par la volonté populaire avait remplacé le droit. La royauté fondée en 1830 trouvera-t-elle dans ce dogme nouveau l'autorité dont elle a besoin pour résister aux volontés changeantes des partis ? Aurons-nous, après des heures d'incertitude et de trouble, la paix et la sécurité nécessaires à ce pays, et qu'il a vainement demandées aux régimes qui se sont succédé si rapidement depuis quarante ans? On a quelque peine à le croire, quand, comme nous, on a assisté à tant de catastrophes, quand, comme moi, on est arrivé à l'âge de 64 ans, et qu'on sait ce que valent, en politique, les promesses et ce que durent les illusions [1]. »

Ces lignes attristées sont du 20 août 1831.

La voix du tocsin de 1848 aurait répondu au vieil homme d'État que l'abîme ouvert en 1830 était encore plus profond qu'il ne le pensait, et que le droit est la sauvegarde des empires comme la sécurité des familles.

Entre ces deux dates funestes, il eut un rôle à jouer. Cette période de l'existence de Pasquier, ces années honorables où il est « chancelier de France », ces jours graves et nobles où, au déclin de sa carrière, il reprend la simarre qui décorait ses épaules à la première heure de sa vie publique, tout cela forme un ensemble plein de dignité. Le jeune conseiller au Parlement retrouve, après quarante ans d'intervalle, les mêmes devoirs de magistrat, et les grands procès se déroulant devant les Pairs de France font de sa présidence une fonction moins politique que judiciaire.

1. *Histoire de mon temps*, tome VI, p. 347.

L'on voit donc avec regret ces *Mémoires* s'arrêter brusquement aux derniers jours de décembre 1830. Il est bien vrai : M. Pasquier a terminé, à cette époque, la série des volumes aujourd'hui publiés. Mais sa carrière est loin de finir là. N'aurons-nous pas les échos d'une voix plus austère encore, à mesure qu'elle s'éloigne des luttes de parti et qu'elle se rapproche de la sérénité des derniers horizons ?

On me dit que la continuation de *l'Histoire de mon temps* existe, écrite ou dictée par le chancelier; qu'elle va jusqu'à la fin de la monarchie de Juillet. J'en accepte la nouvelle avec espérance et en saluerai avec joie l'apparition.

Sans doute, j'ai été contraint, dans les pages déjà parues, de faire bien des réserves, de m'inscrire en faux contre certains épisodes, inexacts ou dénaturés. Préjugés, fautes ou erreurs ne sont pas absents. Toutefois nous sommes en présence d'un des monuments les plus remarquables de notre littérature historique contemporaine, d'un des récits où la netteté des termes, la précision de la mémoire, le calme de l'exposition sont des plus marqués.

Peut-être suis-je encore sous l'impression particulière du dernier tableau, celui du procès des ministres, où la dignité du juge garde une si noble allure. Je ne récuse pas ce sentiment; un homme de mérite seul peut le faire si pleinement éprouver à son lecteur; on est impressionné par un personnage qui contient toujours sa pensée entre ces deux termes : discrétion et modestie.

Si c'est une habileté, j'avoue m'y être laissé prendre et j'avoue plus encore n'avoir rien fait pour en combattre la sensation, tant elle donnait de sécurité à mon esprit en y laissant l'impression de la justice.

Je souhaite à ceux qui écrivent ou écriront leurs mémoires ce goût des hautes convenances, ce tact raffiné, cette simplicité sans bassesse. Pour le reste : talent et aptitude, ces qualités ne dépendent pas d'eux; si on les rencontre sous leurs plumes, nous le constaterons avec profit, comme nous ferons avec gratitude ces pages qui conquièrent à leur auteur une grande place parmi les historiens de son temps.

LA MARÉCHALE OUDINOT

Peu après la guerre de 1870, le P. Chauveau, uns des maîtres de la maison de la rue des Postes, publia trois petits volumes : *Souvenirs de l'école Sainte-Geneviève*, dont plusieurs éditions n'épuisèrent pas le succès. Qu'il y ait eu en France un livre plus viril et mieux fait pour susciter chez la jeunesse de notre époque le double amour de l'Église et de la Patrie, je ne le pense pas.

Parmi ces modèles de héros chrétiens tombés à vingt ans, sur le champ de bataille, dans la gloire du sacrifice et le rayonnement de l'honneur, on en distingue quelques-uns plus attachants encore que les autres, et de ces figures choisies aucune ne le dispute en grâce, en ardeur, en beauté à celle du lieutenant Antoine de Levezou de Vezins.

Ce n'est point ici le moment de rappeler cette vie si courte, terminée à vingt-cinq ans, au soir de Gravelotte, et ce vaillant enfant s'endormant la poitrine trouée de deux balles, la main sur la garde de son épée, les yeux au ciel, face à l'ennemi. Il était digne de son épaulette, de ses maîtres et de sa race; et si les exemples des aïeux font les hommes, il est vrai qu'il avait puisé dans ceux de son grand-père, le maréchal Oudinot, dont le nom revenait sans cesse sur ses lèvres, le sentiment du devoir et le culte du drapeau.

Au bruit du canon, il avait poussé son premier cri, à l'hôtel des Invalides (son grand-père était alors gouverneur); et il mourut l'oreille bercée par la fusillade. Vie de soldat, digne au reste de cette famille guerrière dont on peut marquer chaque échelon de la généalogie par une de nos campagnes. Quelle pléiade ! Le maréchal, avec ses vingt blessures, domine trois générations : deux de ses fils sont généraux et deux colonels : l'aîné s'illustre à Rome en commandant, en 1849, l'expédition française qui délivre la Papauté, le plus jeune est tué en Afrique. Ses deux gendres, les généraux Pajol et de Lorencez, ont fait toutes les guerres du premier Empire. Parmi ses petits-fils, avant le lieutenant de Vezins, le dernier par l'âge, on compte trois officiers généraux : deux Pajol et cet intrépide Charles de Lorencez, qui, déjà fameux en Crimée, se montra héroïque aux lignes de Puebla.

Tous ces noms voltigent glorieusement comme l'évocation lumineuse de notre armée des temps jadis, aux jours des combats chevaleresques. En ouvrant les *Souvenirs* de la duchesse de Reggio, ils accourent en foule et, pour passer par la bouche d'une femme, ces épopées militaires n'en perdent pas leur caractère de vaillantise, ils y gagnent au contraire un attrait spécial, fait du contraste de l'héroïsme du cœur et de la délicatesse du corps.

Le marquis Costa de Beauregard, dans la préface émue où il nous présente ces pages, a raison de les appeler des « récits de guerre et de foyer »; ces deux notes résonnent sans cesse, et la maréchale porte au front, avec la flamme de la gloire, le diadème aux feux plus doux de l'amour domestique. C'est à la réunion de ce double sentiment que le livre emprunte sans doute le charme particulier qui s'en dégage et sait nous peindre les événements les plus tragiques : ceux de la retraite de Russie, sous des couleurs aussi poignantes que le récit le plus belliqueux. Texte et préface sont dignes l'un de l'autre; on regrettera peut-être que les commentaires, assez rares heureusement, dont, çà et là, l'éditeur prétend souder les parties tronquées des « Souvenirs » de la duchesse, aient une allure prétentieuse et poussive [1], d'autant plus frappante

---

[1]. Je ne veux pas insister sur un point, qui importe très peu au mérite personnel de ce qui est véritablement le livre : cependant, comment ne pas être agacé par ces réflexions de M. Stiegler ?

« C'est ce jour-là que commença pour Oudinot cette longue série de blessures qui allaient poinçonner, sur son indestructible corps, un réseau de cicatrices ! » — « Un chef qui s'aventure sous la pointe des sabres en payant ses grades avec le sang de ses plaies. » — « Trempant son âme aux échos du canon répercutés par les Alpes. »

qu'ils étaient moins utiles. Ils font involontairement songer à ces chefs de musique qui passent leur vie à faire exécuter des « fantaisies » sur *Guillaume Tell*, « quand il serait si simple, disait Jules Noriac, de jouer *Guillaume Tell* tout court ! »

Fort heureusement, ces vétilles disparaissent derrière le récit de la maréchale, et c'est avec l'espérance de lire un jour le texte intégral que je veux parler des « Souvenirs » si précieux qui nous sont donnés.

Eugénie de Coucy avait un de ces noms qui nous reportent aux croisades ; la fortune paternelle n'était pas en rapport avec la splendeur de son blason, la Révolution vint encore disperser les derniers débris de ce patrimoine modeste. Mlle de Coucy passa son enfance dans un petit village de Champagne, en une vieille maison de famille à la cour carrée, tapissée d'herbe fine, entourée de claires-voies qui laissaient apercevoir les grands vergers. Une rose audacieuse qui, ayant percé le mur de sa chambrette carrelée, y poussait sans suggérer à personne l'idée d'une réparation, nous apporte bien l'image de la vie, des habitudes, des pensés immuables de cet intérieur composé d'une mère, jeune et veuve ; de

— « Serrer une main affectueuse qui ferme les yeux d'une mère en même temps qu'elle tient fermement l'épée de la France. » — « Un corps ciselé de balafres où la patrie puise comme en un réservoir généreux ! »... etc. Monsieur Prudhomme n'eût pas mieux dit.

« mon oncle l'abbé », ancien vicaire général ; d'une tante chanoinesse, préposée à la direction de la maison ; d'un beau frère, autrefois chevalier de Malte ; d'une autre tante vouée à son mari et à ses enfants.

Tout ce monde respectable, souriant, modeste, digne et chrétien, vivait proche la petite ville de Vitry où n'existaient ni fracas, ni luxe ; c'était l'endroit de France où les questions politiques étaient le moins agitées ; quelques intimes déplorant, sans colère, les jours néfastes que l'on venait de traverser, célébraient à huis clos les anciennes solennités de la monarchie : les églises se rouvraient, les émigrés rentraient et quand, le 2 décembre de l'année 1804, fut sacré l'Empereur par le Pape à Notre-Dame, cet événement « d'une nature si prodigieuse » étouffa les murmures et détruisit les dernières hésitations ; « ceux qui ne se réjouirent pas surent, dès ce moment, se soumettre et se taire. »

La Champagne, province presque frontière, fournissait un grand nombre de soldats ; une des gloires les plus pures de nos armées était alors un de ses fils, né à Bar-le-Duc : le maréchal Oudinot ; et ses rares apparitions au pays natal, entre deux campagnes, faisaient l'objet des conversations de tous. Mlle de Coucy s'enfiévrait aux belles histoires de guerre que lui contaient les amis de sa famille qui servaient sous les ordres du duc de Reggio. « Je me le représentais, dit-elle, démesurément grand et gros, avec une voix de tonnerre, des gestes et le ton du commandement, armé jusqu'aux dents, traînant toujours un grand sabre. »

Quand elle put l'approcher réellement, dans une soirée donnée en sa maison de Bar, dès le premier coup d'œil, il déconcerta toutes les idées qu'elle s'était faites sur lui. « Sa taille souple et mince offrait cette bonne grâce particulière à qui porte habituellement l'uniforme ; sur son teint très pâle se dessinaient de fines moustaches brunes; son sourire un peu fier, fugitif et rare, était néanmoins parfaitement gracieux; son regard perçant se fixait peu, et il y avait dans tout l'ensemble de cette physionomie quelque chose de profond et de rêveur qui préoccupait. »

On devine tout le roman platonique qui prit naissance dans cette imagination de jeune fille. Les sentiments les plus vifs coudoient de très près souvent le ridicule et c'est leur sincérité qui les sauve de cet écueil. Tel fut le cas d'Eugénie. Elle rêvait de gloire plus encore que de mariage : mais à vingt ans, l'avenir se confond toujours avec l'hyménée. Qui lui eût dit le sort qui l'attendait l'eût sans aucun doute bien surprise ; et croyait-elle écrire sa propre histoire, en cette soirée de printemps, où, sous les saules et sur les gazons de la petite rivière de la Doutre, faisant ses adieux à son amie d'enfance, Pauline de Montendre, qui partait le lendemain, elle devisait avec elle de leurs années futures ?

« Tu ne reviendras de longtemps, lui dis-je. On te mariera là-bas. — Et toi ici, » me répondit-elle. Un silence suivit ces paroles. Nous continuâmes à marcher, perdues dans cet inconnu sans terme qui s'ouvre devant la jeunesse. Tout à coup, en s'arrêtant, Pauline dit : « Promets-moi de m'annoncer ton mariage comme je te préviendrai du mien, par le simple envoi d'un anneau d'or ; les détails viendront après. » — Frappée de l'originalité de cette pensée, je l'adoptai, en ajoutant : « Oui, mais si mon futur ou le tien est décoré de la Légion d'honneur, il faudra mettre une étoile à l'anneau. — C'est bien, reprit-elle ; mais deux étoiles s'il est baron. — Trois s'il est comte, m'écriai-je. — Et s'il est duc ? reprit Pauline. — Ah, ce serait alors un jonc de diamants. »

« Nous rentrâmes égayées par cet étonnant entretien. Les adieux suivirent de très près et, deux ans plus tard, c'était moi qui envoyais le jonc de diamants [1]. »

En effet, le maréchal Oudinot avait remarqué la grâce de la jeune fille, et quand, ayant perdu sa femme, il songea à se créer un nouvel intérieur, sa pensée se reporta sur Mlle de Coucy.

Celle-ci a écrit cette phrase charmante, qui peint

---

[1]. *Récits de guerre et de foyer*, p. 110.

bien l'état d'âme d'une enfant de vingt ans : « J'avais peur de l'avenir, et je désirais cependant des événements dans ma destinée. » — Or, si le mariage est un grand événement, s'il est même, à cette époque de la vie, « l'événement » tout court, qu'en faut-il dire lorsque, d'un coup de baguette, il vous crée maréchale et duchesse? — Bercée, comme toutes ses contemporaines, par le bruit des armes, habituée à voir les hommes en uniforme, portée à admirer par-dessus tout la gloire militaire, Eugénie de Coucy ne répugnait à rien de ce qui lui était offert avec grâce, dignité et tendresse. « Elle sait, avait dit le maréchal, avec une rondeur qui n'était pas sans fierté, en faisant sa demande, — elle sait que j'ai six enfants, quarante-quatre ans et cinq cent mille livres de rente. Quant à ma position sociale, elle est connue, et je serai heureux de la lui faire partager. »

L'éclat de ce nom illustré à Friedland et à Wagram fut d'un grand poids dans la balance, effaçant la différence d'âge; c'était l'idéal qui se présentait à Mlle de Coucy; elle n'eut pas la tentation de le repousser.

A Vitry, le 18 janvier 1812, par un froid vif, sous un ciel voilé et avec la célérité habituelle à cette génération qui marchait droit au but, on célébra la cérémonie. Les détails en sont typiques et donnent la note bien exacte des mœurs simples de ce temps-là. Qui voudra peindre la vie de province, et une « noce » en 1812 devra consulter désormais ces pages charmantes. Témoins, repas, présentations, cadeaux, messe à minuit dans la vieille église illuminée, tout est vivant, mais parfaitement simple et le grand costume de maréchal d'empire du duc de Reggio trahit seul la splendeur de cette union et le rang social des époux.

Les derniers jours de calme de l'Empire venaient de se lever, on était à la veille d'une période nouvelle de guerre, mais alors cette perspective n'effrayait pas une jeune mariée; à cette époque rien ne semblait impossible, le doute était inconnu, la difficulté n'était jamais admise; y avait-il des obstacles? On mettait la volonté à la place de tout. Et trois semaines après, la jeune duchesse partait pour son voyage de noce, côte à côte avec l'armée qui se mettait en route vers la Russie. Après un séjour brillant à Berlin, il fallut rentrer en France et voir partir Oudinot commandant en chef du 2e corps, qui allait manœuvrer sur la Dwina. Mais à la nouvelle d'une blessure la maréchale n'écouta que son courage : elle s'enfuit de Bar-le-Duc pour rejoindre son mari à Wilna, courant l'Allemagne, la Prusse, la Pologne, dans des chemins défoncés, des villages ruinés autour desquels s'agitaient des paysans en guenilles, à travers des bivouacs abandonnés et des feux éteints.

La duchesse a vécu ces jours horribles, et son récit est saisissant. Elle a vu, avec stupeur, ces débris d'armée sans chefs, sans drapeau, sans uniformes, sans armes, échappés au désastre de la Bérésina. Elle a entendu, avec une surprise inquiète, les murmures, les colères contre Napoléon, dans la bouche de ces soldats habitués à l'acclamer. Sa première question, car elle est de son temps, c'est : « Où est l'Empereur? » et les officiers lui répondent d'un air sombre, avec des larmes de rage qui coupent leur parole véhémente : « L'Empereur ! c'est de ses victimes que nous avons à nous occuper; sa folle entreprise, son ambition sans limites, son égoïsme sans exemple nous coûtent 400.000 hommes!! » Et à la nouvelle qu'il vient de traverser Wilna, la nuit, comme un fugitif, abandonnant les survivants de ses troupes, c'est un concert de malédictions; Oudinot, encore optimiste, est impuissant à arrêter le torrent d'invectives qui monte contre Napoléon¹.

Il fallait revenir; la route fut longue et combien périlleuse, angoissante, mortelle! Les tableaux de la duchesse de Reggio, malgré la sobriété de l'expression, font une impression profonde.

La voiture où elle ramène le maréchal blessé s'ébranle, protégée d'un peloton de cuirassiers,

---

1. *Récits de guerre et de foyer*, p. 214.
2. *Id.*, p. 220.

mais le froid les couche à terre et peu à peu, homme par homme, l'escorte diminue, s'égrène, se fond, aucun cavalier n'atteint le premier bivouac. La maréchale les voit tomber un à un ; « les deux derniers que je pus apercevoir avaient leurs longues moustaches raidies par les glaçons qu'avait formés leur respiration. » — Les fugitifs arrivent à une maison de poste ; elle est brûlée ; il faut partir. — Le jour, la nuit se succèdent, les chevaux s'abattent, les hommes meurent, on se heurte partout à des ruines ou à des cadavres. — Un soir, au sortir d'une rafale de neige, c'est en se battant, en traînant de leurs mains au dehors des morts et des moribonds, que les aides de camp d'Oudinot parviennent à lui procurer une place dans une grange où d'autres officiers généraux, pêle-mêle avec la troupe, sont « tellement entassés qu'ils ne pouvaient ni s'asseoir, ni s'étendre ». On ranime, à l'arrivée du maréchal et de sa femme, avec le bois d'une roue de canon, le feu prêt à s'éteindre. « Tout ce qui remplissait la pièce ne pouvait céder au sommeil ; je vis pour un moment le général Loison, qui dominait le matelas sur lequel nous étions étendus, fermer les yeux et chanceler au-dessus de nos têtes. Sa chute nous eût aplatis, je crus utile de la prévenir [1]. » — Les vivres manquent ; impos-

---

1. *Récits de guerre et de foyer*, p. 232.

sible de panser le maréchal, car les remèdes gèlent; enfin, voici un château, c'est le salut; un chemin raboteux y conduit, les chevaux harassés y parviennent. Il faut s'enfuir au plus vite : le typhus y règne, et le ciel glacé, au milieu d'un désert de neige, est encore moins dangereux que ce toit empesté.

Et c'est ainsi que se continua à travers la Pologne et la Prusse « ce voyage de noce » commencé si allègrement quelques mois auparavant.

Oudinot combattit dans les campagnes d'Allemagne et de France. A Arcis-sur-Aube, une balle en pleine poitrine lui fit sa vingtième blessure. Après l'abdication de Fontainebleau, il se rallia aux Bourbons. Sa gloire militaire le fit bien accueillir, et les sentiments tout royalistes de la famille de la duchesse lui valurent un particulier accueil.

Il commandait à Metz, lorsque Bonaparte revint de l'île d'Elbe; son culte de la parole donnée ne lui laissa pas d'hésitation. Mais le devoir ne va pas sans sacrifices, et son cœur de soldat ne put que saigner, « quand il eut reconnu de ses yeux, hissées par la révolte à la tour de la cathédrale, ces trois couleurs qui lui avaient été si chères et qu'il ne pouvait saluer ».

A l'écart, il attendit les événements, résistant de son mieux aux sollicitations de Napoléon qui ne devait plus être qu'un usurpateur pour tous les gens d'honneur, sachant lui faire cette noble réponse quand un ordre le convoqua dans le cabinet des Tuileries : « Je ne servirai personne, sire, puisque je ne vous servirai pas. » Et pour vivre, il vendit, avec ses équipages, une partie des diamants de sa femme.

Louis XVIII reconnut cette loyauté en le nommant commandant en chef de la garde nationale. Il avait ses appartements dans le splendide hôtel du duc de Choiseul et, comme il tenait table ouverte pour les officiers de service, pendant onze ans, la duchesse vit défiler sous ses yeux toutes les célébrités parisiennes : magistrats, financiers, artistes, auteurs, poètes, le « Tout Paris » d'une époque où les cosmopolites n'avaient pas encore droit de cité dans nos murs.

A son tour, la maréchale Oudinot reçut du Roi la marque la plus flatteuse de confiance en étant nommée dame d'honneur de la duchesse de Berry. Ses Mémoires deviennent à ce moment bien précieux pour l'histoire de la cour dont les moindres aventures lui sont familières.

L'assassinat du duc de Berry nous est retracé, dans sa palpitante réalité, avec une sobriété d'expression qui ne lui apporte que plus de vie.

« Plongés dans une commune stupeur, nous descendîmes sous ce petit vestibule qui donnait une entrée particulière à la loge de Leurs Altesses

Royales. Là, je perdis de vue toute autre chose et montai devant moi un escalier roide et droit, obstrué par beaucoup de personnes dont la dernière, assise sur une marche, touchait la porte fatale.

« A la lumière qui éclairait fablement cet ensemble, je reconnus Mme la duchesse d'Orléans. Sans pénétrer, elle attendait au plus près les nouvelles de cette chambre. « Passez, passez, me dit-elle, en se serrant, votre place est là; » et elle me montrait la porte... Sur quelques matelas assemblés à la hâte était étendue la victime. Son teint, ses lèvres étaient livides. Déjà les ombres de la mort étaient répandues sur son front, et cependant ces yeux mourants avaient encore une expression prodigieuse. A sa tête, était sa femme, vêtue d'un peignoir ensanglanté déjà, qui avait remplacé la robe de soie aussi ensanglantée dont on venait de la débarrasser. Elle tenait la main du prince. Dupuytren se fit entendre pour déclarer qu'il allait élargir la blessure qui ne saignait plus. En effet, c'était des masses de sangsues qu'on avait jetées par poignées sur cette large poitrine découverte que venaient les traînées de sang qui effrayaient nos regards; mais la blessure proprement dite, produite par une fine lame, semblait refermée, et l'épanchement intérieur était imminent.

« ... Le premier usage que le prince fit de la parole, qui venait de lui être rendue par l'écoulement du sang, fut de demander un prêtre. Mgr de Latil, archevêque de Reims, était là ; penchant son oreille sur les lèvres du mourant, il recueillit une confession que chacun pouvait craindre d'entendre, tant le hoquet saccadait cette navrante parole. L'on finit par mettre, avec autant de précautions que possible, le matelas par terre, afin que le prêtre, presque couché sur le malade, eût plus de chances de l'entendre seul.

« ... Tous ces devoirs accomplis, le malheureux prince se demanda, tout à coup, ce qu'il avait pu faire pour s'attirer un tel traitement ; puis, comme pour expier cette pensée, il dit : « Peut-être, sans le vouloir, l'avais-je blessé ? »

« Déjà la pâle lueur de cinq heures se montrait à travers l'éclairage de cette chambre funèbre ; la poitrine du prince s'embarrassait, ses paroles devenaient de plus en plus ares, une stupeur mortelle pesait sur les témoins de cette agonie, quand le mourant semblant se ranimer à un faible bruit qu'il entendit le premier, dit d'une voix forte : « C'est l'escorte du Roi ! »

« Voici Sa Majesté devant le lit mortuaire de cet héritier de sa race, hier encore si rempli d'espérance et de vie ; mais le mourant ne laissa pas perdre une des secondes qui lui restaient pour arriver à son but : « Sire, dit-il d'une voix suppliante, je vous attendais pour vous demander, comme dernière grâce à m'accorder en ce monde, la vie de l'homme... »

« Et comme le saisissement du Roi ne lui permit pas de répondre de suite : « Ah ! mon oncle, hâtez-vous, la vie de l'homme !... — Parlons de vous, mon fils, » dit alors Sa Majesté.

« Une troisième supplication sortit encore de ces lèvres qui blémissaient de plus en plus ; mais ce fut tout ce que nous entendîmes, parce qu'en ce moment Mme la duchesse de Berry, prise d'une attaque de nerfs, fut emportée. Je la suivis, mais je n'eus ni le pouvoir ni la volonté de l'empêcher de rentrer, et alors tout était fini...

« La tête immobile du défunt était soutenue par Dupuytren qui, de l'autre main, tenait une glace devant la bouche qui n'exhalait plus aucune respiration. Le Roi, le malheureux père, le frère, la sœur, cet entourage navré contenant les sentiments qui l'étouffaient. Oui, c'étaient dans ce premier moment, la mort et son silence !... »

Le deuil de cour fut rigoureux : la duchesse de Reggio en porta plus que personne le poids et la tristesse : « Nous vîmes occuper au pavillon de Marsan les appartements tenturés, du parquet au plafond, de drap noir. Plus de glaces, plus de dorures, rien ! Telle était l'étiquette. Les grandes et nombreuses croisées de ces pièces immenses don-

---

1. *Récits de guerre et de foyer*, pp. 415-419. Détails pleinement confirmés dans les *Mémoires* d'un autre témoin oculaire, la duchesse de Gontaut, pp. 203-210.

naient, en plein jour, à peine assez de lumière pour les obligations de la vie, tant les noirs reflets du drap diminuaient la clarté. Mais l'épreuve du soir était pire encore. Vainement de nombreuses bougies étaient placées çà et là; nous n'en étions pas moins dans un tombeau. Par concession, l'en n'avait tenturé qu'en drap gris la chambre à coucher de Son Altesse Royale. Le deuil du personnel de la maison fut pris avec la plus entière rigueur; outre mes vêtements de laine que je portai pendant plus d'un an, j'avais dû faire aussi draper ma voiture, c'est-à-dire envelopper les panneaux de drap, lequel recouvrait même mes armes; mes gens étaient également en grand deuil [1]. »

Mais la vie, c'est sinon toujours l'oubli, du moins toujours le changement. Et l'existence de la duchesse de Berry, se modifiant, entraîna la dame d'honneur de la princesse dans son nouvel orbite. — Elle fut le premier témoin de la naissance du duc de Bordeaux; à l'agonie de Louis XVIII, ses fonctions lui donnaient rang dans la chambre même du mourant; pour le sacre de Charles X, elle vint à Reims et, privilégiée, logeait à l'archevêché, était présente à la cérémonie de la cathédrale comme au dîner d'apparat; lors de la fameuse revue de la garde nationale, le 12 avril 1827, elle était au Champ-

---

[1]. *Récits de guerre et de foyer*, p. 426.

de-Mars dans la voiture qui suivait celle du Roi et c'était son mari qui commandait ; elle accompagne la duchesse de Berry à la Grande-Chartreuse, dans ses séjours à Dieppe, dans ses voyages du Midi; à à ce bal extraordinaire du Palais-Royal qui semble, en juin 1830, le suprême éclat de la royauté, le point de jonction entre le règne déjà clos du souverain légitime et l'arrivée prochaine au pouvoir de l'usurpateur, la duchesse de Reggio parcourt les salons, admire le Roi, et voit sa princesse « danser jusqu'au jour » sa dernière valse !

On comprend quel intérêt présentent les « Souvenirs » d'un pareil témoin.

Il faudrait l'accompagner pas à pas dans ses excursions historiques, pour en savourer tout l'attrait ; et je m'en voudrais en les résumant, de déflorer le charme et la délicatesse de ses récits. Au courant de la plume, je signale le nouveau gage de respect à son serment donné par Oudinot après l'insurrection de 1830; les démarches de la maréchale pour aller partager, dans la prison de Blaye, la captivité de la duchesse de Berry. Puis les jours passent, les hommes meurent et sur la fin de sa carrière, quand l'acuité des événements politiques est émoussée, le vieux maréchal accepte de terminer sa vie au milieu des glorieux vétérans de nos armées; il s'endort au mois de septembre 1847 et reste enseveli dans l'hôtel des

Invalides, à l'ombre de ces drapeaux et de ces canons ennemis dont plusieurs avaient été sa conquête.

Avant de mourir, dix ans après, dans les pratiques religieuses chères à toute sa vie, en ce pays de Champagne rempli par le nom dont elle se glorifiait, que la duchesse ait bercé sa douleur dans le souvenir du grand soldat qu'elle pleurait, rien de plus juste; rien aussi de plus naturel qu'elle ait voué à cette mémoire un culte un peu exclusif et qui lui paraissait, à elle, encore trop incomplet. Écrivant pour les siens des souvenirs intimes, elle voulait allumer en eux le sentiment de la dignité de leur nom et aujourd'hui que ce mâle exemple, dépassant le cercle de la famille, nous est offert, nous pouvons joindre nos remerciements à la gratitude de ses enfants. Nous devons surtout faire notre profit des leçons viriles que nous donne une femme d'un si grand caractère et d'un si noble cœur.

LE DERNIER SOLDAT
DE LA RESTAURATION

I

Quelle qualité rechercher la première dans des souvenirs historiques ? Ne semble-t-il pas que ce doive être la sincérité ? Et l'auteur n'aurait-il pas joué un grand rôle, s'il est vrai, il me paraît suffisamment intéressant, par cela même qu'il me met en présence des événements réels, et que je vois ce qu'il a vu.

Tel est le mérite particulier des *Mémoires* du général de Saint Chamans. Choisissons-les pour leur ton de franchise et leur accent de simplicité.

« J'ai pris la plume, dit l'auteur, non pas dans l'intention de faire un livre, mais seulement de raconter aux miens les choses que j'ai vues et la part que j'y ai prise ; je ne leur dirai rien que la vérité, ils me liront quand je ne serai plus, je n'ai donc aucun intérêt à rien déguiser : on ne rougit pas dans le tombeau.

« Qu'on me passe une comparaison qui me

paraît juste : un marchand frelate son vin dans l'intention de le mieux vendre, moi qui ne vends pas ma drogue, je veux la livrer à mes neveux telle qu'elle est, et leur faire avaler du *Saint Chamans* tout pur; peu m'importe leur grimace, s'ils ne trouvent pas le cru bon. »

Et à quoi fut mêlé, en sa vie, cet homme véridique « prompt à saisir les ridicules des autres, et même les siens, sans pourtant s'en défaire » ?

Voici sa réponse :

« J'ai vu de près toutes les époques mémorables de mon temps, c'est-à-dire ce qu'il y a eu de plus terrible, de plus atroce, de plus admirable et de plus merveilleux dans l'histoire de France, car quel pays a jamais présenté le spectacle que la France a offert aux yeux du monde entier depuis 1789 jusqu'en 1830? »

Appartenant à une famille militaire, fils du colonel du régiment de la Fère, le comte de Saint Chamans a marqué dans l'armée et il avait les qualités nécessaires pour y réussir : la vivacité d'esprit, l'entrain, le courage, la franchise, jusqu'à cet extérieur agréable qui prédispose à la confiance pour les vertus, et même à l'indulgence pour les défauts.

Il ne l'ignorait pas : « J'étais bien tourné, mince et d'une jolie taille; j'avais la main et le pied d'une petitesse remarquable ; on m'a toujours dit dans mon enfance que j'avais une jolie figure; moi, je la trouvais charmante, et je n'en ai jamais rencontré une qui me plût autant. »

Le fabricateur souverain
Nous créa besaciers tous de même manière.

Et voilà la Fontaine, commenté par un soldat. Soldat il l'était à dix-neuf ans, en 1801, au 9ᵉ régiment de dragons. Trois années après, nous le retrouvons officier d'ordonnance du maréchal Soult et il demeure assez longtemps dans son intimité pour nous fournir sur ce personnage célèbre une foule de traits piquants, plus indulgents que sévères, qui sont, à tout prendre, un témoignage assez favorable à la mémoire du duc de Dalmatie.

Comme Marbot avait gardé de Masséna un souvenir reconnaissant, M. de Saint Chamans n'oublie pas le chef auquel il a été attaché, et tous deux apportent ainsi, par la fidélité de leurs sentiments, le meilleur éloge que puissent recevoir ces deux hommes de guerre, par tant d'autres côtés peu susceptibles de louanges.

M. de Saint Chamans donna à Austerlitz son premier coup de sabre ; ce fut un Cosaque qui le reçut. A Eylau, il parcourut le champ de carnage sous la mitraille et garda de cette horrible mêlée le souvenir poignant qui remua tous les témoins, l'Empereur lui-même, à qui ce n'était pas faire sa cour que de rappeler cette boucherie dans la neige et sous la brume du Nord.

Le « militaire » voyageait beaucoup en ce temps-là : à peine revenu d'une mission à Saint-Pétersbourg, Saint Chamans part pour l'Espagne.

Il y passe trois ans au milieu des vicissitudes de cette guerre au couteau. Colonel, il fait partie de la grande armée et franchit le Niémen. Il est roulé dans l'horrible retraite que l'on sait, et brisé, blessé, mourant, se trouve ballotté par le remous de la déroute dans les petites villes de l'Allemagne, qui deviennent pour les vaincus des campements successifs. Il fait la campagne de 1813, il est blessé de nouveau et après Leipsick demeure prisonnier de guerre.

Le retour des Bourbons ne pouvait que lui plaire; sans qu'il y fasse d'allusions trop vives, on le sent très bien, et il peut figurer comme le trait d'union entre l'armée impériale à laquelle il appartient par ses services, et l'armée royale où sa naissance lui donne un rang que sa valeur soutenait aisément.

Aussi, en 1815, demeure-t-il fidèle à ses serments; il ne sert pas pendant les Cent Jours, et commande une brigade de la Garde dès que Louis XVIII est revenu aux Tuileries.

Il est gentilhomme de la Chambre, il reçoit un commandement en Espagne, en 1823, et ces emplois divers le font assister à nombre d'événements que nous revivions avec lui. Quand luisent les journées de Juillet, lugubres malgré la clarté d'un soleil ardent, il maintient l'honneur du drapeau contre les faiseurs de barricades et, à travers Paris insurgé, il accomplit une marche militaire qui est le dernier acte viril de la garde royale décimée.

Sa vie publique s'arrête là. A cette indication, trop sommaire, des circonstances qui en forment la trame, on voit que ses souvenirs peuvent être intéressants.

Ils le sont aussi sans recherches d'effets littéraires, sans souci de visées historiques. Le comte de Saint Chamans n'était point un personnage si célèbre. On ne peut se dispenser de présenter au lecteur les grandes lignes de sa carrière avant d'aller chercher çà et là, dans ses *Mémoires*, les détails qu'il convient d'en garder; ceci fait, on peut ouvrir son livre, sachant qui va parler.

A tout seigneur, tout honneur. Comment se serait-il tu sur Napoléon? Il ne cache pas les défauts du despote, encore que le despotisme soit mieux accepté et plus acceptable, se confondant naturellement, dans l'armée, avec la discipline. Il parle donc de l'ambition de l'Empereur comme tout homme de bon sens en peut parler; mais il manifeste bien à sa manière l'ascendant moral qu'exerçait sur tous ceux qui l'approchaient la toute puissance du génie. Envoyé par le maréchal Soult pour porter une réponse à Napoléon, il s'émeut, balbutie, demeure court, et l'Empereur sourit d'un silence qui pouvait passer aussi pour une louange raffinée et éloquente.

On rencontre des traits dont la sobriété peint bien les personnages. J'en prendrai un seul, il s'agit du duc de Rovigo :

« Me parlant de l'officier prussien dont les discours imprudents avaient été la cause de ma mission à Pétersbourg : « Pourquoi, me dit-il, le maréchal Soult n'a-t-il pas fait arrêter cet homme aux premiers renseignements qu'il a eus sur lui ? » — Je répondis que, sans doute, le maréchal avait attendu quelque chose de plus positif que des discours en l'air rapportés par un misérable espion. — « Bah ! répliqua Savary, il n'y faut pas tant de façons; quand je me suis bien persuadé que quelqu'un veut nuire au service de l'Empereur, je fais arrêter et expédier mon homme, et on n'en entend plus parler [1]. »

On peut dédier aux incrédules ce commentaire rétrospectif de la mort du duc d'Enghien.

Après le drame, le vaudeville; nous sommes en Espagne, au fond de la province de Léon, dans un village près de Benevente; Saint Chamans apporte des lettres au général Delaborde, qui, craignant un

---

1. *Mémoires du général de Saint Chamans*, p. 86.

ordre de marche, joue la maladie et s'écrie que la goutte l'empêche de monter à cheval.

« Il commença, d'un air renfrogné, à lire ce que je lui apportais; mais je vis bientôt son visage se dérider, et ce cacochyme qui, un moment avant, n'aurait pu mettre un pied devant l'autre et traînait ses paroles comme un agonisant, s'élança vivement hors de son lit et, courant à la porte de sa chambre, d'une voix triomphante appela son aide-de-camp : « Bardinet, Bardinet, lui cria-t-il, venez me faire « compliment : l'Empereur m'a nommé comte ! « Venez, venez vite, il faut faire un ordre du jour « pour la division ! »

En consultant sur le maréchal Soult ces *Mémoires*, — et on ne saurait désormais n'en pas tenir compte, — il reste que ce fut un général appliqué, laborieux, avec des moyens personnels et quelques mérites de premier ordre.

Il demeure aussi prouvé que l'ambition le rongeait. Bien avant que la couronne de Portugal ne le tentât, il était inquiet du succès de ses compagnons d'armes et fort jaloux des distinctions qu'il partageait. « Le maréchal Soult désirait et espérait être appelé duc d'Austerlitz; c'était effectivement son plus beau fait d'armes [1], et l'époque la plus glo-

---

[1]. Je dois remarquer que Thiébault le lui conteste absolument, et l'accuse en propres termes de s'être caché pendant l'action. *Mémoires*, tome III, pp. 506-510.

rieuse de sa carrière militaire; mais Bonaparte ne voulait partager avec personne l'honneur de cette belle victoire, et le maréchal Soult reçut le titre de duc Damaltie, pays où il n'avait jamais été et avec lequel il n'avait rien de commun. Il en conçut un violent dépit, mais la grosse dotation qui accompagnait le titre de duc dut l'apaiser un peu. »

La tentative de Soult pour saisir la couronne de Portugal reçoit ici une telle confirmation qu'on ne peut plus la mettre en doute; Saint Chamans était aux premières loges pour bien voir, pour tout savoir, et il fournit les détails les plus circonstanciés [1]. Le fait a été nié, il paraît indiscutable aujourd'hui, et les affirmations de Bigarré, de Marbot, sont corroborées sans conteste [2].

Avec la majeure partie des officiers de sa génération, M. de Saint Chamans a passé par l'Espagne; cette guerre terrible dura six ans et cette terre de feu engloutit tant d'hommes que les vides durent se combler incessamment. Comme tous ses camarades qui ont laissé leurs impressions, il a écrit des pages nombreuses sur le pays, les habitants, la défense, la conquête, les difficultés, les revers; beaucoup sont intéressantes, aucune n'apprend rien de très nouveau, je ne m'y arrêterai donc pas.

1. *Mémoires du général de St Chamans*, pp. 134, 138, 158.
2. Bigarré, *Mémoires*, chap. 13. — Marbot, *Mémoires*, tome II, p. 364.

Il suffit de dire qu'elles confirment ce que nous savons des excès commis de part et d'autre, et de la maladroite brutalité de notre ingression.

La folle ambition des généraux, la lassitude de la France, l'indifférence et l'égoïsme des classes moyennes à la fin de l'empire; pendant les Cent Jours, les fureurs de la populace dont les excès étaient encouragés par Napoléon qui se jetait dans les bras de la démagogie, toutes ces vérités familières aux contemporains, niées par trop d'historiens actuels, sont prouvées une fois encore. Ajoutons ces témoignages aux précédents; les gens du métiers les iront chercher, il suffit aux autres de savoir qu'ils existent.

La vie du comte de Saint Chamans est fort uniforme pendant toute la Restauration. Si ce n'est au moment de l'expédition d'Espagne, en 1823, il vit à la cour : colonel, général de la garde royale, gentilhomme de la Chambre, connu des princes, estimé de Louis XVIII, apprécié de Charles X, mais tout cela sans éclat, sans tapage, faisant avec régularité ses quartiers de service, avec dévouement, avec une égalité d'humeur qui paraît l'avoir mis ou maintenu en excellents termes avec tout le monde.

J'estime beaucoup, sans les connaître, les personnes qui nous ont donné ces *Mémoires* et je les loue pour n'avoir pas accommodé le texte qu'elles livraient au public à la façon dont elles auraient peut-être souhaité qu'il nous fût présenté. On n'est point assez en garde contre cette déplorable méthode et on ne sait pas combien fréquemment des mains filiales, mais mal avisées, arrangent au gré de leurs propres vertus le récit d'un grand-père.

On invoquera l'exemple du prince Jérôme qui publia la correspondance de Napoléon Ier de façon à nous le faire voir « devançant la justice des âges » — « tel qu'il eût aimé à se montrer aux regards de la postérité ». C'est trop de licence se permettre et abuser étrangement de son rôle d'éditeur. Dans un sens opposé, on essaie de découvrir partout de petits saints. L'erreur n'est pas moindre; pour ma part, je la condamne énergiquement.

Ceux-ci ne se défendent pas d'un sentiment erroné qui veulent, bon gré mal gré, mettre une unité factice dans la vie d'un respectable ancêtre et les croyances de ses petits-enfants; l'historiette édifiante fleurit alors dans des pages agréablement remaniées de « souvenirs » dont les auteurs seraient bien surpris de se réveiller si bons chrétiens. Beaucoup de nos aïeux étaient excellents royalistes, plus rares, se rencontraient parmi eux les catholiques pratiquants. Il faut les prendre tels qu'ils furent, chevaleresques, dévoués, fiers, prodigues de leur sang, insouciants de leurs misères, légers et… voltairiens. Cela n'empêche pas leurs descendants, mieux élevés ou plus instruits, d'être des serviteurs fidèles de l'Église. Les grands-pères, je ne dirai pas, ne l'étaient guère : ils n'y songeaient même point.

M. de Saint Chamans, enfant pendant les troubles de la Révolution et façonné au milieu des camps de l'Empire, avait eu une jeunesse cavalière ; sa franchise en convenait ; son esprit n'en demeura pas gâté. La cour de Louis XVIII n'était pas faite pour l'habituer aux choses religieuses, sauf un quasi respect purement extérieur. Aussi sa parole gardait-elle un certain accent sceptique, et quand il écrit un « dévot », l'épithète de niais, que sa courtoisie retient au bout de sa plume, est cependant bien près d'en tomber.

Ceci dit pour expliquer et même justifier ses erreurs sur un personnage, objet fréquent de ses sarcasmes, et au sujet duquel, j'ose le prétendre, il se trompe lourdement, c'est M. Franchet d'Espérey.

Franchet d'Espérey était un catholique solide formé par la persécution impériale et qui joua un rôle important comme Directeur général de la police sous Charles X. Il avait un des premiers percé à jour les agissements des loges maçonniques et suivi leurs ramifications antireligieuses et antisociales à travers l'Europe ; le prince de Metternich, venu à Paris, rendait de son intelligence et de ses mérites le témoignage le plus flatteur, qu'il a voulu consigner dans ses *Mémoires* [1]; c'était un homme. J'ajouterai c'était un congréganiste [2]; et sur ce point les fureurs des libéraux ne s'égaraient pas.

Et voilà pourquoi je regrette de trouver, à trois reprises différentes, dans M. de Saint Chamans, une caricature aussi peu ressemblante que possible de Franchet d'Espérey représenté comme grossièrement trompé par ses agents, inventant de faux complots, colportant des nouvelles inexactes, « intrigant sans pudeur totalement dévoué au parti jésuitique ». — J'estime que M. de Saint Chamans ne sait pas bien là de quoi il parle et j'incline d'autant plus à lui trouver mauvaise grâce à écrire ces gentillesses qu'il estropie le nom même de Franchet d'Espérey devenu Franchet d'Espéreux, pour faire le calembour, — oh, très médiocre — de: Franchet le peureux. Il ne le connaissait donc que par ouï dire, et son esprit, mieux éclairé, n'eût pas supposé que le directeur de la police inventait les complots des carbonari.

Ce sont les propres agents de ces sociétés secrètes, si sagement tenues en bride par Franchet, que M. de Saint Chamans retrouva sur les barricades, quand il les combattit, le front haut et la poitrine découverte, dans cette journée du 28 juillet où il illustra sa fidélité et son dévouement. Si M. Fran-

1. Tome IV. — avril 1825.
2. La *Congrégation*, chap. xv.

chet d'Espérey avait été plus soutenu contre les émeutiers de 1827, il y a fort à croire que les insurgés de 1830 n'auraient pas eu à jouer une aussi belle partie.

C'est donc à la veille de voir sa carrière brisée par le gouvernement de Juillet, que le général de Saint-Chamans inscrivit dans l'histoire la page la plus énergique de sa vie militaire.

II

Il ne connut, comme tout le monde, les ordonnances que par le *Moniteur* du 26 juillet. La veille, il était allé faire sa cour à Saint Cloud et nul des personnages qu'il avait approchés ne songeait à lui demander, même par une phrase incidente, l'état des bataillons de la garde dont il avait, en partie, la direction.

Au récit d'émeutes partielles, au bruit de quelque coup de feu, le lendemain soir, il se rendit, traversant des rues encore tranquilles, à la place du Carrousel pour prendre les ordres du maréchal Marmont. Des ordres? Il n'y en avait pas. Des préparatifs? On n'y songeait guère. On se contentait d'envoyer quelques officiers aux nouvelles. Elles s'assombrissaient d'heure en heure. Le 28, d'assez grand matin, le duc de Raguse fit chercher M. de Saint Chamans et lui confia le commandement d'une des trois colonnes qui allaient manœuvrer dans Paris soulevé.

750 hommes de l'infanterie de la garde, 150 lanciers avec leur colonel, le marquis de Chabannes, et 2 canons formaient son effectif; partir de la Madeleine, parcourir les boulevards, arriver à la Bastille, remonter le faubourg Saint Antoine et rentrer au Louvre, telle était sa mission. C'était une promenade militaire; sans commissaire de police, sans sommations à faire, sans mot politique à dire; on prévoyait cependant sur le chemin des rencontres peu pacifiques : « Si on vous jette des pierres, vous répondrez par des coups de fusil; si on vous tire des coups de fusil, vous répondrez par des coups de canon. » C'était Marmont qui parlait avec cette énergie. Il voulait arrêter... trop tard, le mal qui gagnait de place en place. Le général de Saint Chamans comprit son devoir et l'exécuta avec une fermeté à qui la prudence et le tact devaient laisser tout son mérite.

Au café de Tortoni, des orateurs en plein vent s'envolèrent comme une bande de moineaux au contact de ses voltigeurs; en face du passage des Panoramas, des groupes agités se dispersèrent; à la hauteur du Gymnase son avant-garde se heurta à la première barricade, qui fut renversée; au coin de la rue Saint-Denis, des coups de feu partirent des maisons et un rassemblement armé fit mine de se jeter sur les troupes : une volée de mitraille, et en un clin d'œil les émeutiers, évanouis dans les rues latérales, laissèrent la place entièrement déserte.

La gravité des choses n'apparut qu'au Château d'eau ; une fusillade nourrie obligea de répondre de même et M. de Saint Chamans constata avec effroi que ses hommes manquaient de cartouches ; on ne lui avait pas donné de caissons de munitions ; il n'avait pas eu la précaution de s'en faire suivre ; il voulut réparer sans attendre cette imprudence en envoyant un officier de lanciers les demander au maréchal. A peine engagé dans la rue Saint-Denis, le capitaine Petit-la-Montagne fut entouré, assailli, désarçonné, égorgé.

Le général de Saint Chamans avançait toujours : en débouchant à la Bastille, il trouve des cuirassiers de la garde, un escadron de gendarmes, un régiment de ligne ; il assure sa base d'opération par des patrouilles et envoie d'urgence un second officier, le major Imbert de Saint Amand, au duc de Raguse ; et à la tête de la colonne entre dans le faubourg Saint Antoine. Il le parcourt jusqu'à la place du Trône sans laisser une barricade debout. Sa troupe est harassée ; partis, le matin, de Saint Cloud, avant la soupe, marchant, chargés de buffleteries, le bonnet à poil en tête, par une chaleur de canicule, étant montés vingt fois à l'assaut, sous les balles, ses hommes, mourant de soif, ont besoin de repos.

A leur attitude pacifique les gens du faubourg se montrent sur les portes, se mêlent à leurs rangs. Le général en profite pour les exhorter au calme; une femme du peuple s'approche de son cheval et en gesticulant lui dit qu'il est impossible de rester tranquille lorsqu'on est sans argent pour acheter du pain et que les ateliers sont fermés. « Je lui donnai une pièce de cinq francs, a raconté le général[1], et elle se mit aussitôt à crier à tue-tête : *Vive le Roi! Vive le Roi!* Ce cri fut vivement répété par plusieurs de ceux qui m'entouraient et qui me tendaient leurs mains. Je pensai alors qu'un fourgon du trésor, placé en tête de ma colonne, m'aurait été beaucoup plus utile que mes pièces de canon et aurait produit des résultats plus prompts et plus avantageux pour la cause royale que les caissons de cartouches que j'avais fait demander. Le gouvernement devait bien savoir, par sa police, qu'à l'apparition des ordonnances les chefs des grandes fabriques avaient fermé leurs ateliers afin de pousser les ouvriers à la révolte par l'oisiveté et le mécontentement. Malheureusement ceux qui avaient jugé les ordonnances nécessaires avaient en même temps trouvé inutile de prendre des mesures pour en assurer l'exécution : ils avaient compté pour cela uniquement sur la divine Providence ; mais en

---

1. *Mémoires du comte de Saint Chamans*, p. 296.

attendant tout du ciel, le salut du trône et du pays, ils auraient dû ne pas oublier ce précepte si sage et d'un si grand sens : Aide-toi, le ciel t'aidera . »

M. de Saint Chamans, comprenant la position, devinant l'état des esprits, saisissant comme à l'aventure un moyen nouveau d'apaisement et par suite de victoire, épuisa sa bourse ; attribuant opportunément à Charles X ces secours aux « indigents ». Les cris de *Vive le Roi !* devinrent enthousiastes et ne s'arrêtèrent qu'au dernier écu. — Quand depuis le prince de Polignac apprit le succès de cette distribution, il se serait écrié : « Faites savoir à M. de Saint Chamans qu'on lui fournira tout l'argent qu'il voudra. » Mais pour cet épisode aussi bien que pour tous ceux qui marquèrent ces funestes journées, il faut répéter le mot fatal : « Trop tard ! »

Toujours sans nouvelles de ses estafettes, jugeant ainsi coupées, comme il n'était que trop vrai, ses communications avec les Tuileries, le général fit partir le colonel de Chabannes escorté de vingt-cinq lanciers. Ils se buttèrent, sur le boulevard, à des abattis d'arbres, dans la rue Saint Antoine à des amoncellements de pavés ; ils se repliaient, impuissants, sur la place de la Bastille, au moment où un homme, vêtu comme un bourgeois aisé, tendait au commandant de la colonne une dépêche sur l'enveloppe de laquelle on lisait : « 10 francs au porteur, si cette lettre est remise au général de Saint Chamans avant quatre heures. » C'était le major Imbert de Saint Amand qui annonçait la mort du capitaine Petit-la-Montagne, comment lui-même avait échappé au même sort sous un habit d'emprunt, l'impossibilité d'envoyer des munitions, et transmettait l'ordre du maréchal de revenir couvrir les Tuileries.

En un instant, on fait marcher les canons en avant, n'ayant plus que deux coups à tirer; les barricades furent enlevées à la baïonnette; mais à la hauteur de la rue Vieille du Temple les voltigeurs, étant épuisés de cartouches, les cuirassiers ne pouvant manœuvrer leurs chevaux, il fallut s'arrêter. M. de Saint Chamans pouvait envahir les maisons qui faisaient pleuvoir sur des soldats français balles, meubles, pierres et tuiles, mais c'était l'égorgement, le massacre : il s'y refusa. D'un mouvement à gauche, il longea la Seine, passa le pont d'Austerlitz, et, par les boulevards extérieurs, gagna les Invalides où il arriva à cinq heures du soir sous un ciel de feu, sans traînards mais avec des hommes brisés et défaillants. A la grille des Invalides, le gouverneur, le vieux marquis de La Tour Maubourg, salua ces derniers soldats de la royauté : il reçut les blessés, distribua des vivres. M. de Saint Chamans installa le bivouac de sa troupe aux Champs-Élysées et courut chez le maréchal Marmont qui lui tendait les mains : « Vous vous êtes conduit en homme d'esprit et en homme de cœur, mon cher général! »

Une nuit de juillet est courte : elle parut longue à ces officiers qu'écrasaient l'anxiété morale et la lassitude physique. Pour assurer les communications avec Saint Cloud, le général dirigea des patrouilles vers Chaillot, au Trocadéro, sur le chemin d'Auteuil, jusqu'au pont de Sèvres. Après de fréquentes fusillades, il rentrait à Paris, quand il croisa le duc de Raguse, qui en sortait. Au milieu du bois de Boulogne, le duc d'Angoulême lui fit de chaleureux remerciments et lui annonça sa nomination de lieutenant général que le Roi avait voulu accorder de suite à son dévouement. Ce fut sans doute le dernier brevet que signa Charles X, gage donné à la fidélité et à la bravoure d'un soldat.

Seuls, les hommes d'épée, en ces heures d'affolement, conservaient l'esprit de discipline, d'abnégation et de courage, et seuls donnaient des conseils virils : dans la soirée de ce jeudi 29 juillet, M. de Saint Chamans suppliait le Roi de ne pas abandonner la capitale et de laisser son armée combattre encore. A la même heure, le général Talon entrait chez le Dauphin : « Tout peut se réparer si votre Altesse Royale veut m'accompagner. Je ne demande que 6 bataillons de grenadiers et une batterie. Je m'engage, Monseigneur, à vous faire coucher dans les Tuileries. »

Déjà ces partis étaient désespérés : il fallait songer, dans leur royaume, à la sécurité des princes de la maison de France ; M. de Saint Chamans avait l'ordre de partir avec les dragons de la garde recevoir à la Croix de Berny la duchesse d'Angoulême qui accourait de Vichy ; il y eut bientôt un devoir plus pressant : la protection du Roi lui-même : Charles X se retirait à Versailles et à Trianon.

Un témoin nous dira l'aspect de Saint Cloud en cette nuit du 30 au 31 juillet :

« Tout était en mouvement dans le château, et cependant tout était silencieux dans les salles, les corridors à peine éclairés. A chaque pas on se heurtait contre des malles, des paquets que l'on entassait sans ordre sur les voitures, et dans quelques fourgons. La nuit était superbe. Rien ne révélait la présence d'une armée entière campée à une centaine de toises. A trois heures précises, le Roi monta dans sa voiture, ayant à sa gauche Mme la duchesse de Berry qui avait des habits d'homme [1]. Les ducs de Duras et de Luxembourg étaient sur le devant. J'étais à la portière avec le duc de Polignac et le comte de Bouillé. On traversa lentement le parc, Ville d'Avray et quelques hameaux situés entre Saint Cloud et Versailles, dont on longea les boulevards pour gagner Trianon... Deux cents cavaliers de la

---

[1] « Le jour de notre départ pour Trianon et Rambouillet, je rencontrai sur le grand escalier de Saint Cloud, Mme la duchesse de Berry, à peu près habillée en homme ; elle me tendit fort gracieusement la main que je m'agenouillai presque pour baiser. » *Mémoires du général de Saint Chamans*, p. 611.

garde, dont on distinguait à peine l'uniforme sous la couche épaisse de poussière qui les couvrait et à travers les longues traînées de sang qui se dessinaient sur la buffleterie du plus grand nombre, avaient retrouvé des forces pour donner au Roi cette dernière preuve de fidélité. La marche ressemblait à un convoi funèbre ; c'était le même silence, une égale gravité, une tristesse aussi grande et sans doute plus vraie que celle qui accompagne à leur dernière demeure les morts dont se soucient peu la plus part des yeux qui composent leur cortège [1]. »

Il était grand jour, quand, le samedi matin, M. de Saint Chamans et sa colonne rejoignirent Charles X.

« En entrant dans Versailles, avant d'arriver à Trianon, j'aperçus dans la rue un bourgeois avec un fusil sur l'épaule, et comme je donnais l'ordre à un officier de le faire désarmer, cet homme, qui m'avait entendu, dit à haute voix : « Oh! soyez tranquille, je n'en veux pas faire un mauvais usage, ni m'en servir contre vous; c'est seulement pour le duc de Raguse; si je le rencontre, je lui ferai son affaire [2]. »

Le campement royal était, à Trianon, encore trop près de Paris. Les espions de l'hôtel de ville et les

---

1. *Mémoires du baron d'Haussez*, tome II, p. 291.
2. *Mémoires du général de Saint Chamans*, p. 513.

embaucheurs de la révolte parcouraient les bivouacs, prêchant la désertion. On franchit les huit lieues qui séparaient de Rambouillet.

Aucun plan d'ailleurs, aucune organisation. Droit devant soi, presque au hasard, on allait, s'éloignant de Paris en révolution, comme on se recule machinalement de la flamme d'un incendie qui tourbillonne. On ne justifiera jamais la torpeur qui saisit en une minute, sur tout le territoire, les royalistes et livra la France, le matin, encore prospère, calme et heureuse, aux outrecuidances d'une poignée d'émeutiers, partout subis, partout acceptés, partout acclamés. Ce sont là des problèmes de psychologie politique dont la croyance à une volonté providentielle permet seule d'entrevoir le mystère, mais que l'histoire, qui les enregistre, est incapable d'expliquer.

M. de Saint Chamans, qui sortait de la bataille et n'aurait pas craint de s'y exposer de nouveau, ne voulait pas combattre sans espérance. Une guerre civile répugnait à son patriotisme autant qu'elle faisait horreur à la bonté de Charles X. Cette folie de révolte qui se répandait comme une traînée de poudre aurait tout à la fois insurgé les populations et débandé les soldats, sans solde, sans munitions et sans vivres, le long du chemin qui conduisait vers la Vendée.

Aurait-il au moins fallu culbuter la tourbe déguenillée qui sortait des faubourgs de Paris et couvrait la grande route de Rambouillet? La chose était facile et dans ce ridicule combat le triomphe assuré aux régiments de la garde. Mais quel résultat? Le sang répandu aurait envenimé les haines, exaspéré les colères, rendu impossible le retour dans la capitale soulevée et furieuse. Il faut regretter la chute de ce trône et convenir que le relever était impossible. Depuis quinze ans, les vers avaient mené leur travail silencieux : à la première secousse, le bois pourri s'effrita pour tomber en poussière.

Charles X avait abdiqué, le duc d'Angoulême cédé ses droits, le duc de Bordeaux vu prendre son héritage; l'audace des révolutionnaires trouvait un secours inattendu dans la faiblesse, l'insouciance et la lâcheté des royalistes. Les débris de la garde furent licenciés. Le 5 août, le Roi passa sur le front des dragons de M. de Saint Chamans pour le dernier adieu. — Leur chef, la voix brisée d'émotion, rendit un témoignage suprême au courage et à la discipline de ses cavaliers : « Sire, il ne manque pas un homme dans les rangs de ce brave régiment, et tous sont prêts à exécuter les ordres qu'il plaira au Roi de leur donner. » Le vieux monarque, attendri, tendit la main au général et son étreinte disait assez qu'il n'oublierait jamais l'officier qui avait montré le dernier aux Parisiens affolés le visage d'un homme de cœur gardant sa dignité, son calme et ses serments [1].

La Mennais, un soir, à La Chesnaie, avec son éloquence pittoresque, disait à ses disciples, en leur montrant le cadran de l'horloge : « Quoi qu'il puisse arriver, sonnez toujours votre heure ! » — L'heure de M. de Saint-Chamans avait sonné dans l'infortune, mais beaucoup pourront envier son sort d'avoir brisé son épée pour une cause si honorable qu'il avait presque seul bien défendue.

[1]. Cinq ans plus tard, la confiance de Charles X appela à Prague, comme gouverneur du duc de Bordeaux, le comte de Saint Chamans; il remplaçoit le baron de Damas ; il eut le marquis d'Hautpoul pour successeur. Voir : les *Mémoires du marquis de Villeneuve* : « Charles X et Louis XIX en exil.

UN CAVALIER DU SECOND EMPIRE

J'avais lu, avec un intérêt passionné, le premier volume des *Souvenirs* du général du Barail, et je craignais, — tant l'esprit est prompt à suivre des chimères et l'imagination habile à se créer des déceptions, — je craignais de ne pas retrouver dans la suite de son récit ce charme entraînant qui caractérise les épisodes de ses débuts militaires. Après les grands coups de sabre et les belles chevauchées du jeune cavalier d'Afrique, trouverait-on chez l'homme fait, chez l'officier grave, chez le chef responsable, la gaieté, communicative et si française qui avait caractérisé le sous-lieutenant ?

Oui certes, et j'ai plaisir à confesser mon erreur, tout au moins à être le premier à sourire de mes appréhensions.

Même crânerie militaire, même ardeur au combat, même intelligence des choses de l'armée, même souci de la santé de ses hommes, de leur moral, de leur bien-être, même respect de la discipline. Belle humeur et vaillant entrain, tout se retrouve ici à un degré égal, encadré dans une langue simple, nette, vibrante, qui va droit au but, sans périphrases ni lenteur.

Le succès qui s'est si justement attaché aux *Mémoires* de Marbot doit accompagner les *Souvenirs* de du Barail. Leurs auteurs sont de la même famille, et signaler leur popularité dans le public français, c'est marquer une bonne note pour eux d'abord, pour les lecteurs aussi.

De 1851 à 1864, ce second volume nous fait passer par toutes les péripéties de la vie très agitée de notre héros.

Jeune capitaine en Algérie, du Barail est d'abord colonisateur; il laisse bientôt, et sans regret, ce rôle pacifique pour aller prendre Laghouat, où il trouve ses galons de chef d'escadrons. Un congé l'amène en France; il est présenté à l'empereur, à Saint-Cloud; pour lui, grosse mais heureuse affaire. En 1856, il quitte cette terre d'Afrique où il venait de passer sa jeunesse, il la quitte le cœur serré, bien que ce soit pour venir occuper, comme lieutenant-colonel, une place enviée aux chasseurs de la Garde. Compiègne et ses fêtes, le camp de Châlons et ses manœuvres alternent les étapes de ses nouvelles fonctions. Colonel, à Versailles, d'un magnifique régiment de cuirassiers, à la tête duquel il fait merveille, souhaitant d'avoir une glace assez grande pour se voir, « des sabots de son cheval à la pointe de son aigrette, » il traverse ensuite la

Méditerranée, heureux d'abandonner les bonnes garnisons de Paris puisqu'il retrouve, sous un soleil de feu, ses chers chasseurs d'Afrique.

Là-bas, autres joies, autres fêtes aussi pour le voyage de Napoléon III et de l'Impératrice.

Puis de nouveaux devoirs : c'est le Mexique qui le réclame ; il s'y conduit en héros, et nous retrace, sans en cacher les imprudences et les fautes, cette expédition plus difficile qu'on ne le pensait d'abord, dont il revient lui-même, malade et épuisé, mais avec les étoiles de général.

Voilà la trame ; on peut croire que l'auteur y met de jolies broderies. Il n'a qu'à clore son dernier volume, par une table nominative et devant nos yeux défilera toute l'armée française avec ses cadres, pendant trente ans.

On verra quels nobles cœurs battaient dans ces poitrines héroïques, et notre respectueuse émotion ira retrouver ces officiers de l'ancienne manière, à qui les connaissances professionnelles faisaient moins défaut que la malveillance ne s'est plu à le dire, savants du moins dans le sacrifice, ivres de l'amour du drapeau, rompus à la discipline par un long service, très éloignés, il est vrai, de cet esprit démocratique qui transforme nos soldats en gardes nationaux, représentants de cette armée magnifique que M. de Mun saluait à la tribune en connaissance de cause :

« Elle a porté haut l'honneur de son nom sur les terrains les plus divers, en face des ennemis les plus différents, aussi bien dans les rudes campagnes de l'Algérie et dans les aventureuses expéditions lu Mexique, que dans les longues et glorieuses épreuves de la Crimée et dans les rapides triomphes de l'Italie. Et quand elle a succombé, quand l'armée du Rhin a péri, elle a jeté, pour son dernier jour, sur le drapeau de la France, un rayon de gloire que le temps et l'injustice n'ont point obscurci [1]. »

Ce sont, on le comprend, des tableaux militaires qui viennent le plus souvent sous le pinceau du général du Barail; il ne faut point s'en plaindre; rares sont les livres écrits par ceux qui savent à fond ce dont ils parlent.

J'en détacherai trois ou quatre passages, avec le regret de ne pouvoir, faute de place, tout citer :

« J'étais par goût un officier de troupe. Des hommes à manier, à instruire, à discipliner et, pourquoi ne pas l'avouer aussi? à moraliser; un bon service en temps de paix, avec beaucoup d'ordre, de régularité, de propreté et d'entrain; de grandes chevauchées, de belles charges, en temps de guerre, dussent la faim et la soif habiter nos bivouacs; vivre au milieu de braves gens, qu'on

---

[1]. *Comte Albert de Mun.* Discours prononcé à la Chambre des députés, le 11 juin 1887.

aime et qui vous aiment; s'en aller enfin dans la vie, bercé sur un bon cheval, en entendant derrière soi le bruit du fer qui choque les routes sonores et le cliquetis des sabres sur les éperons. Tels étaient ma vocation et mon rêve. »

Avec de semblables sentiments, on comprend de quelle ardeur émue bat le cœur d'un guerrier moderne, transporté dans le monde disparu de la chevalerie et des conquêtes à l'arme blanche d'autrefois.

Quelle vivante évocation des heures belliqueuses des temps jadis, quand le jeune colonel se trouve en face des murailles de Mexico !

« Mon âme s'incarnait, en cette matinée d'été, dans un des compagnons de Fernand Cortès. Je revivais les sensations de cet hidalgo, débarqué, comme moi, de sa caravelle, et campé sur son genêt d'Espagne, comme moi sur les reins souples de mon arabe. Il avait vu le même soleil, les mêmes lacs, la même verdure, la même conquête. Il avait eu les mêmes sentiments d'orgueil et de joie, en pensant, comme moi, à la patrie servie si loin d'elle-même.

« Là où j'étais, trois cent quarante-deux ans plus tôt, il avait, comme moi, écrit à sa femme pour lui raconter ses aventures, pendant qu'à côté de lui le *conquistador* rédigeait pour Charles-Quint ses rapports, qui sont devenus des lettres historiques. Puis, comme j'allais le faire, il était allé s'occuper du bien-être de ses hommes, pauvres diables qui, pas plus que les miens, ne s'imaginaient faire de l'histoire avec leurs fatigues et leur sang. »

Et cette ville de Mexico, qui faisait naître, à la vue de ces remparts, de si profondes pensées, quelle joie quand l'armée française y fait une entrée triomphale, enseignes déployées !

« La journée était superbe, le soleil resplendissant. Les clochers des églises et des couvents sonnaient à toute volée. Chez nous, les tambours et les clairons battaient et sonnaient aux champs, tandis que les tambours et les clairons de la division Douay battaient et sonnaient des marches variées. Toutes les maisons étaient pavoisées. Tous les balcons étaient garnis de femmes, parées et décolletées comme pour le bal, et de ces bouquets de fleurs vivantes tombaient, jetées à profusion, des gerbes de fleurs parfumées, des couronnes qui jonchaient la chaussée et étalaient un véritable tapis diapré sous les pieds des fantassins, sous les sabots des chevaux et sous les roues des pièces d'artillerie, qui passaient silencieuses et amorties, sur des couches de roses, d'œillets, de fougères, de camélias et de palmes. Les régiments traversaient, à chaque carrefour, des arcs de triomphe, construits par les habitants et mariant dans leur verdure les drapeaux de la France à ceux du Mexique.

« A chaque pas l'enthousiasme grandissait dans ce contact de deux races latines, à l'imagination vive et aux nerfs vibrants, qui s'exaltaient au bruit de leurs exclamations et au spectacle de leur joie. Ce fut un moment de délire profond et fraternel, quand la tête du cortège déboucha sur la grande place, entourée de portiques, où se trouve la cathédrale dont les portes laissaient voir l'intérieur doré, et sur le parvis de laquelle attendait un clergé étincelant, en grand costume. On eût dit que les âmes des deux peuples s'épousaient dans une féerie. »

Voilà un beau spectacle, admirablement décrit; mais pour bien dire il faut sentir, et l'âme vulgaire, en face du même tableau, n'apercevra jamais ce que voit le génie.

Le général du Barail ne fixait pas, sur les événements, l'œil banal d'un troupier. Il regardait, il savait voir. En contact avec des peuples neufs, il comprenait son rôle d'Européen baptisé : « Il y a, disait-il, trois bases solides d'influence coloniale et civilisatrice : le soldat, le prêtre et le médecin. Et je ne pense pas le moins du monde à l'instituteur parce que, dans mon idée, le premier instituteur, le seul dont le cerveau primitif des peuples nouveaux puisse supporter le contact, c'est le prêtre, avec ses auxiliaires naturels : le Frère et la Sœur. »

Et l'esprit ouvert, le cœur fortifié, l'âme en fête, au milieu des vulgarités de la vie des camps et des grossièretés des hasards de la guerre, il en devinait le côté chevaleresque qui se fond tout aussitôt dans le sentiment religieux; il en savourait la poésie pénétrante et la douceur infinie :

« Chaque dimanche, nous avions la messe au camp, et cette solennité à la fois militaire et religieuse, plus encore que les manœuvres, attirait des foules innombrables... Le spectacle méritait cet empressement, car il était féerique. En avant du front de bandière, à proximité du quartier impérial, sur un léger monticule qui l'exposait de toutes parts à la vue, l'autel était dressé, entouré de sapeurs immobiles sous l'éclair de leur hache et la neige de leur tablier. Dans leur splendide uniforme de grande tenue : l'artillerie avec toutes ses pièces attelées, la cavalerie à cheval, toutes les troupes assistaient à l'office divin, disposées en rayons concentriques dont le calice d'or semblait le noyau.

« L'Empereur, suivi de tous les généraux, et escorté d'un état-major presque aussi nombreux qu'un régiment, se rendait à pied à la messe. Lorsqu'il apparaissait, les troupes présentaient les armes, les tambours battaient aux champs, les clairons et les trompettes sonnaient. Puis toutes les musiques attaquaient l'air national, que ponctuaient les salves de l'artillerie. C'était indescriptible, et les plus sceptiques d'entre nous, à tout ce bruit accueillant l'homme derrière lequel semblait marcher la patrie, étaient traversés de frissons électriques, qui raidissaient les membres, pour se résoudre en une goutte d'eau dans les yeux.

« Pendant la messe, le général de brigade, qui commandait les troupes pour la circonstance, lançait à pleine voix les commandements nécessaires... A l'élévation, le commandement de « Genou terre ! » retentissait. L'état-major doré se courbait, l'infanterie s'agenouillait en présentant les armes. Sur les chevaux immobiles, les crinières, les aigrettes et les plumes s'abaissaient derrière les raies lumineuses des sabres. Les canons tonnaient, environnés de blancs nuages. Et, au-dessus de toutes ces forces, de toutes ces gloires, de tous ces dévouements prosternés, le disque blanc de pure farine de froment montait vers le ciel entre les doigts du prêtre.

« C'était magnifique et grandiose; et c'était une pensée profonde et salutaire que celle de donner un pareil éclat au service religieux, parce que c'était montrer à tous ces hommes promis à la mort l'image d'un Dieu, qui s'éveillera toujours, quoi qu'on fasse, dans le cœur du soldat, au moment du danger. Vouloir détruire les sentiments religieux, c'est vouloir détruire les sentiments militaires. Le jour où il n'y aurait plus de croyants, il n'y aurait plus de soldats, parce qu'aucune vision divine ne se pencherait sur l'homme pour lui dire qu'en offrant son sang à la patrie il trouvera là-haut des récompenses plus grandes et plus nobles que les éphémères jouissances d'ici-bas qu'on lui demande de sacrifier. »

On ne loue pas de telles pages, mais on les relit, on les médite. Et ceux qui les écrivent sont dignes de conduire à la victoire les soldats de la France sous la protection du Dieu « fort », *Sabaoth* des armées !

Ils sont aussi, s'il le faut, prêts à mourir, et leurs funérailles, qu'embaume un parfum d'immortalité, sont nobles et glorieuses, général ou simple soldat :

« ... En présence des deux escadrons rassemblés et d'une partie de l'équipage réunie, avec ses officiers, sur le pont, l'aumônier vint dire les dernières prières sur le corps de mon chasseur. Il jetait sur lui les dernières gouttes d'eau bénite, et le cercueil, accompagné de l'aumônier et du peloton auquel appartenait le mort, descendit dans le canot qui devait le porter à terre. *L'Aube* tira un coup de canon. A ce signal, tous les bâtiments en rade mirent leur pavillon en berne et leurs vergues en pantenne, pour ne les relever qu'au retour du canot. Les marins accomplissent ce cérémonial avec une attitude qui prouve que, chez eux, il n'y a pas d'esprits forts, et que les doctrines, à l'aide desquelles on essaye de pervertir la nation, n'ont pas mordu et ne mordront jamais sur ces âmes trop souvent rapprochées de la mort pour n'être pas toujours rapprochées Dieu. »

J'ai dit que, dans ces *Souvenirs*, défilait toute l'armée française de la période contemporaine qui va de 1840 à 1870. On y trouve une foule de portraits dont la ressemblance est d'autant plus frappante qu'ils sont tracés par un simple trait d'un contour ferme qui ne permet pas à l'œil de s'égarer. Un crayon rapide, une silhouette enlevée de chic, cinq ou six lignes, quatre mots, un rien, et ce rien est tout.

Voici le général Fleury :

« L'ancien sous-officier des spahis était devenu un tout à fait grand seigneur, qui portait la tête très haut sur la cravate, regardait les gens un peu au-dessus de leurs chevaux et les tenait à distance par une politesse un peu hautaine. »

Voici le général Lefebvre, vieil africain :

« C'était un petit homme dont la tournure rappelait vaguement un sac de pommes de terre, le dos rond, la tête dans les épaules, avec des yeux malicieux en trou de pipe. Caustique, très spirituel, et débitant des plaisanteries inattendues sur un ton de douce quiétude, tout en mâchonnant un éternel bout de cigare, toujours éteint et toujours rallumé. »

Voici Bazaine; la page est plus longue, car la silhouette méritait d'être accusée :

« La guerre d'Orient et la campagne d'Italie avaient attiré sur lui l'attention, et l'avaient placé au premier rang de ceux dont l'avenir semblait illimité. Il avait les faveurs de l'opinion publique, il avait aussi les bonnes grâces et la confiance du souverain. Sous des allures de bonhomie auxquelles se prêtaient un corps un peu replet et une bonne grosse figure éclairée par des yeux très intelligents, mais qui ne s'ouvraient jamais qu'à demi, il cachait un esprit très délié et très fin; trop fin peut-être.

« Dans sa longue pratique des affaires arabes, il avait appris cette rouerie qui consiste à se mouvoir au milieu des intrigues pour s'en servir, sans paraître s'y mêler. Il possédait un courage universellement connu, conservant une impassibilité absolue au plus fort du danger et affectant la coquetterie de l'indifférence qui produisait un très grand effet sur tous les assistants. Il jouissait de tout l'éclat de sa fortune militaire et n'avait pu encore, par une conduite trop habile, éveiller des soupçons sur la loyauté de son caractère. »

Il ne déplaît pas, à côté de figures de gens fameux, de rencontrer tout à coup, au détour d'une page, le croquis d'un inconnu, digne de célébrité : « Science, érudition, puissance de travail, activité sans limite, courage à la fois brillant et imperturbable sur le champ de bataille, sentiments élevés, égalité d'humeur, simplicité, modestie, le tout rehaussé et comme couronné par une piété d'ange, faisaient du commandant Capitan un de ces modèles parfaits de l'homme et du guerrier que notre imagination évoque dans les légendes des croisades, et que les hasards de la vie nous mettent si peu souvent à même de rencontrer. »

Je ne puis continuer sous peine de citer le volume en entier.

La politique n'y glisse pas sa figure déplaisante, et quand on se heurte à quelques-uns de ces personnages d'entre-deux, moitié homme de caserne, moitié espion, qui surgissent à la veille d'un mauvais coup, la loyauté du soldat, bien vite en défiance chez le général du Barail, se révolte et s'indigne. Aussi ne veut-il lier aucun commerce avec le comte Vimercati [1], ancien proscrit, officier sarde, « ambassadeur marron, » chargé par Cavour d'une de ces missions diplomatiques qu'on doit pouvoir désavouer au besoin, envoyé par Victor-Emmanuel auprès de Napoléon III pour épier les faiblesses, exciter la peur et arracher des complaisances.

La guerre d'Italie, qui sortit de toutes ces louches intrigues, ne pouvait guère plaire à la loyauté de du Barail; il regrette sans doute de ne pas partager les dangers et les récompenses de ses camarades, mais, au fond, moins qu'il ne le dit, et il a très bien démêlé la gravité de cette politique nouvelle qui fait entrer le second Empire dans la voie de la décadence, parce que c'est la voie révolutionnaire.

[1]. Il est mort général et sénateur du royaume d'Italie.

Cette impression funèbre lui saisit l'esprit à l'heure du retour des vainqueurs, à un moment où une intelligence moins bonne n'aurait au contraire vu que les panaches, entendus que les fanfares :

« L'enthousiasme avait quelque chose de fiévreux et d'inquiet. On acclamait les aigles victorieuses, mais on sentait que l'Empereur n'avait plus en main le timon de l'Europe, qu'il n'était plus le maître absolu des événements. Onze ans nous séparaient encore des grandes catastrophes, mais d'instinct la confiance était entamée et l'inquiétude vague planait sur nos têtes. »

Voilà qui n'est point mal raisonner ; et ce soldat d'Afrique y voit plus loin que des politiques très fiers de leur habileté et de leur sagesse.

Une fois de plus, Joseph de Maistre a raison :

« J'ai toujours fait un cas particulier du bon sens militaire. Je le préfère infiniment aux longs détours des gens d'affaires. Dans le commerce ordinaire de la vie, les militaires sont plus aimables, plus faciles, plus obligeants que les autres hommes. Au milieu des orages politiques, ils se montrent généralement défenseurs intrépides des maximes antiques, et les sophismes les plus éblouissants échouent presque toujours devant leur droiture [1]. »

Il est bon que, de temps à autre, en ces jours gris de bourgeoisisme, au-dessus des politiciens et des

---

1. *Soirées de Saint-Pétersbourg* — Septième entretien.

hommes d'affaires, passe un rayon de la gloire militaire d'autrefois, et qu'on entende retentir, ne fût-ce qu'une seconde (que le héraut d'armes se nomme Marbot ou du Barail), le son mâle du clairon.

Sur l'avenir s'ouvre subitement la porte ensoleillée de l'espérance. Tous les souvenirs qui ont bercé notre enfance se lèvent en foule, et accourent en un pêle-mêle délicieux : pantalons rouges, dragonnes d'or, épaulettes d'argent, vieux uniformes fanés de la garde royale, ruban de la Légion d'honneur, petite croix aux pointes fleurdelysées de Saint-Louis! Le vers du sergent de Déroulède monte aux lèvres.

C'est très joli la paix, mais la guerre c'est très beau.

On secoue le mauvais rêve des bataillons scolaires pour apercevoir, dans un flamboiement féerique, cette rayonnante bayonnette, la vaillante et modeste ouvrière des victoires françaises.

Jours d'hier, dont il semble qu'un siècle nous sépare, mais qui peuvent alimenter suffisamment la légende, exagération sainte de l'histoire, dont la vertu parfois l'emporte sur la réalité. Les moins jeunes d'entre nous les ont à peine entrevus, et nos neveux ne les comprendront guère. Il n'importe : leur mémoire nous restera toujours chère et notre gratitude va trouver ceux qui en font revivre la vibrante et forte épopée.

BIBLIOGRAPHIE

I

Mémoires de Barras, membre du Directoire, publiés avec une Introduction générale, des Préfaces et des Appendices, par *Georges Duruy*, avec portraits et héliogravures, fac-similés et cartes. — 4 vol. in-8°, 1895-1896 (Hachette).

Frédéric Masson. — *Napoléon inconnu.* — Papiers inédits (1786-1793) accompagnés de notes sur la jeunesse de Napoléon (1769-1793). — 2 vol. in-8°, 1896 (Ollendorff).

Mémoires de Madame de Chastenay (1771-1815), publiés par *Alphonse Roserot*. — 2 vol. in-8°. — 1895 (Plon).

Geoffroy de Grandmaison. — *L'Ambassade française en Espagne pendant la Révolution* (1789-1804). — 1 vol. in-8°. 1892 (Plon).

II

Souvenirs d'un historien de Napoléon. — Mémoires de J. de Norvins (1769-1810), publiés avec un avertissement et des notes par *Léon de Lanzac de Laborie*. Portraits en héliogravure. 3 vol. in-8°. 1896-1897 (Plon).

M. DE NORVINS. — *Histoire de Napoléon*, ornée de vignettes, cartes et plans. — 4 vol. in-8°. 1828 (Ambroise Dupont).

Mémoires du GÉNÉRAL BARON THIÉBAULT (1769-1820), publiés d'après le manuscrit original par *Fernand Calmettes*. — 5 vol. in-8°, avec des portraits en héliogravure. 1894-1896 (Plon).

MARQUIS DE BOUILLÉ. — *Mémoires sur la Révolution française depuis son origine jusqu'à la retraite du duc de Brunswick.* — 1re édition, Londres (1797); 2e Paris (1801); 3e : 2 vol. (1821-1823), collection Berville et Barrière.

BEAULIEU. — *Essai historique sur les causes de la Révolution française.* — 6 vol. (1801).

VICTOR FOURNEL. — *L'Événement de Varennes.* — 1 vol. in-8°. 1890 (Champion).

III

MÉMOIRES DU PRINCE DE TALLEYRAND, publiés avec une préface et des notes par *le duc de Broglie*. — 5 vol. in-8°. 1891-1892 (Calmann-Lévy).

SAINTE-BEUVE. — *Nouveaux Lundis*, tome XII.

Correspondance diplomatique de Talleyrand, avec introduction et notes par *G. Pallain*.

    1° La mission de Talleyrand à Londres en 1792;
    2° Le ministère de Talleyrand, sous le Directoire;
    3° Correspondance du Prince de Talleyrand et du roi Louis XVIII pendant le Congrès de Vienne;
    4° Ambassade de Talleyrand à Londres. 1830-1834.
    4 vol. in 8°. — 1886-1891 (Plon).

Mémoires et relations politiques du BARON DE VITROL-

LES (1814-1830), publiés par *Eugène Forgues*, — 3 vol. in 8. 1884 (Charpentier).

CHATEAUBRIAND. — *Mémoires d'outre-tombe*, tome VI.

MADAME DE RÉMUSAT. — *Mémoires* (1802-1808), publiés avec une préface et des notes par son petit-fils *Paul de Rémusat*. — 3 vol. in-8°. 1879-1880 (Calmann-Lévy).

MADAME DE STAËL. — Considérations sur la Révolution Française. 1818.

H. WELSCHINGER. — *Le duc d'Enghien* (1772-1804). — 1 vol. in-8°, 1888 (Plon).

COMTE BOULAY DE LA MEURTHE. — *Les dernières années du duc d'Enghien* (1771-1804). — 1 vol. in-12 1886 (Hachette).

Comte LYTTON BULWER. — *Essai sur Talleyrand*. — 1 vol. in-8°. 1868.

Le Comte de Las Cases. — MÉMORIAL DE SAINTE-HÉLÈNE. — 2 vol. in-8°. 1841-1842.

IV

Histoire de mon temps. MÉMOIRES DU CHANCELIER PASQUIER (1789-1830), publiés par le *duc d'Audiffret-Pasquier*. Portraits en héliogravures. 6 vol. in-8. 1893-1895 (Plon).

Souvenirs du Baron DE BARANTE (1782-1866), publiés par *Claude de Barante*. — 6 vol. in-8. 1890-1898 (Calmann-Lévy).

TAINE. — *Les Origines de la France contemporaine. Le Régime moderne*, tome I. 1 vol. in-8. 1891 (Hachette).

Mémoires et correspondance du comte DE VILLÈLE

(1788-1832). — 5 vol. in-8. 1888-1890. — Librairie académique Perrin.

Georges Duvergier de Hauranne. — *Histoire du gouvernement parlementaire en France* (1814-1848), tome III. — 1860 (Calmann-Lévy).

Mémoires et souvenirs du baron Hyde de Neuville. — 3 vol. in-8. 1888-1892 (Plon).

Correspondance de l'empereur Napoléon Ier. — Tome XXXVI (Imprimerie nationale).

Louis de Loménie. *Galeries des contemporains illustres par un homme de rien.* Tome VI. 1843.

Mémoires documents et écrits divers laissés par le prince de Metternich, chancelier de Cour et d'Etat, publiés par son fils le prince *Richard de Metternich*, classés et réunis par *M. de Klinkowstræm* (1773-1859). — 8 vol. in-8. 1881-1884 (Plon).

Geoffroy de Grandmaison. *La Congrégation* (1801-1830). — Préface par le comte *Albert de Mun*. — 1 vol. in-8. 1890 (Plon).

Émile Ollivier. *L'Empire libéral*, tome I. Du principe des nationalités. — 1 vol. in-12. 1895 (Garnier).

Comte de Guernon Ranville. *Journal d'un ministre*, publié par *Julien Travers*. — 1 vol. in-8. 1874 (Le Blanc-Hardel, à Caen).

V

Récits de guerre et de foyer. Le maréchal Oudinot, duc de Reggio, d'après les souvenirs inédits de la maréchale, par *G. Stiegler.* — Préface de M. le marquis *Costa de Beauregard*. — 1 vol. in-8. 1894 (Plon).

P. Chauveau. *Souvenirs de l'école Sainte-Geneviève. Notices sur les élèves tués à l'ennemi.* — 3 vol. in-12. 1873 (Albanel).

Duchesse de Gontaut, gouvernante des Enfants de France. *Mémoires* (1773-1836). 1 vol. in-8. 1891 (Plon).

VI

Mémoires du général comte de Saint Chamans, aide de camp du maréchal Soult (1802-1832). — 1 vol. 1896 (Plon).

Mémoires du général Bigarré, aide de camp du roi Joseph (1775-1813). — 1 vol. in-8. 1893 (Kolb).

Mémoires du général baron de Marbot, tome II. 1 vol. 1891 (Plon).

Mémoires du baron d'Haussez, dernier ministre de la marine sous la Restauration, publiés par son arrière-petite-fille, la duchesse d'*Almazan*. — Introduction et notes par le comte *de Circourt* et le comte *de Puymaigre*. — 2 vol. in-8. 1897 (Calmann-Lévy).

Charles X et Louis XIX en exil. Mémoires du marquis de Villeneuve, publiés par son arrière-petit-fils. — 1 vol. in-8. 1889 (Plon).

VII

Mes souvenirs (1820-1879), par le général du Barail, tome II. In-8. 1895 (Plon).

Discours du comte Albert de Mun; Discours politiques; tome II. 1 vol. in-8. 1888 (Pousielgue).

Œuvres complètes de Joseph de Maistre. — Tome V. *Les soirées de St-Pétersbourg;* tome II. — In-8. 1884 (Vitte et Perrussel à Lyon).

TABLE NOMINATIVE

A

Adélaïde (Mᵐᵉ). *Voir :* d'Orléans.
Agout (vicomte d') 79.
Alexandre Iᵉʳ, 113, 197, 201, 203.
Andral, 91.
Angoulême (duc d'). Dauphin, Louis XIX, 57, 231, 265, 311, 315, 316.
Angoulême (duchesse d'), 312.
Argenson (d'), 72.
Arnault, 67.
Artois (comte d'), 33, 116, 189, 202, 204, 228.
Audiffret (duc d'), 151.
Augereau, 49.
Aulard, 91.

B

Bacourt (de), 91, 96, 136.
Barail (du), 317, 318, 320, 323, 329, 331.
Barante (de), 161, 162, 181, 184, 212, 221, 222, 229, 230, 231, 234, 210, 261, 264.
Bardinet, 249.
Barère, 220.
Baring, 113.
Barnum, 89.
Barras (vicomte de), 7, 9, 10, 11, 12, 13, 14, 15, 17, 18, 19, 20, 21, 23, 24, 27, 29, 30, 31, 32, 34, 35, 36, 38, 39, 40, 41, 42, 43, 46, 47, 48, 49, 51, 52, 53, 54, 55, 56, 58.
Barras (Mᵐᵉ de), 9, 10.
Barry (du), 40.
Bassano. *Voir* Maret.
Bazaine, 327.
Beauchamp (de), 17, 57.
Beaudoin, 122.
Beauharnais (Eugène de), 30.
Beauharnais (Joséphine de). *Voir:* Joséphine.
Beaulieu, 73.
Beaumont (Mᵐᵉ de), 174.
Béguin, 122.
Béranger (comte), 175.
Bernadotte, 38, 201.
Berri (duc de), 229, 285.
Berri (duchesse de), 285, 288, 289, 290, 312.
Berthier, 57, 88, 186.
Beugnot, 85, 201, 221.
Beurnonville, 99, 193.
Bigarré, 300.
Bignon, 235.
Blacas (duc de), 53, 89, 235.
Boissy (de), 260.
Bonald (de), 226, 258.
Bonaparte (Jérôme), 43, 66, 86, 126.

TABLE NOMINATIVE

Bonaparte (Jérôme-Napoléon), 302.

Bonaparte (Joseph), 84, 123, 126, 180, 191.

Bonaparte (Lucien), 30, 82, 127.

Bonaparte (Napoléon), 7, 10, 11, 12, 13, 16, 18, 19, 20, 21, 24, 28, 29, 30, 31, 32, 35, 42, 43, 50, 51, 53, 55, 59, 66, 80, 81, 82, 83, 84, 86, 105, 106, 107, 108, 109, 112, 118, 122, 123, 126, 127, 128, 131, 144, 153, 161, 163, 176, 177, 178, 179, 183, 185, 186, 188, 189, 192, 194, 198, 201, 205, 209, 211, 213, 219, 238, 257, 282, 284, 297, 298, 300, 301, 302.

Bonaparte (famille), 18, 80, 186, 187.

Bordeaux (duc de), 246, 248, 289, 315, 316.

Borghèse (princesse Pauline), 81, 82, 126, 127.

Bouillé (comte de), 73, 312.

Boulay de la Meurthe, 121, 173, 181.

Bourbon (duc de), 117.

Bourbon (famille de), 35, 53, 55, 66, 104, 190, 195, 200, 201, 202, 215, 216, 218, 247, 257, 259, 262, 281, 296.

Bourdaloue, 254, 258.

Bourdier Delpuits, 247.

Briche (Mme de la), 69.

Brienne (Louis de Loménie, Comte de), 70, 71, 72, 210.

Brienne (cardinal de Loménie de), 70.

Brienne (Mme de), 103.

Broglie (duc de), 91, 92, 99, 137.

Brune, 26.

Buffon, 102.

Bulwer-Lytton, 131.

C

Cadoudal (Georges), 134.
Cambacérès, 174.
Cambon, 220.
Camus (comte de Furstenstein), 86, 87.
Carlos (don), 139.
Carnot, 16, 17, 213.
Casimir Périer, 142.
Catherine. Voir Wurtemberg.
Caulaincourt, 122, 177, 192.
Cavour, 329.
Chabannes (de), 306, 309.
Chabrol (de), 261.
Chalais (princesse de), 101.
Challemel, 126.
Chaptal, 173.
Charlemagne, 103, 198.
Charles IX, 157.
Charles X, 11, 15, 56, 117, 144, 236, 252, 259, 262, 264, 266, 267, 289, 301, 303, 309, 311, 312, 313, 314, 315, 316.
Charles-Quint, 221.
Charlet, 61.
Châteaubriand, 122, 276, 238, 264.
Châtelain, 91.
Chauveau, 273.
Chauvelin (de), 235.
Chimay (princesse de), 39.
Choiseul (duc de), 58, 285.
Choiseul (comte de), 101, 103.
Clovis, 198.
Condé (prince de), 117.
Condé (les princes de), 83, 123.
Constant (Benjamin), 70.
Contat (Mlles), 160.
Corbeau de Saint-Albin, 37, 38.
Corbeau de Saint-Albin (Alexandre-Omer Rousselin), 9, 10, 11, 12, 13, 15, 31, 36, 38, 39, 41, 51, 58.
Corbeau de Saint-Albin (Hortensius Rousselin), 41.

Corbières, 224, 250.
Cortès (Fernand), 321.
Costa de Beauregard, 275.
Coucy (Eugénie de). *Voir:* Oudinot.
Crémieux, 268.

D

Dalberg, 193.
Dalmatie (duc de). *Voir:* Soult.
Damas (baron de), 246, 247, 316.
Damiens, 159.
Danican, 26.
Danton, 23, 37, 40.
Daru, 183.
Daudet (Ernest), 175.
Dauphin (le). *Voir:* Duc d'Angoulême.
David, 220.
Davout, 57.
Decases, 221, 231, 232, 233, 234.
Decrès, 186.
Defermon, 175.
Delaborde (général), 298.
Delaveau. *Voir:* de Lavau.
Déroulède, 311.
Derroches (Mlle), 158.
Dessoles, 233.
Dino (Mme de), 93.
Drouet, 73, 74.
Dubourg, 254.
Dumouriez, 57, 123, 127, 131.
Duplay, 23.
Duplay (femme), 23.
Dupont (de l'Eure), 235.
Dupuytren, 286, 288.
Duras (duc de), 312.
Duruy (Georges), 7, 8, 12, 13, 16, 18, 19, 20, 21, 23, 28, 29, 31, 32, 40, 41.

E

Edelsheim (baron de), 121.

Elisabeth de France (Mme), 23, 70.
Enghien (duc d'), 83, 99, 117, 120, 123, 127, 129, 176, 178, 181, 298.
Escobar, 254.

F

Fabre (Louis), 242.
Fabvier (colonel), 238.
Fauche-Borel, 54, 55, 59.
Favras, 64.
Fesch (cardinal), 107.
Fitz James, 193.
Fleury (Général), 317.
Fontanes, 174, 184.
Fouché, 47, 48, 162, 171, 214, 221, 222, 228.
Fouquier-Tinville, 23.
Fournel (Victor), 73.
Franchet d'Esperey, 246, 248, 303, 304, 305.
François-Xavier (Saint), 151.
Frayssinous (Mgr), 252.
Fréron, 27.
Furstenstein (comte de). *Voir:* Camus.

G

Genlis (Mme de), 141.
Georges IV, 238.
Giblotte, 31.
Gibon (de), 249.
Godinot, 254.
Gouvion Saint-Cyr, 221.
Grégoire VII, 107.
Guernon-Ranville, 265.
Guizot, 165, 221, 232, 234, 203.

H

Haussonville (d'), 122.
Hauterive (d'), 123, 177.
Hautpoul (marquis de l'), 316.

Havré (duc d'), 55, 58.
Hennequin, 268.
Henri III, 158.
Henri IV, 158, 198, 239.
Hoche, 38.
Hugo (Victor), 24.
Humann, 261, 262.
Humboldt (de), 132.
Hyde de Neuville, 226, 227, 263.

I

Ignace (saint), 157.
Infantado (duc de l'), 193.
Ingres, 236.
Imbert de Saint-Amand (major), 307, 310.
Isabey, 31.

J

Jaucourt, 193.
Jay, 67.
Jeannin, 239.
Jordan (Camille), 231, 232.
Joséphine de Beauharnais (impératrice), 16, 18, 20, 31, 32, 45, 66, 123, 174.
Jouy, 67.
Jubinal (Mme Achille), 13.

L

La Barre, 159.
Laborie (de), 62, 63, 76.
Lacépède, 88.
Lacuée, 175.
La Fayette, 174, 220, 235, 263, 267.
La Fontaine, 295.
La Hitte, 264.
Lainé, 260.

Lally, 159.
La Mennais, 316.
Laplace, 175.
Lariboisière, 85.
La Rochefoucauld, 72.
Latil (Mgr de), 287.
La Tour du Pin, 72.
La Tour-Maubourg, 310.
Laurentie, 250.
Laval (vicomtesse de), 123.
Lavalette, 177.
Lavau (Guy de), 216, 219.
Lebrun, 174, 183.
Leclerc (général), 65, 80, 82.
Lefebvre (général), 327.
Legendre, 37.
Legris-Duval, 245, 246.
Lenoir, 163.
Léopold Ier, 145.
Lepeltier de Saint-Fargeau, 174.
Levasseur, 174.
Levezou de Vezins (Antoine), 273, 274.
Loison (général), 283.
Loménie. *Voir*: Brienne.
Londonderry, 141.
Lorencez (général de), 274.
Lorencez (général Charles de), 274.
Loriquet, 246, 250.
Louis le Débonnaire, 108.
Louis XIV, 71, 198, 203.
Louis XV, 149.
Louis XVI, 15, 30, 44, 45, 58, 73, 149, 153, 160, 161.
Louis XVII, 16.
Louis XVIII, 11, 35, 51, 53, 56, 58, 67, 96, 109, 126, 129, 131, 141, 163, 202, 203, 209, 221, 222, 223, 232, 285, 289, 296, 301, 303.
Louis XIX. *Voir*: duc d'Angoulême.
Louis-Philippe, 10, 11, 135, 136, 139, 143, 144, 145, 146,

119, 153, 165, 264, 266, 267.
Louis (l'abbé, baron) 103, 210.
Luxembourg (duc de), 312.

M

Madier de Montjau, 233.
Maison (maréchal), 15, 267.
Maistre (Joseph de), 105, 258, 330.
Malesherbes, 171.
Malet (général), 187, 188.
Marat, 21.
Marbot (général, baron de), 293, 300, 308, 331.
Marceau, 38.
Maret (duc de Bassano), 173, 177, 184, 185, 186, 209.
Marie-Antoinette, 58.
Marie-Louise, 86, 187, 189, 191.
Marmont, 51, 196, 305, 306, 307, 310, 311, 313.
Marquet de Montbreton (Louis), 82.
Martel (M⁻ᵉ de), 91.
Martial, 75.
Martignac, 261, 268.
Masséna, 295.
Massias, 122.
Masson (Frédéric), 178.
Mathieu (abbé), 250.
Maubreuil, 123.
Mauguin, 264.
Maury (abbé), 31.
Menneval, 122.
Merlin, 175, 220.
Metternich, 219, 303.
Michaud, 122.
Miguel (dom), 192.
Mirabeau, 105, 130.
Mirabeau (marquis de), 91.
Molé, 184, 212, 213, 217, 225, 260.
Mollien, 183.
Moncey, 123.

Montagu (marquise de), 78.
Montalivet, 267.
Montbreton. Voir : Marquet.
Montendre (Pauline de), 278, 279.
Montesquieu, 67.
Montesquiou (abbé de), 193, 208.
Montmorency (Mathieu de), 72, 238, 246, 247.
Montpezat (M⁻ᵉ de), 38, 46.
Montrond, 103.
Moreau, 51, 57.
Morellet, 69.
Mortemart (duc de), 266.
Muller (Jean de), 77.
Mun (Adrien de), 79.
Mun (Albert de), 319.
Mun (Alexandre de), 79.
Murat, 53, 177, 178, 180.
Musset (Alfred de), 33.

N

Napoléon Iᵉʳ. Voir Bonaparte.
Napoléon III, 149, 319, 329.
Narbonne (Louis de), 183, 185.
Necker, 79.
Nesselrode, 132.
Ney, 57.
Noriac (Jules), 276.
Norvins (Marquet de), 61, 62, 63, 64, 65, 67, 68, 69, 73, 74, 75, 76, 77, 78, 79, 80, 81, 82, 83, 84, 85, 87, 88.

O

Orange (Guillaume d'), 135.
Orléans (Mᵐᵉ Adélaïde d'), 135, 143, 144, 146, 149.
Orléans (Louis-Philippe-Joseph duc d'), Philippe-Égalité, 101, 105.

Orléans (duc d'). Voir : Louis-Philippe.
Orléans (duchesse d'), 286, 288, 290.
Otrante (duc d'). Voir : Fouché.
Oudinot (maréchal), duc de Reggio, 274, 277, 279, 281, 282, 283, 284.
Oudinot (Eugénie de Coucy, maréchale), 274, 276, 277, 279, 280, 282, 284, 285, 290.

P

Pajol (général), 274.
Pallain, 98.
Palmerston, 139, 140, 141.
Pancemont (de), 174.
Pasquier (Denis), 149, 150, 151, 154, 155, 157, 158, 159, 161, 162, 163, 164, 165, 166, 167, 169, 171, 173, 175, 176, 180, 181, 183, 184, 185, 186, 187, 188, 190, 191, 192, 193, 195, 196, 200, 201, 202, 204, 205, 206, 209, 210, 212, 213, 214, 217, 219, 220, 221, 222, 224, 225, 226, 227, 228, 229, 230, 231, 233, 235, 236, 237, 238, 239, 240, 242, 244, 245, 248, 250, 251, 252, 253, 255, 256, 258, 260, 261, 262, 263, 264, 265, 266, 267, 268, 269, 270.
Pasquier (Etienne), 157, 158, 241, 246.
Pastoret (de), 174.
Périgord (l'abbé de). Voir Talleyrand.
Perrey, 91, 113, 122.
Perrochel (Henri de), 31.
Petit la Montagne, 307, 310.
Philippe (Egalité) (Voir d'Orléans).
Pichegru, 51, 154, 176.
Pie VII, 62, 109, 117, 187, 218.
Pierre le Grand, 198.
Piet, 226.

Plutarque, 44.
Polignac (duc de), 312.
Polignac (prince de), 218, 259, 260, 261, 265, 267, 309.
Ponson du Terrail, 89.
Porée, 159.
Portal, 260, 261.
Portalis, 173.
Potemkin, 27.
Potocka (comtesse), 212.
Pozzo di Borgo, 191.
Pradt (l'abbé de), 57, 184.

Q

Quelen (Mgr de), 254.
Querelles, 154.

R

Raffet, 61.
Raguse (duc de). Voir : Marmont.
Réal, 49, 177, 178, 179, 186, 217.
Regnault de Saint-Jean d'Angély, 40, 175.
Reggio. Voir : Oudinot.
Rémusat (Charles de), 83, 193, 260.
Rémusat (Mme de), 61, 115, 140, 177, 183.
Retz (cardinal de), 167, 230.
Reubell, 49.
Richelieu (duc de), 58, 231.
Rivière (duc de), 58, 246, 217.
Robespierre, 16, 20, 21, 23, 24, 25, 26, 27, 28, 40, 58.
Rochambeau (général de), 81.
Rœderer, 40, 44.
Rohan (duc de), 250.
Rohan (princesse de), 181.
Ronsin, 246, 250, 253, 254.
Rosambo (famille de), 171.
Rothschild, 193.
Rousseau (Jean-Jacques), 25,

Rousselin de St-Albin (Voir: Corbeau).
Roux-Laborie, 1.2.
Roy, 261.
Royer Collard, 231, 232, 233, 260, 262.

S

Saint-Albin. Voir: Corbeau.
Saint-Chamans, 293, 294, 295, 296, 297, 298, 300, 301, 303, 304, 305, 306, 307, 309, 310, 312, 313, 314, 315, 316.
Saint Florentin, 193.
Saint-Lambert, 69.
Sainte-Beuve, 93. 99, 102, 211.
Sauzet, 268.
Savary, duc de Rovigo. 47,162, 176, 177, 178, 179, 180, 181, 186, 208.
Sémonville, 183, 185, 238.
Serres (de), 232, 233.
Servan, 30.
Sévigné (Mme de), 71,253.
Sicotière (de la), 175.
Sieyès, 40, 101.
Soult (maréchal), duc de Dalmatie, 295, 297, 294, 299, 300.
Stael (Mme de), 17,45,63,79,82, 118, 183.
Stiégler, 273.
Sydney-Smith, 57.

T

Tacite, 67.
Taine, 14,33,175.
Talleyrand (Charles-Maurice, abbé de Périgord, prince de de Bénévent, prince de), 12,
16, 17, 26, 86, 40, 53, 54, 89, 90, 91, 93, 95, 97, 98, 99, 100, 102, 105, 109, 112, 118, 120, 121, 122, 123, 125, 126, 127, 128, 129, 130, 131, 134, 135, 138, 140, 141, 142, 145, 146, 147, 148, 153, 164, 174, 177, 180, 183, 193, 194, 216, 217, 221, 222, 211.
Tallien (Mme), 39.
Talma, 189.
Talon (général), 311.
Tessé (comte de), 79.
Tessé (comtesse de), 79.
Thiébault (général), 62, 67, 69, 299.
Thiers, 126.
Thumery (de), 181.
Toussaint-Louverture, 63.
Treilhard, 175.
Truguet, 33.
Turenne (A. de), 34.

V

Vaublanc, 226.
Vaudémont (princesse de),103, 174, 217.
Vergniaud, 33.
Victor Emmanuel, 329.
Villèle (comte de), 112, 203,223, 226, 227, 228, 229, 231, 233, 241, 249, 250.
Villemain, 238.
Vimercati (comte), 329.
Vitrolles (baron de), 96, 100, 102, 226, 235, 265.
Voltaire, 14, 159, 242.
Voyer d'Argenson, 235.
Welschinger, 121, 125,176,177, 181.
Wurtemberg (princesse Catherine de), 86

TABLE DES MATIÈRES

Préface..	1
Les Papiers de Barras............................	7
Le Mémorial de M. de Norvins................	61
Les Mémoires de Talleyrand....................	89
De Louis XVI a Louis-Philippe................	149
La Maréchale Oudinot.............................	273
Le dernier soldat de la Restauration........	293
Un cavalier du second Empire.................	317
Bibliographie..	333
Table nominative....................................	339

POITIERS

Imprimerie Blais et Roy

7, rue Victor-Hugo, 7.

www.ingramcontent.com/pod-product-compliance
Lightning Source LLC
Chambersburg PA
CBHW050752170426
43202CB00013B/2391